निबन्ध-संग्रह

# भाषा की संजीवनी

# भाषा की संजीवनी

कृष्ण कुमार

राजकमल प्रकाशन

ISBN : 978-93-6086-248-0

**मूल्य :** ₹595



**पहला संस्करण :** 2025

**प्रकाशक :** राजकमल प्रकाशन प्रा. लि.
1-बी, नेताजी सुभाष मार्ग, दरियागंज
नई दिल्ली-110 002
**शाखाएँ :** अशोक राजपथ, साइंस कॉलेज के सामने, पटना-800 006
पहली मंजिल, दरबारी बिल्डिंग, महात्मा गांधी मार्ग, प्रयागराज-211 001
1, अनमोल सोराबजी सन्तुक लेन, धोबी तलाव, मरीन लाइंस, मुम्बई-400 002
वेबसाइट : www.rajkamalprakashan.com
ई-मेल : info@rajkamalprakashan.com

**मुद्रक :** विकास कंप्यूटर एंड प्रिंटर्स
ट्रोनिका सिटी-201 102

BHASHA KI SANJEEVANI
*Essays* by Krishna Kumar

राधावल्लभ त्रिपाठी को

# क्रम

# बताने की समस्या

पंचतंत्र में शामिल ज़्यादातर लोककथाओं की संरचना में ज़िन्दगी के अलावा संसार को पलट देने की तरकीबें निबद्ध हैं। विधा के रूप में लोककथा इतनी संक्षिप्त और कसी हुई होती हैं कि संसार को पलटने वाले चरित्र की ज़िन्दगी पर रोशनी डालने का समय नहीं देती। अपनी कहानी वह स्वयं ही बता सकता है, अन्य कोई नहीं बता सकता, इस विवशता के बावजूद लोककथा किसी आत्मकथ्य की अनुमति नहीं देती। इस विधागत अनुशासन में छिपे हुए दर्शन को खोलने के लिए शेर और ख़रगोश की परिचित कथा का अन्तर्जगत टटोलना मेरे लिए अत्यन्त रोचक और उपयोगी अनुभव बन पड़ा। कथानक का ढाँचा काफ़ी सरल है। बूढ़ा हो जाने पर शेर अपनी प्रजा के सामने अपनी समस्या रखता है। जानवरों की सभा तय करती है कि रोज़ एक जानवर शेर के पास भेज दिया जाएगा। इस निर्णय के तहत एक सुबह नन्हे ख़रगोश की बारी आती है। घटना-चक्र तेज़ी से घूमता है और स्वयं मरने की जगह ख़रगोश शेर को मार डालता है। इस परिचित कथानक में तीन बड़े क्षण हैं जिन्हें पहचानकर हम ख़रगोश के मानस में प्रवेश कर सकते हैं। शेर से बच निककलने के बाद ख़रगोश को अपना जीवन उसी सामान्य प्राणिजगत में जीना है जिसमें उसे विधिवत शेर के पास भेजा था। इस जगत को ख़रगोश अपने बच निकलने की कथा कैसे बताए या बताए बिना जीवन व्यतीत करे? इस लोककथा के मर्म में इसी प्रश्न का उत्तर छिपा है।

वह ख़रगोश जिसे उस सुबह शेर के पास जाना था, बच्चा था, अत: उसके घर इस सूचना के पहुँचाए जाने से बने वातावरण की कल्पना करना कठिन नहीं है। यदि सूचना पिछली शाम दे दी गई हो तो सारी रात ख़रगोश के माता-पिता को नींद नहीं आई होगी। सम्भव है, यह बात उन्होंने ख़रगोश को तुरन्त न बताई हो, मगर सुबह होने पर कोई विकल्प न था। बताने के क्षण में माता-पिता दुर्भाग्यबोध

में निहित नैराश्य में डूबे होंगे। ज़िन्दगी का एक बड़ा हिस्सा जी चुकने के कारण वे यह सामान्य ज्ञान आत्मसात कर चुके होंगे कि शेर के पास जाने वाला ख़रगोश ज़िन्दा नहीं बच सकता। शेर द्वारा मारे जाने का ज्ञान ख़रगोशों को अनुभव से नहीं मिल सकता क्योंकि अनुभव का अर्थ है अपने साथ हुए का अवशेष। इस दृष्टि से मौत के विचार से पैदा होने वाले भावों को अनुभवजनित न कहकर सामान्य या सांसारिक ज्ञान से उत्पन्न भाव माना जाना चाहिए। मौत क्या होती है, इसका जो भी ज्ञान वयस्कों या प्रौढ़ों द्वारा बखाना जाता है, उसका आधार दूसरों से हुई चर्चा अथवा विरासत से प्राप्त संस्कार माना जा सकता है। बच्चे मृत्यु को नहीं समझते, फिर भी माँ-बाप को चिन्ता रहती है कि मृत्यु का सच बच्चे के सामने न आ जाए। सिद्धार्थ के पिता ने उसे मौत के नज़ारे से दूर रखने का जैसा पुख़्ता प्रबन्ध किया था, उसकी ज़रूरत हर अभिभावक महसूस करता है। ख़रगोश के माता-पिता भी चाहते होंगे कि उनका बच्चा आसन्न मृत्यु के सत्य से अनभिज्ञ रहे। इसलिए, हो सकता है कि उस सुबह उन्होंने ऐसा अभिनय करने की चेष्टा की हो कि उनके बच्चे को किसी विशेष अनुभव से नहीं गुज़रना है। यहूदी-संहार और भारत-पाक विभाजन के सैकड़ों संस्मरण बताते हैं कि भयानक अनुभवों के बाद भी माता-पिता बच्चों के सामने ज़िन्दगी की सामान्यता का अभिनय करते हैं।

इस अभिनय में माँ और पिता में फ़र्क़ रहा होगा। पिता एकदम चुप हो गया होगा और माँ ख़रगोश को ख़ूब सारा नाश्ता खिलाते हुए अपने आँसुओं को सँभाल नहीं पाई होगी! ख़रगोश के बार-बार पूछने पर शेर के प्रति माँ का गुस्सा सैकड़ों अव्यवस्थित शब्दों की धारा बनकर आँसुओं को रोक-रोककर बहा होगा। बच्चा होने के बावजूद तब ख़रगोश को कुछ-कुछ समझ में आया होगा कि माँ बहुत परेशान है और मामला गम्भीर है। अब हम उस क्षण का अनुमान लगाना छोड़कर कहानी की भाषा में कह सकते हैं कि निर्दयी शासन का अनुभव न होने के कारण ख़रगोश की प्रतिक्रिया सिर्फ़ अपनी माँ के दुःख और लाचार क्रोध पर आधारित थी। माँ की पीड़ा ख़रगोश को एक निजी चुनौती सरीखी लगी और उसने कहा—'तुम क्यों फ़िक्र करती हो? मैं शाम तक ज़रूर लौट आऊँगा।' यह सुनकर माँ की रुलाई और ज़ोर से फूट निकली और पिता ने कहा कि वह और वक़्त बर्बाद न करे। पिता की निगाह में ख़रगोश को कुछ भी बताना या समझाना समय की फ़िज़ूलख़र्ची था। पिता की इस बात का तर्क है कि शेर की हैसियत एक बच्चा नहीं समझ सकता, इसलिए उसे समझाने में कोई तुक नहीं है। जो तय हो चुका है, वह होना ही है, उसे टाला नहीं जा सकता। शेर एक ऐसी चीज़ है जो बड़े होकर ही समझ में आती है। शेर का आतंक क्या होता है, क्या यह एक बच्चा समझ सकता है? डर और

आतंक का फ़र्क़ क्या हम एक बच्चे को समझा सकते हैं? बड़े होकर, अपनी सारी मानसिक क्षमताएँ विकसित हो जाने पर किसी के आतंक में जीना पड़े, तभी समझ में आता है कि आतंक किसे कहते हैं।

आतंक के अलावा सामूहिक निर्णय का बल और उसके आगे झुकने की विवशता भी बच्चों की समझ के बाहर की चीज़ है। बड़े होकर ही इस विवशता का भाव स्वभाव का अंग बनता है। शेर को सुविधापूर्वक ज़िन्दा रखने के लिए यदि कोई निर्णय सभी जानवरों ने मिलकर लिया है, तो ख़रगोश के पिता की दृष्टि में उस पर अमल होना ही है, अत: बारी आने पर सोचना, चिन्तित होना या बचने का उपाय करना व्यर्थ के विचार हैं—इस तरह के ख़यालों की झड़ी पिता के मन में लगी हुई थी। उन्होंने अपनी तरफ़ से ख़रगोश को विदा कर दिया था। कई बच्चों में से एक का जाना अब उन्हें उतना नहीं खल रहा था जितना पिछली शाम खला था। शेर के प्रति कुछ परिचित अपशब्द बुदबुदाकर और ख़रगोशों के सामान्य भाग्य को कोसकर पिता शान्त हो गए थे। ख़रगोश की माँ उसे खिला-पिलाकर कुछ सँभली थी, पर उसके मन में तूफ़ान मचा हुआ था। उसे ख़रगोश का पैदा होना और नादानी की हरकतें करना याद आ रहा था। आज सुबह भी उसने वैसी ही नादानी की बात की थी कि वह शाम तक लौट आएगा। उसकी मासूमियत पर तरस के आँसू बार-बार माँ की आँखों में भर आते थे। इधर ख़रगोश अपनी बात कहकर और आश्वस्त हो गया था। अपने संक्षिप्त जीवन में निर्दयी व्यवहार का अनुभव वह एक-दो बार कर चुका था, पर व्यवस्था की निर्दयता उसके बोधवृत्त से बाहर की बात थी। कह चुकने के बाद उसे शाम को लौट आने की बात सम्भव प्रतीत होने लगी थी। अनुभव की कमी ही अब उसका सम्बल और संस्कार के सम्बन्ध में उसका अज्ञान ही अब उसका अस्त्र बन गया था। अब घर से निकल पड़ना ही शेष था।

घर से निकलने के साथ ही ख़रगोश एक कहानी में प्रवेश कर चुका था। इस कहानी का पहला क्षण गुज़र चुका था। इस प्रथम क्षण का शीर्षक है 'एक असम्भव स्थिति'। शेर और ख़रगोश की यह कहानी एक असम्भव स्थिति का उपाय निकालेगी और इस उपाय के लिए सदियों सुनाई जाती रहेगी। उपाय के स्वरूप पर विचार करने के लिए अभी हमें शेष दो क्षणों से गुज़रना होगा। फिलहाल हम पहले क्षण से गुज़रकर कह सकते हैं कि यह लोककथा एक असम्भव दिखने वाली स्थिति में भी विकल्प और उपाय की गुंजाइश छिपी होने का आग्रह करती है। यह गुंजाइश अनुभव और पूर्वज्ञान के अभाव से पैदा होती है और अन्तत: फलीभूत होने पर स्वयं ज्ञान बन जाती है। अनुभवहीनता से उत्पन्न गुंजाइश के मर्म में जीवन को राह दिखाने वाली ज्योति निवास करती है। लोककथाएँ इसी अमर ज्योति को लोकमानस

में भरती आईं हैं। वे सदा पांडित्य का उच्छेदन और सूझ का महत्व स्थापित करती आई हैं। वे न नीति की फ़िक्र करती हैं, न नीतिसम्वत नैतिकता की। इसीलिए उनमें किसी स्पष्ट सन्देश का आरोपण या प्रक्षेपण करना परेशानी पैदा करना है। सन्देश या सबक का सवाल उठाकर हम लोककथाओं से अन्याय करते हैं। शेर और ख़रगोश की कथा झूठ और छल के सहारे ही अपने अन्त तक पहुँचती है, पर इस रूप में उसका संक्षेप करना उस परिस्थितिचक्र की जटिलता के साथ न्याय नहीं कर सकता, जिसमें नन्हा ख़रगोश बग़ैर किसी व्यक्तिगत कारण या कर्म के फँस गया था। उसकी कल्पना का सौन्दर्य भी नीति और नैतिकता से ऊपर उठकर ही देखा जा सकता है। वह अपने सरीखे करोड़ों ख़रगोशों की तरह शेर का ग्रास नहीं बना तो इसीलिए कि उसका मनोबल ताज़ा था। वह अपने बाल्योचित मनोबल के कारण ही पशुबल पर मानसबल की श्रेष्ठता का प्रतीक बन सका। मनोबल एक भावनात्मक शक्ति है जो मानस को अपनी समूची सामर्थ्य का इस्तेमाल करने का अवसर देती है।

घर से निकलकर ख़रगोश ने एक परिचित दुनिया में प्रवेश किया। खुला आसमान और सामने फैली ज़मीन का बेतरतीब विस्तार—जिस पर कहीं पेड़ थे, कहीं चट्टानें, कहीं सूखी घास—उसे जाना-पहचाना होने का सुख देता लगा, पर मन के कोनों में एक उधेड़बुन लगातार चल रही थी। अपने संक्षिप्त जीवन में वह कई बार इस ज़मीन पर दौड़ चुका था। कई सुबहें और दुपहरियाँ उसने इधर-उधर घूमते, झाँकते, सूँघते, सुस्ताते व्यतीत की थीं। उसका बचन सोद्देश्य नहीं, दिशाहीन और स्वतंत्र था, कभी अकेले तो कभी अन्य ख़रगोशों के साथ बीतने वाला अनिर्दिष्ट कालखंड। उसने जंगल और ज़मीन को किसी के बताने से नहीं, पैरों से चलकर, दौड़कर, कूदकर, उछलकर, आँखों से देखते-देखते, कानों से सुनकर जाना था; कहीं सबकी नज़रों के बीच, कहीं चोरी-छिपे। उसे इस ज़मीन के चप्पे-चप्पे का संज्ञान था। आज सुबह जब सबकी दृष्टि में उसका जीवन नि:शेष होने जा रहा था, इस धरती को अपने पंजे खोजने की स्मृतियाँ विशेष रंग और चमक लिए उमड़ीं। उसकी देह दिशाहीन दौड़ने, अनायास रुकने की आदी थी और आज भी वह एक ऊँची चट्टान के ऊपर पहुँचकर एकदम स्थिर बैठ गया। किसी और की दृष्टि में, जिसने शेर और ख़रगोश की पंचतंत्र-कथा पढ़ या सुन रखी हो, वह ज़रूर निरुपाय और आम ख़रगोशों की तरह कुछ डरा हुआ दिखाई देता। ऐसी दृष्टि भले कितनी दीक्षित हो, इस ख़रगोश की मन:स्थिति से एकदम जुदा कही जाएगी। उसका यथार्थ कोई देख सकता तो कहता कि वह मन्द बहती हवा में चट्टान पर खड़ा ख़रगोश भर था। वह मरने नहीं, बचने जा रहा था, इसलिए बचने के तरीक़े सोच रहा था।

दो सम्भावनाएँ थीं। इस कहानी के अन्त का सत्य दोनों में से किस सम्भावना के तहत हासिल हुआ, यह प्रश्न ऐतिहासिक महत्त्व का हो सकता है, साहित्यिक दृष्टि से व्यर्थ है। दोनों सम्भावनाएँ टटोलकर सराहे जाने लायक हैं क्योंकि दोनों उस असम्भव परिस्थिति का इलाज करने में सक्षम हैं जिसमें ख़रगोश फँसा हुआ था। पहली सम्भावना है कि अपने निरुद्देश्य बचपन में इस आँचल को पैरों-पैरों खोजने का सुख लेते हुए एक दिन उसने सूखी घास और झाड़ियों से घिरा हुआ एक परित्यक्त कुआँ देखा था। अलिखित इतिहास में वह कुआँ किसी उजड़ी हुई बस्ती या फिर इस इलाके से गुज़रने वाली और बाद में छोड़ दी गई राह का बचा हुआ चिह्न था। घास से लगभग ढँकी हुई मुंडेर पर पैर जमाकर ख़रगोश ने नीचे देखा तो अवाक रह गया। कुएँ की तली में खड़े पानी में एक ख़रगोश की आकृति देखकर कुछ क्षण वह चकित महसूस करता रहा। हवा के हल्के-से झोंके ने घास के सूखे, सुनहले तिनकों को हिलाया तो उसे अपने कानों पर गुदगुदी महसूस हुई। उसी क्षण में यह देखकर कि कुएँ की तली में भी घास कुछ हिली है, उसने जाना कि पानी की सतह पर बैठा ख़रगोश उसकी अपनी परछाई है। आज सुबह घर पर माँ का बिलखना उस परछाई की स्मृति को उलीचता लगा। मन में यह सवाल उठा कि क्या शेर को इस कुएँ के पास लाकर परछाई के भ्रम में डाला जा सकता है। सवाल उठते ही ख़रगोश इस निर्णय पर जा पहुँचा कि शेर को कुएँ तक लाना ही है। पिताजी से शेरों की कहानियाँ सुन चुकने के कारण ख़रगोश जानता था कि राजा होने का एक अर्थ होता है कि एक जंगल में एक ही शेर रह सकता है। भूखे शेर के मन में यह भ्रम पैदा करना होगा कि एक दूसरा शेर इस इलाके में आकर कुएँ में जा छिपा है।

दूसरी सम्भावना यह है कि कुआँ ख़रगोश ने पहले नहीं देखा था। आज सुबह घर से निकलते समय माँ ने बता दिया था कि उसे किधर जाना है। ख़रगोश को मालूम था कि शेर उसकी इन्तज़ार करता बैठा होगा। भूख बढ़ने पर बड़ों का क्या हाल होता है, यह बात उसे अपने घर के अनुभव से मालूम थी। खाना मिलने में देर हो जाए तो बच्चे रोने लगते हैं, पर बड़े झुँझला उठते हैं। कुछ और देर हो जाए तो वे ग़ुस्से से भर जाते हैं। ग़ुस्सा आने पर बुद्धि घट जाती है, यह ज्ञान ख़रगोश ने अपने पिताजी को देखकर पाया था। इसी ज्ञान के आधार पर उसने यह कल्पना की कि शेर के पास सीधे न जाकर किसी लम्बे रास्ते से जाए और देर से पहुँचे तो शेर झुझलाई हुई हालत में मिलेगा और उस हालत में उसे बेवकूफ़ बनाया जा सकता है। पर कैसे, यह प्रश्न धीरे-धीरे, इधर-उधर कभी चल कभी बैठकर सोचते हुए ख़रगोश के मन में कई घंटे सुलगता रहा। लम्बा रास्ता लेने के इरादे से भटकते हुए

वह पेड़ों से घिरे एक परित्यक्त कुएँ के पास पहुँचा। जैसी कि बच्चों की सामान्य आदत होती है, कुएँ के क़रीब आते ही वे उसके भीतर झाँकते हैं और इस खतरे की परवाह नहीं करते कि मुँडेर से फिसलकर नीचे पानी में जा गिरेंगे। भूख से ग़ुस्साए शेर को मूर्ख कैसे बनाया जाए, इस प्रश्न की आँच मन में लिए ख़रगोश ने जैसे ही अपनी परछाई कुएँ की तली में देखी, उसी क्षण, उसे प्रश्न का उत्तर मिल गया। शेर की मौत के इस अनोखे साधन की व्यावहारिकता कितनी है अथवा सफलता की उम्मीद कितने प्रतिशत है, इस तरह की शंकाओं से मुक्त ख़रगोश का मन अपनी बुद्धि से किए गए निर्णय पर अमल करने की तीव्र इच्छा से भर गया।

इन दो सम्भावनाओं में से जिसके भी सहारे ख़रगोश उस दिन शेर को मार डालने की तरकीब तक पहुँचा हो, तरकीब निराली थी। यदि इस कहानी का पहला क्षण एक असम्भव स्थिति थी तो दूसरा क्षण एक असम्भव उपाय का आविष्कार है। इस आविष्कार ने इच्छित सफलता पाई और ख़रगोश को अमर बना दिया। सुबह से भोजन की बाट लगाए शेर का पारा दोपहर की शुरुआत तक चढ़ता गया। लम्बे इन्तज़ार के बाद इतने छोटे ग्रास को देखकर वह विशेष कुपित था, फिर ख़रगोश के मुँह से एक दूसरे शेर द्वारा रोके जाने की कहानी सुनकर वह आग बबूला हो उठा और भूख के बावजूद अपने राजनैतिक प्रतिद्वन्द्वी से निपट लेने की अदम्य इच्छा लिए ख़रगोश के पीछे चल पड़ा। इस आश्चर्यजनक दृश्य की कल्पना आज हम या हमारे बच्चे इत्मीनान से शायद इसीलिए नहीं करते क्योंकि हमें मालूम है कि शेर कुएँ में कूदा और मर गया।

सोचने के लिए अब इस कथा का तीसरा क्षण ही बचा है जिसमें ख़रगोश को यह तय करना है कि वह इस अविश्वसनीय सफलता के साथ कैसे जिए।

शेर को कुएँ में छलाँग लगाते देखकर ख़रगोश को अवश्य एक क्षणिक सन्तोष हुआ होगा, शायद उसके तुरन्त बाद अपनी आँखों पर अविश्वास भी हुआ हो। कुएँ में दोबारा झाँकने पर बूढ़े शेर का पानी में अवसान एक-दो पल के लिए दया का भाव भी लाया हो, मगर इस सबके बाद जल्दी ही उसके सक्रिय मानस में घर लौटने का विचार आया। कहानी का यह तीसरा क्षण ख़रगोश की नई अस्मिता के जन्म का है। वह अब एक ऐसा ख़रगोश है जिसने शेर को मार डाला है। वह एक असामान्य अनोखा ख़रगोश है जो अपनी प्रजाति में अपवाद बनकर घर लौटेगा। सिर्फ़ अपनी प्रजाति ही नहीं, जंगल के समस्त जानवरों से बनी शेर की प्रजा का अपवाद भी उसे बनना है। उसे अब कुछ कहना होगा क्योंकि वह एक नियोजित कार्यक्रम का समापक बना है। अपनी माँ से शुरू करके पूरी प्रजा को अब उसे बताना होगा कि उसने शेर को कैसे मारा। भतेरी प्रजा यह भी जानना चाहेगी कि

उसने शेर को क्यों मारा और अब शेर के बग़ैर प्रजा की रक्षा कौन करेगा। इस तरह के विचारों ने इस अन्त का पूर्वज्ञान यदि हमें कुछ क्षणों के लिए मुक्त कर दे तो हम देख सकेंगे कि एक छोटे-से ख़रगोश के पीछे-पीछे भूखे, भीमकाय शेर का चलना, और रह-रहकर पूछना कि अभी और कितना चलना है, इस कथा का सबसे मोदक बिम्ब है। चन्द क्षणों में ख़रगोश की बाल्यावस्था को विदाई दे दी। वह एक चेतन आत्म बन गया जिसे अपना बयान तैयार करने की चिन्ता महसूस हुई। शेर मारा जा चुका था, मर भी चुका था; हवा कुएँ की मुँडेर पर उगी सूखी घास को वैसे ही यदाकदा स्पन्दित कर रही थी जैसे शेर के यहाँ आने और कुएँ में झाँकने और कूद पड़ने के पहले कर रही थी। इस घटना का आयोजक इस प्रश्न को लेकर चिन्तित था कि घर लौटकर माँ-बाप और भाइयों के समक्ष इस दिन की प्रस्तुति कैसे करे।

जो हुआ था, अविश्वसनीय था। शेर की मौत को अंजाम देने की तैयारी और तैयारी का सफल अंजाम अविश्वसनीय था। उसके सत्य पर ज़ोर देना झूठा कहलाता और ज़्यादा ज़ोर दिया जाता तो ख़रगोश का झूठ इस तरह निकल आता कि सुनने वाले आत्मीय उसकी विजय के गर्व की जगह उसके छल की ग्लानि को आकर्षक पाते। शेर को मारना जंगल के एकान्त में ही सम्भव था, अब उस उपलब्धि का वृत्तान्त परिवार, समुदाय, समाज के कोलाहल और दबावों के बीच देना कहीं अधिक मुश्किल और जोखिम भरा था। ख़ुश होने और सराहने की जगह कोई भी कह सकता था—'बकवास बन्द करो, कहाँ तुम, कहाँ शेर।' नन्हे ख़रगोश की बात सुनकर कई अन्य कह सकते थे कि वह शेर के पास गया ही नहीं और शेर अब बदला लेगा। पर सबसे पीड़ादायी यह आरोप होगा—'तुमने इतना बड़ा झूठ बोला? एक बूढ़े राजा को धोखा दिया? तुम्हारी माँ ने तुम्हें यही सिखाया था?' इतने सारे मुँहों की इतनी सारी बातें सुनने, बर्दाश्त करने का हौसला ख़रगोश ने अपने भीतर नहीं पाया। उसे लगा कि उसकी कहानी यदि बच्चों के लायक ही रह जाए तो बेहतर है। बड़ों की सयानी दुनिया में जहाँ सच और झूठ की बारीक नाप-तौल होती है, यह कहानी पता नहीं क्या रूप ले ले। बेहतर है, ख़रगोश अपना बयान देने की जगह औरों को सोचने दे कि उस दिन क्या हुआ होगा और सदियों बाद आने वाले बच्चों को सोद्देश्य बचपन के जोखिम उठाने दे। समीक्षकों और नृतत्त्वशास्त्रीय विश्लेषकों के लिए भी शायद यही बेहतर है कि वे ख़रगोश की कहानी उसकी जुबानी सुनने की जगह किसी अज्ञात कथाकार के लहज़े में सुनें। ख़रगोश यदि अपना कर्म स्वयं प्रतिष्ठित करे तो नैतिक प्रश्नों की चुभन से नहीं बच सकता। झूठ के सहारे जीवन की रक्षा या आततायी की हत्या करना दर्शन अथवा अध्यात्म के साए में ही सार्थक

ठहर सकता है। लोककथा अपनी संरचना में इतना प्रबन्धन नहीं कर सकती। वह ज़्यादा से ज़्यादा यही कर सकती हे कि नीति के पंडितों के लिए यह सीख अन्त में जोड़ दे कि अक्ल के आगे पशुबल की नहीं चलती। अक्ल की आन्तरिक समीक्षा ख़रगोश का सहयोग माँगेगी और वह कुएँ की मुंडेर पर बैठा, ढलती हुई दोपहरी की हवा और धूप का सुख लेता रहेगा, बोलेगा नहीं। अपनी करनी से पैदा हुई परम दुविधा को शब्दों से बचाना ही उसके लिए श्रेयस्कर है।

# खैराई का जंगल

कुंडेश्वर और बरीघाट के बीच की ज़मीन दुनिया के सबसे सुन्दर भूखंडों में से एक है। वैसे तो ज़मीन के हर टुकड़े में कुछ न कुछ सौन्दर्य होता है, और यह भी एक जाना-पहचाना सच है कि सुन्दरता को देख सकने में हमारी मनोभूमि और उससे भी ज़्यादा हमारी मनोदशा का ख़ास बड़ा योगदान रहता है। कुंडेश्वर से बरीघाट के बीच की धरती के बारे में मैं आश्वस्त होकर कह सकता हूँ कि इसकी सुन्दरता सिर्फ़ मेरी दृष्टि या मेरी स्मृति-सम्बन्धों का प्रक्षेप नहीं है। हाँ बार-बार उस धरती पर क़दम रखते वक़्त ऐसा प्रक्षेप मैं करता अवश्य हूँ क्योंकि मुझे अभ्यासवश यह ज्ञान हो गया है कि अपनी भावना का प्रक्षेपण करने से उस ज़मीन की शोभा और उसे हर माह दो माह में देखकर मिलने वाली शीतलता व ऊर्जा और बढ़ जाएगी। पर उस शोभा, उस जंगल, उसके बीच खड़ी चट्टानों, उसके दोनों ओर बहती धाराओं का आरम्भ और अन्त में बहने वाले झरनों का अस्तित्व एक स्वतंत्र सच्चाई है, इसमें मुझे सन्देह नहीं।

धरती के इस टुकड़े को खैराई का जंगल कहते हैं। इतनी छोटी सी धरती है खैराई कि उसकी लम्बाई-चौड़ाई के बारे में लिखना व्यर्थ लगता है और अच्छा ही है कि मैं न लिखूँ जिससे उसकी निर्जनता बनी रहे, वरना इस युग में कोई नहीं कह सकता कब सरकार का ध्यान किस सुन्दर जंगल या किले या मन्दिर पर चला जाए और वह उसे पर्यटन उद्योग को सौंप दे। इस कल्पना मात्र से मेरे रौंगटे खड़े हो जाते हैं कि कुंडेश्वर के आसपास हवाई जहाज उतरने लगे हैं। भविष्य का यह रूप आज जगह-जगह उभरने को उद्यत दिखता है, पर मेरे जीवन काल में यह रूप शायद ही खैराई के जंगल को भ्रष्ट कर सके। मेरी यह आशा एक तरह की प्रार्थना ही है, क्योंकि प्रतिरोध तो हम उस छोटी-सी फेक्टरी का भी नहीं कर पा रहे हैं जो कुंडेश्वर के क़रीब खुल गई है और पॉलिथिन के थैले बना रही है। पता नहीं क्यों

उसका जिक्र करके मैं अपनी निबन्ध कल्पना को चोट पहुँचा रहा हूँ जो कुंडेश्वर के पुल के इस पार दो हिस्सों में बँट जाने वाली जमड़ार की धारा के साथ बह जाने को व्यग्र है। मैं इस समय उन दो धाराओं में खो जाना चाहता हूँ जो अपने लगभग अछूते अस्तित्व में जीवन और सभ्यता के अटल रहस्य छिपाए हैं।

खैराई का जंगल इन्हीं दो धाराओं के बीच एक लम्बे से द्वीप की आकृति लिए शान्ति से लेटा है। इस द्वीप पर हर क़दम रखते हुए सावधानी बरतना ज़रूरी है कि हम दो वृक्षों के बीच अभी-अभी बुने गए किसी महीन जाले को तो नहीं तोड़ रहे या हमारे पैरों तले कोई गोगल गाय तो नहीं आ रही जो निश्चितन्तापूर्वक पास के सागवान के तने की ओर बढ़ रही थी। इस नीरव माहौल में जीवन के हज़ारों स्पन्दन छिपे हैं और उन्हें छिपा रहने देना ही ठीक है। जो नहीं छिपा है, क्या वही हमारी निगाहों को विस्तार और चुनौती देने के लिए पर्याप्त नहीं? कैंथ की जड़ के पास एक मकड़ी ने कुएँ जैसा जाल बना रखा है जो सुबह से सूरज की पोषक रोशनी में लगातार नए होते जा रहे कणों से चमक रहा है। कोणों की संश्लिष्ट बुनाई के उस पार अपने कृतित्व की गहराई में विश्वासपूर्वक बैठी मकड़ी किसी भटकी हुई मक्खी या पतंगे के इन्तज़ार में है। संयोग, विवशता और परम सन्तोष के इस कथानक को पूरा होता देखने के लिए यहीं, इस जाले के पास बैठ जाना ज़रूरी है।

पता नहीं कब यह भोजन-लीला सम्पूर्ण होगी। इस बीच सागवान के सूखे पत्तों के बीच हवा एक अलग ही पत्र लिख रही है और खैराई के स्थाई निवासी लंगूर पलाश के बेल के पेड़ की ओर चल पड़े हैं। इस बेल की एक डाल जमड़ार की धार पर इतना नीचे तक झुकी है कि उसे देखकर एक सहज अनुमान मेरे मन में घर कर लेता है। हो न हो, इस धारा में एक मगरमच्छ अवश्य होगा। ज़रूर यह वही स्थल है जहाँ पंचतंत्र में वर्णित बन्दर और मगर की मित्रता हुई थी। बन्दर इसी पेड़ के मीठे बेर तोड़कर नीचे फेंकता होगा और उन्हें आनन्दपूर्वक चबाता हुआ मगर अपनी पत्नी के दैनिक दबाव से कुछ देर के लिए राहत महसूस करता होगा। यदि मेरा अनुमान सही है तो यह भी मुझे मानना होगा कि इसी मोहक दृश्य में, इसी मन्थर धारा के किनारे उस भाग्यवान बन्दर ने सन्देह की श्रेष्ठता का वह अतिवादी दर्शन सीखा होगा जिसे पंचतंत्रकार ने इन शब्दों में दर्ज किया है :

*न विश्वसेद विश्वस्ते विश्वस्तेपि न विश्वसेत्।*
*विश्वासाद्भयमुत्पन्नं मूलान्यपि निकृन्तति॥*

अर्थात किसी अविश्वसनीय व्यक्ति का विश्वास नहीं करना चाहिए, और न ही

विश्वसनीय व्यक्ति का विश्वास करना चाहिए क्योंकि विश्वास करने से पैदा हुआ डर मूल को ही नष्ट कर देता है।

इतना भीषण विचार किसी ऐसे ही मनोहरी प्राकृतिक स्थान में धोखा खाए प्राणी के मन में उत्पन्न हो सकता था। खैराई के जंगल में निष्प्रयोजन घूमते हुए मन कई बार सामाजिक जीवन की बीहड़ पर इसी किस्म की निस्संग टीका करने लगता है। समाज का बीहड़ हमें हमेशा इतना डराए रखता है कि हम बग़ैर चौकन्ना हुए कभी कुछ नहीं कहते। खैराई में मन को सावधान रखने की ज़रूरत नहीं, न समय का ध्यान रखने की, न दिशा की चिन्ता करने की। धारा के किनारे लताएँ इस कदर घनी हैं कि काँटे या गड्ढे का ध्यान भी अन्तर्ध्यान हो जाता है और तो और स्वयं जलधारा कुछ दूरी के लिए अन्तर्ध्यान हो जाती है। अभी-अभी अच्छी भली बह रही थी, उसकी सतह पर हवा लम्बी सिलवटें बना रहीं थी। चार क़दम और कि धारा धरती में समा गई। देखने को सिर्फ़ घिसी हुई चट्टानें और रेत में पड़ी कुछ सीपियाँ रह गई। उन्हीं में से एक बड़ी-सी सीप उठाकर फूलचन्द्र ने चट्टान पर घिसी और घिस-घिसकर उसके बीच वाले हिस्से की जगह एक विशाल छेद बना दिया। अब यह सीप एक नन्हा-सा औजार बन गई जिससे अमरूद छीला जा सकता था। क्या नाम दिया जाए इस औजार को—सिपछिल्ला?

जमड़ार की धार का यह भूमिस्थ हिस्सा अजयपार जाने वालों के लिए एक पुल की तरह है। इस पुल के उस पार जामनी और जामनी के उस पार उत्तरप्रदेश की धरती है। कहने को अजयपार उत्तरप्रदेश में है, पर अजयपार मनुष्यों के आपसी सम्बन्धों से परे है। वह एक निराला तीर्थ है, हमारी आम सामाजिक चेतना का विदेश। अजयपार में बीमार गाय-बैलों का इलाज करने वाले एक साधु की समाधि है। बड़ी संख्या में किसान आज भी वहाँ जल चढ़ाने जाते हैं। खैराई से पन्द्रह-बीस मिनट का रास्ता है, पर रास्ते में जामनी नदी पड़ती है जो जमड़ार की धारा के लगभग समान्तर बहती है। अजयपार के समीप यह धारा जामनी में मिल जाती है। संगम के गिर्द जमड़ार की इस पहली धारा का घुमाव मुझे पहली बार बेहद कलात्मक लगा था, और है भी, पर एक दृश्य का आख्यान अब इस जगह की प्राकृतिक कला का अहसास मुझसे हमेशा के लिए छीन ले गया। यह आख्यान मुझे पंडित कृष्ण किशोर द्विवेदी जी ने सुनाया था। तीस का दशक था, पंडित जी किशोरावस्था पार कर चुके थे। चेचक फैली, पूरे इलाके में हज़ारों लोग उसके शिकार हुए, विशेषकर बच्चे। उन्हीं में पंडित जी का छोटा भाई था जिसकी मृत काया अजयपार के संगम में सिराने वे स्वयं ले गए थे। जामनी का साफ़ जल लाशों से भर गया था। उस हृदय विदारक दृश्य की कल्पना की शान्ति के लिए ही अजयपार का समाधि मन्दिर इतना

चुप, इतनी करुणा से डबडबाया लगता है। असंख्य पशुओं की पीड़ा के साथ मनुष्य की रह-रहकर उठने वाली अशान्ति का शमन भी अजयपार की सामर्थ्य में है। उन चार-छ: ऊँचे वृक्षों के तले दो क्षण बैठना एक सहज चमत्कार की माफिक मुझे अपनी सहनीय दुनिया में लौटा लाया था। खैराई की आदिम उमंगों के बीच अजयपार का वैराग्य कितना ज़रूरी है, शायद इसीलिए यहाँ, इस जंगल के इतना निकट है।

जमड़ार की पहली धार को पीकर जामनी अभी थोड़ा और बहेगी। जमड़ार की दूसरी धार भी जामनी में विलय हो जाएगी, मगर उस संगम के ठीक पहले हम बरीघाट पहुँच चुके होंगे। जहाँ खैराई के जंगल का छोर है। अज्ञेय ने अपनी एक कहानी को 'पठार का धीरज' शीर्षक दिया था। बरीघाट को एक शीर्षक में समेटना हो तो वह 'पठार का अधैर्य' ही हो सकता है। विंध्य के पठार का विस्तार यहाँ ज़मीन के पारदर्शी पानी ने ढँक रखा है, पर जामनी को चैन नहीं। उसकी छोटी-छोटी धाराएँ ग्रेनाइट की कठोर शिला के आगे-पीछे, अगल-बगल से होती हुई, हल्का-हल्का शोर करने वाले अनेक झरने बनाती हुई बहती है। कुछ दूर तक हर झरने की जल्दी नजर आती है, फिर आगे वही परिचित चैन और गहराई। चट्टानों के आगे और पीछे की गहराइयाँ मछलियों के लिए पर्याप्त हैं पर मछली को भी चैन नहीं, तफरी के लिए वह भी झरने के साथ बह निकलती है और आगे वाली गहराई में जा पहुँचती है, जहाँ एक किलकिला अधर में मड़राते हुए पानी की हलचल पर अपनी पैनी नजर रखे होता है। किलकिला ही क्यों, मछली के लिए मृत्यु के और भी वाहक हैं यहाँ। उखड़ी हुई कई चट्टानों पर इत्मीनान से बैठकर बगुले अपना पेट भरते हैं और जिस केंकड़े या मछली को उन्होंने खाया है, उसके अस्थि-अवशेष चट्टान पर छोड़ देते हैं। केकड़े ने स्वयं मारे जाने के स्थान पर बगुले को मार डाला था। अन्तिम समय में उसके मन में यह सद्बुद्धि जागी थी कि खतरे के समय अपने भयों को त्याग फेंकना ही उचित है।

बरीघाट एक पठार और उस पर दो क्षण अठखेलियाँ करने वाली अधेड़ नदी के पाट का नाम है या करोड़ों वर्ष पुरानी शिलाओं के आत्मविश्वासी ध्यान का? या एकाएक खुले, नीले आकाश का? विंध्य के इस एकान्त में आकाश जिस तरह खुलता है, पता नहीं धरती के और किस-किस कोने में खुलता होगा। उसे यहाँ देखकर समझ में आता है कि टीकमगढ़ के बस स्टैंड पर वह कितना खिंचाव और दर्द महसूस करता होगा क्योंकि एक-एक खम्भे से निकले सैकड़ों तार उसे काटते हैं और पहाड़ों में वह कितनी घुटन महसूस करता होगा क्योंकि चोटियाँ उसे घेरे रहती हैं फिर भी लोकमन में प्राकृतिक सुषमा का ठेका पहाड़ों ने ले रखा है। उनके आगे पठार की, वह भी विंध्य जैसे वृद्ध पठार की, क्या बिसात? इसीलिए बरीघाट

अभी तक पर्यटन उद्योग द्वारा 'खोजा' नहीं गया है जिस तरह ओरछा खोज लिया गया है और 'विकसित' किए जाने की दुर्दान्त राह पर चल पड़ा है। उपेक्षित पड़े रहने का सुख आज के समय में दुर्लभ हो गया है। सूचना और संचार इतने विस्तृत और तेज हो गए हैं कि कोई जगह छिपी नहीं रह पाती। उपेक्षितावस्था का आनन्द अभी बरीघाट में सुरक्षित है। वे तमाम लोग जो उपेक्षित महसूस करते हैं और इसी कारण दुःखी या निराश हैं, बरीघाट जाकर अपने कष्ट से निजात पा सकते हैं।

बरीघाट से गणेशगंज की राह पर थोड़ा सा चलकर वह पुल आता है जिसके नीचे जमड़ार की पहली धारा बहती है। मैंने इस धारा का जिक्र शुरू में किया था जहाँ वह कुंडेश्वर में फूटी थी। यह धारा खैराई के जंगल की दूसरी सीमा है। बरीघाट से चार क़दम आगे यह धारा ज़मीन में मिल जाती है, यानि इस संगम के आगे जमड़ार पूरी तरह जामनी की स्मृति बन जाती है। इस जगह से ओरछा तक, जहाँ जामनी स्वयं बेतवा की स्मृति बन जाती है, जामनी के साथ चलना मेरा एक प्रिय स्वप्न है। पता नहीं, कब पूरा होगा। किसी नदी के साथ-साथ चलकर उसके हर रूप से अवगत होना मुझे ज्ञान का बेहतर भरोसेमन्द माध्यम प्रतीत होता है। इस ज्ञान को कोई नाम देना, उसे किसी विषय की परिधि में बाँधकर पहचानना निहायत व्यर्थ है। नदी के साथ चलना उन असंख्य चीज़ों की पुनर्रचना का अवसर बन जाता है जिन्हें हम पहले से जानते आ रहे हैं।

नदी के सत्संग में मन नई रूपरेखाओं में ऐसी-ऐसी बातों को समेट लेता है जो अलग-अलग अर्सों से अछूती, अकेली या खोई पड़ी थी। नदियों के इस महात्म्य का संस्करण किसी पुल पर खड़े होकर पढ़ा जा सकता है। पैरों के नीचे से हमारे आर-पार जाती धारा किसी नर्मदिल शिक्षक की तरह सिखाती है कि हम जिन्दा हैं तो हमारे जिन्दा होने की परिधि कहाँ है और उसके अन्दर हमारे रिश्ते-नाते किस कदर सघन व जटिल हैं। चीज़ें लगातार बदल रही होती हैं। फिर भी अपनी स्मृति के सहारे हम अपना वजूद बनाते हैं, टिकने का अहसास पाते हैं और निरन्तर थकान के बावजूद दो क्षणों के लिए ख़ुश होने का जोखिम उठाते हैं। पिछली बार जमड़ार की उस धारा के ऊँचे पुल पर खड़े होकर मैंने जिस तोते को अपने क़रीब देखा था, इस बार नहीं देखूँगा और देखूँगा भी तो पहचानूँगा नहीं। पर एक न एक तोता उस समय अवश्य होगा और मेरे पास होने के बावजूद उड़ेगा नहीं।

इसी पुल के क़रीब से एक पगडंडी फूटी है जो खैराई के जंगल के साथ-साथ, धारा के सहारे हमें कुंडेश्वर पहुँचाएगी। धारा के उस पार नवधनिकों के खेतों में ट्रेक्टर या हार्वेस्टर धड़धड़ा रहे होंगे, भूमिहीन मजदूरों के पेट पर लात मारकर, उर्वरा धरती को रौंदकर, देश का गौरव बढ़ाकर, इक्कीसवीं सदी का आह्वान कर

रहे होंगे। धारा यहाँ काफी चौड़ी है, उसके किनारों पर उगी वनस्पति घनी, इसीलिए वे आवाजें इधर नहीं सुनाई देंगी। हम सागवान, पलाश और अर्जुन की गहरी छाया में चलते-चलते इस भ्रम में बने रहेंगे कि खैराई का जंगल हमें बचा लेगा। इस मधुर भ्रम में ख़ुशी-ख़ुशी, ऊँची-नीची ज़मीन और कँटीली झाड़ियों से गुजरते हम एक नन्हें पुल पर पहुँच जाएँगे जो पानी के स्तर से दो-ढाई हाथ ऊँचा है। बरसात के महीनों में पानी आसानी से पुल पर चढ़ आता है, तब पुल के दोनों और गढ़े पत्थर ही एक विकल्प रह जाते हैं। बकरियाँ और गाएँ भी इसी विकल्प का सहारा लेती हैं। उनकी प्रतीक्षा में धारा के किनारे और बीचों-बीच खड़ी ऊँची चट्टानों पर बैठना, खैराई का आख़िरी नजारा लेना कोई बुरा विकल्प नहीं है। एक और भी विकल्प है, धारा के पार न जाकर जंगल में बने रहना और भीतर-भीतर चलकर कुंड के किनारे पहुँचना।

जो लोग धारा के पार चले जाएँगे, उनका दुर्भाग्य है कि वे कुंडेश्वर के सुन्दर तीर्थ तक पहुँचने के पूर्व निर्लिप्त मनुष्यों के मल के बीच क़दम रखेंगे। जो खैराई के दायरे में रहेंगे, वे यही नहीं जान सकेंगे कि कुंडेश्वर क्या से क्या हो चुका है। यथार्थ और भ्रम के अपने-अपने आकर्षण हैं। यथार्थ को जानते हुए भ्रम में रहना एक तीसरा रास्ता है, और उसके आकर्षण कम नहीं। मैं अब इसी तीसरे रास्ते से कुंडेश्वर जाता हूँ। यदि यह रास्ता न अपनाऊँ तो जाने की इच्छा उन्हीं सीखचों में कैद हो जाए जिनमें धर्मतंत्र के स्थानीय मालिकों ने शिव को कैद कर दिया है। अपने बचपन में शिव के चारों ओर एक सादा, उदार मन्दिर मैंने कितनी ही बार देखा है। उसका खुरदुरा फर्श अब उखाड़ा जा चुका है। मन्दिर के खम्भों से लेकर कलश तक का सीमेन्टीकरण हो चुका है। पुरानी मेंड़ की जगह ऊँची शलाखों की अविरल पंक्ति है। मकर संक्रान्ति के दिन बुड़की लेने लाखों लोग आते हैं। शलाखें उन्हें लाचार करने के लिए लगाई गई हैं। इस लाचारी से उन शोख रंगों से जो शलाखों, फाटकों, दीवारों पर पुते हैं समूची व्यवस्था के चरित्र से मेरे सरीखे जो लोग सहमत नहीं हैं, वे तीर्थ के सुन्दरीकरण का महत्त्व नहीं समझ सकते। उनके लिए यही उचित है कि वे खैराई के रास्ते से कुंड तक पहुँचें।

कुंड के किनारे खड़े होकर उस कल्पना-स्मृति में खो जाना अत्यन्त स्वाभाविक है जब इतिहास नहीं था, भूगोल भी प्रशासनिक नहीं था, सिर्फ़ जिजीविषा थी और उस पर किसी नेता या अधिकारी के आश्वासनों की छत्रछाया नहीं थी। उस युग की रूपरेखा किसी इतिहास में ढूँढ़ना व्यर्थ है जब हमारे आदिवासी पूर्वजों ने इस कुंड की अटल गहराई के समीप की टोकरी पर देवत्व की पहचान की होगी। कुंड के किनारे बैठकर मनुष्य का इतिहास बहुत छोटा लगता है। भूगर्भीय इतिहास ने

करोड़ों वर्ष पूर्व इस असाधारण गढ़े को रचा होगा और इसकी गहराई में पाताल का एक सिरा पहली बार एक छोटी नदी, जिसे हमारे पूर्वजों ने जमड़ार नाम दिया, के साफ़-सुथरे पानी में छिप गया होगा। भूगर्भीय इतिहास की उथल-पुथल के नियन्ता शिव का तीर्थ कुंडेश्वर में होना एक प्राकृतिक सच तो है ही उसमें तार्किक औचित्य भी है। विध्वंस के भय को देवत्व देकर प्राचीन मनुष्य ने उस भय के साथ जीना सीखा होगा और अपनी इस विजय की प्रतीक भूमि पाताल का स्पर्श करने वाली जगहों पर तलाशी होगी। ज्ञान में परिचय भी होता है, रहस्य भी, हम क्या जानते हैं, यह कभी बता नहीं सकते। ठीक ऐसा ही रहस्य और परिचय कुंडेश्वर के कुंड में है। वह हमारे इतना पास होता है कि हम सीढ़ी पर बैठकर उसमें अपने पैर डाल सकते हैं। पर उसकी गहराई में स्मृतियाँ, मिथक, कहानियाँ और विश्वास डूबे हैं। उन्हें कोई छूने निकले और छू भी ले तो किससे कहे? उषा राक्षसी की कहानी मैंने अपने बचपन में सुनी थी। यह कुंड उषा की ओखली थी। कितनी ही दुर्घटनाओं के सन्देह इसमें मेरे देखते-देखते डूबे हैं और हमारे शहर का पूरा इतिहास तो इन्हीं दिनों डूब रहा है। अच्छा है, कुंड उसे सुरक्षित रखेगा। शहर तो अपने सार्वजनिक पुस्तकालय की भी रक्षा नहीं कर सका।

कुंड के उस पार एक रपटा है। कुल एक सदी भी उसे बने नहीं हुई, पर उसे पार करते समय लगता है जैसे वह सामने खड़ी मीनारी चट्टानों की तरह धरती के इतिहास का अंग हो। पंडित जी ने मुझे बताया है कि वह रपटा महाराज प्रतापसिंह ने बनवाया था। जमड़ार का पानी वर्ष के ज़्यादातर दिनों में रपटे के ऊपर एड़ी भर होता है। नंगे पैर इस पानी में चलकर नीचे फैली काई पर फिसलने से बचते-बचते इस पार आ पहुँचना खैराई की यात्रा को विश्रांत, शीतल उपसंहार दे देता है। अब पाँव सुखाकर दो क्षण सीढ़ियों पर बैठना और रपटे के कारण बनते झरने पर नज़र टिकाना ही शेष रह जाता है। बरसात में यही झरना उद्दाम हो जाता है। जमड़ार का पानी मिट्टी और मछलियों से भर जाता है। रपटे की सीमा एक पारदर्शी झिलमिलाहट नहीं रह जाती, मटमैले प्रवाह में खो जाती है। नदी के बगल में खड़ी चट्टान की दीवार में निडर उगा पीपल नए-नए पत्तों में इतराता है। पत्थर को तोड़कर पसरी उसकी नंगी जड़ें बरसाती पानी का अनावश्यक प्रवाह तसल्ली से देख रही होती है।

[स्वर्गीय पंडित कृष्ण किशोर द्विवेदी के अभिनन्दन ग्रंथ से]

# बूलगढ़ी में शाम

इसे यात्रा संस्मरण न समझें हालाँकि इसमें एक यात्रा की शाम का बयान होगा। दिनभर के सफ़र के बाद यात्री कहीं पहुँचता है तो उसे थकान के साथ सन्तोष महसूस होता है। बूलगढ़ी पहुँचकर भारत सिर्फ़ थकान का हक़दार है। सन्तोष की जगह उसे निराशा की पीड़ा झेलनी पड़ रही है। भारत को निराशा व्यक्त करनी हो तो किससे करे? हमसे ही करेगा—हम जो लिखकर बताना जानते हैं। हम अगर भारत की तकलीफ़ को शब्द न दे सकें तो हमारा हुनर किस काम का?

पीड़ा जिस वजह से होती है वह एक दिन या एक वर्ष में नहीं बनती। देह हो या देश, उसकी पीड़ा पैदा होने और पकने में लम्बा समय लेती है। पीड़ा एक सिलसिले का नाम है। एक बार महसूस होनी शुरू हुई तो बर्दाश्त करने की क्षमता को बढ़ाती जाती है। देखते ही देखते पीड़ा के साथ जीने की आदत पड़ जाती है। उसका इलाज असम्भव, असाध्य या इतना महँगा महसूस होने लगता है कि पूछताछ का प्रयास भी व्यर्थ लगता है। पीड़ा को हँसते-हँसते टालते रहना, आसपास चीख रहे लोगों का उपहास करना, इलाज पर आमादा लोगों की नीयत पर शक करना, पीड़ा को भ्रम बताने वालों या सहने को गर्व का विषय बता रहे लोगों के साथ चल देना धीरे-धीरे सामाजिक माहौल में शामिल हो जाते हैं। किसी सुबह दर्द बहुत ज़्यादा बढ़ जाने पर दो-चार आँसू निकल पड़ते हैं तो गालों को पोंछने की ज़रूरत महसूस नहीं होती क्योंकि आसपास कोई हमदर्द या पीड़ा के उद्भव और विकास का हमसफ़र नहीं दिखता।

बूलगढ़ी उस गाँव का नाम है जहाँ एक दलित लड़की के क्षत-विक्षत शव को पुलिस और प्रशासन ने रात के तीसरे पहर में आग के हवाले कर दिया। वह चिताग्नि नहीं थी, लाश में ढूँढ़े जा सकने वाले सबूत-चिह्नों को ठिकाने लगाने वाली आग थी। लपटों के चित्र पत्रकार न ले सकें, इस ध्येय से सैकड़ों पुलिस

वालों ने आग को घेर रखा था। वे राज्य की इज़्ज़त बचाने के लिए तैनात किए गए थे। यदि राज्य की इज़्ज़त का मामला न होता तो एक दलित लड़की को इतनी पहरेदारी कैसे मिल सकती थी—जीते जी।

लेकिन 'राज्य' से यहाँ क्या आशय है, यह सवाल पड़ताल के लायक बनता है। हिन्दी में यह शब्द दो तरह से प्रयोग में आता है : एक, ताकत के वैध इस्तेमाल के लिए बने संस्थाई ढाँचे के सन्दर्भ में, और दूसरे, किसी प्रदेश के अर्थ में। ये दोनों अर्थ बूलगढ़ी में हुई घटनाओं के लिए प्रासंगिक हैं। पहले अर्थ वाले राज्य की जिम्मेदारी थी कि इस लड़की को आठ वर्षों की प्रारम्भिक शिक्षा पूरी करने देता। यह उसका संवैधानिक अधिकार था। लड़की होने के नाते और अनुसूचित जाति में जन्म लेने के कारण उसका अधिकार राज्य के प्रशासनिक ढाँचे की विशेष चिन्ता का विषय बनना चाहिए था। अखबार बताते हैं कि वह पाँचवीं तक स्कूल जाती रही, पर आगे नहीं जा सकी। यह भी स्पष्ट नहीं है कि वह पाँचवीं कक्षा की पढ़ाई पूरी कर सकी या नहीं। मौत लाने वाली हिंसा झेलते समय वह उन्नीस साल की थी तो अन्दाज़ लगाया जा सकता है कि उसने स्कूल जाना 2010 या इसके अगले वर्ष छोड़ा हांगा जब भारतव्यापी सर्व शिक्षा अभियान अपने शिखर के क़रीब था और शिक्षा के अधिकार का कानून संसद ने ताज़ा-ताज़ा पास किया था। ऐसे समय में भी यह लड़की 'प्राथमिक' यानी पाँचवीं तक की पढ़ाई भी पूरी न कर सकी, आठवीं तक की यानी 'प्रारम्भिक' शिक्षा की बात भी बेकार है।

अख़बारी सूचना मानें तो लगता है, इस बात का कारण उस हाईवे यानी राजमार्ग का निर्माण था जो बूलगढ़ी गाँव के प्राइमरी स्कूल और रिहायशी इलाके के बीच से गुज़रता था। इस सड़क पर कारों और ट्रकों की रफ़्तार ने बच्चों का स्कूल पहुँचना दूभर बना दिया। कुचले जाने या अपहरण के डर से इस लड़की की पढ़ाई छुड़ा दी गई। ऐसी लड़कियों के लिए कस्तूरबा गांधी विद्यालय खोले गए थे। हाथरस के इस प्रखंड में भी ज़रूर ऐसा स्कूल खुला होगा। जिस प्राइमरी स्कूल में वह चार-पाँच वर्ष रही, उसका ज़िक्र केन्द्र सरकार के डिजिटल सूचना-पटल पर है। उस पर डली ताज़ी जानकारी तीन साल बासी है। जब आख़िरी बार आँकड़े दर्ज किए गए, उस समय वहाँ पच्चीस बच्चे, दो शिक्षक, एक रैम्प, दो संडास और बाउन्ड्री की दीवार थी। गूगल मैप पर बहुत ढूँढ़ा, पर स्कूल नहीं मिला, वरना बाउन्ड्री की दीवार दिखनी चाहिए थी। ज़ाहिर है दीवार गुम गई है। जो लड़की अब जीवित नहीं है, वह प्राइमरी पूरा कर लेती, किसी संयोग से आगे कुछ और कक्षाएँ पढ़ लेती तो क्या बलात्कार और हत्या से बच निकलती, यह एक मज़बूत प्रश्न ठहराया जा सकता है, पर मरणोपरान्त न्याय की खोज ऐसे प्रश्नों से शायद ही प्रभावित हो।

ऐसे कितने ही खोज-कार्य उत्तर प्रदेश में चल रहे हैं। 'राज्य' शब्द का यह दूसरा अर्थ है—प्रदेश, जिसका एक पुराना नक्शा है, रूप है और उससे करोड़ों को प्यार है। मुझे भी है। उत्तर प्रदेश न होता तो मेरे दिमाग़ में हिन्दी और उसके साहित्य की पहचान कैसे बनती? कबीर-सूर-तुलसी, प्रसाद-निराला-महादेवी, भारतेन्दु-प्रेमचन्द-श्रीलाल शुल ने अपनी संवेदित दृष्टि से जो संसार रचा, उसी को हिन्दी कहते हैं—'अन्यथा यहाँ क्या अन्धकार, बन्धुर पथ पंकिल सरि कगार, झरने झाड़ी कंटक विहार पशु खग का'—ये निराला के शब्द हैं। आगे लिखा था—'करना होगा यह तिमिर पार, देखना सत्य का मिहिर द्वार।' उत्तर प्रदेश में ऐसी बात तुलसी के लिए मध्य युग में भले सम्भव हुई हो, आज असम्भव है। इलाहाबाद उच्च न्यायालय बूलगढ़ी में हुई हत्या का सत्य ढूँढ़ रहा है। दिक्कत यह है कि सत्य पूरी तरह खुल पड़ा है। 'सरकार, उसे क्यों ढूँढ़िएगा? साहब, अपराधी को सज़ा मिलेगी, नहीं मिलेगी, आप क्यों परेशान होते हैं।' यदि 'राग दरबारी' अबकी बार शिवपालगंज की जगह बूलगढ़ी के बारे में हो तो अवश्य कोई चरित्र सरकार से यही कहेगा। उत्तर प्रदेश बदस्तूर अपनी राह पकड़े हुए है। वहाँ न्याय की तलाश षड्यंत्र कहलाती है, पुलिस का सत्य ही अन्तिम होता है। कोई इस बात में शक व्यक्त करे तो आप तुलसी से उधार लेकर कह सकते हैं—'समरथ को नहिं दोष गुसाईं।'

शब्दों में अर्थ और अर्थ में जीवन तलाशने की आदत ही है जो आड़े आती है, वरना उत्तर प्रदेश सत्य औार सबकी समृद्धि के लिए समर्पित दिखता है। वहाँ की सरकार के विज्ञापन अख़बारों और पत्रिकाओं में छपते रहते हैं। उन्हें देखकर लगता है कि सामान्यता का हर कोण पहले की तरह कायम है। पहले भी उत्तर प्रदेश का चेहरा जनसामान्य की तकलीफ़ और चिन्ताओं से ढँका मिलता था, पर अब वह खूँखार दिखता है। हिंसा की मंज़ूरी खबरों में लिपटी रहती है। हिंसा की भूख और प्यास बढ़ाना सत्ता का कर्तव्य बन गया है। एक तरफ़ स्त्री-घृणा है, दूसरी तरफ़ धार्मिक उन्माद; इनके बीच शासकीय दुराचरण और सचाई का दमन। यही आज का उत्तर प्रदेश है। मेरे जैसे हज़ारों हिन्दीभाषियों ने उत्तर प्रदेश को गंगा-यमुना के मैदान में बैठकर सोच और संवेदन के सहारे लिखी गई किताब समझ लिया था। अभिव्यक्ति के सौन्दर्य में सत्य का साहस सदा रहेगा, इस मान्यता ने हमारे दिलो-दिमाग़ पर कब्ज़ा कर लिया था। भाषा हमारे हाथों में आज भी है, पर उसका प्रयोग कहाँ करें, कैसे करें कि लगे, हम हाथरस का मुकाबला कर पाएँगे, समझ नहीं आता। ठंडा, रेतीला वीराना है हर तरफ़। हर बात प्रतिध्वनि बनकर लौट आती है। घनीभूत पीड़ा आँसू नहीं बन पाती। मंगलेश ने आतताइयों के बारे

में लिखा है कि वे पूरी वर्णमाला छीन लेते हैं और 'भाषा की हिंसा को बना देते हैं/एक समाज की हिंसा।'

भाषा में हिंसा की शुरुआत हुए काफ़ी समय बीत चुका है। सम्भवत: पैंतीस वर्ष पूर्व यानी 1980 के दशक के मध्य में इस शुरुआत की तारीख़ तय की जा सकती है। तब एक नरसंहार होकर हटा था और दूसरे की तैयारी प्रारम्भ हुई थी। भाषा को हिंसक भावों की अभिव्यक्ति के लिए इस्तेमाल करने से पूर्व उसे खोखला कर दिया गया था। पत्रकारिता और सिनेमा इस काम को अंजाम देने में बढ़-चढ़कर राजनीति की मदद कर रहे थे। कवि, लेखक और बुद्धिजीवी चेतावनी दे रहे थे, पर उनकी आवाज़ें उनके दायरे के बाहर सुनाई देना मुश्किल हो गया था। उत्तर प्रदेश में हिन्दी और अंग्रेज़ी के बीच का फ़ासला बढ़ चला था जिसका सीधा आशय था समाज में आम सुविधाओं के बरते जाने और उन पर अधिकार को लेकर सामूहिक दूरियाँ ध्रुवों की तरफ़ बढ़ रही थीं। शिक्षा इस प्रक्रिया का अच्छा यानी स्पष्ट आइना बन चुकी थी। बनारस सरीखे नगर भी अंग्रेज़ी माध्यम स्कूलों का संसार किसी प्रक्षेपित उपग्रह की तरह धरती की कक्षा से अलग एक मुक्त अन्तरिक्ष में पहुँच चुका था। नीचे की दुनिया नेताओं द्वारा उकसाई जा सकने वाली भीड़ बनने के लिए स्वतंत्र छोड़ दी गई थी।

हाथरस की घटना के बाद अंग्रेज़ी के हर राष्ट्रीय अखबार ने उत्तर प्रदेश की सरकार की भर्त्सना की। एक सशक्त और निराला लेख इंडियन एक्सप्रेस में आलोक राय ने लिखा। बलात्कार के बाद मारकर जला दी गई लड़की की राख वाली जगह को लेकर आलोक राय ने सुभद्राकुमारी चौहान की जलियाँवाला बाग पर लिखी गई कविता की ये पंक्तियाँ उद्धृत कीं—

*आओ प्रिय रितुराज, किन्तु धीरे-से आना,*
*यह है शोक स्थान, यहाँ मत शोर मचाना।*

राष्ट्रवाद के नाम पर हिंसा और घृणा फैलाने के उपक्रम पर इससे बेहतर टिप्पणी क्या हो सकती है?

इस विचार-भाव की धुन में मुझे सूझा कि उत्तर प्रदेश में रहने वाले मित्रों से पूछूँ कि वहाँ अंग्रेज़ी प्रेस में छपी निन्दा का क्या असर पड़ा है। उनकी राय थी कि किसी किस्म की निन्दा का उत्तर प्रदेश में कोई असर नहीं पड़ता। राजनीति पर एक ऐसी विचारधारा का वर्चस्व है जो असहमति रखने वालों को सुनने लायक नहीं मानती। यदि वे अपनी राय सार्वजनिक रूप से सुना दें तो उन पर कार्रवाई करना सही माना जाता है। प्रश्न अंग्रेज़ी या हिन्दी प्रेस का नहीं है, पर दोनों में यह अन्तर

आ चुका है कि हिन्दी में राजनैतिक आलोचना करने वाले अखबार अब नहीं हैं और टीवी पर भी सिर्फ़ एक बड़ा चैनल बचा है। जिसे हिन्दुत्व की राजनीति कहा जाता है, वह अपने में कई जातिगत और आर्थिक समीकरण समेटे है। उसे चुनौती दे सकने वाली शक्तियाँ शिथिल पड़ चुकी हैं और सामाजिक माहौल ऐसा बन चुका है कि चुनौती का अभाव महसूस करने वाले लोग स्वयं को हाशिए पर पाते हैं।

इस परिस्थिति में हाथरस से पैदा हुई पीड़ा और घुटन का अस्थायित्व निश्चित है। फिर भी उसके स्वास्थ्य पर विचार करना उपयोगी होगा। पीड़ा का एक पहलू है अन्याय को सहन करने की लाचारी। यह घुटन का पहलू भी है, पर हाथरस प्रसंग से पैदा हुई घुटन का ज़्यादा गहरा रिश्ता अभिव्यक्ति की व्यर्थता से है। हिन्दी पत्रकारिता से निराशा का भाव लेखकों और बुद्धिजीवियों में कई वर्षों से घर करता गया है। अखबारों और साहित्य के संसार छिटककर एक-दूसरे से दूर होते चले गए हैं। पुल बनाने की कोशिश 'सहारा' में 'हस्तक्षेप' ने और 'जनसत्ता' ने की, पर वे कोशिशें न कोई बड़ा प्रभाव पैदा कर सकीं, न स्वयं टिक सकीं। इंटरनेट पर किए गए प्रयास भी जनसामान्य को उत्साहित करने में असमर्थ रहे हैं। यह परिदृश्य एक नए सन्दर्भ में पिछली सदी के साठ के दशक की याद दिलाता है जब 'सन्त्रास' और 'घुटन' अपने आप में युगबोध कराने वाले शब्द बन गए थे। तब की घुटन और आज की घुटन में बड़ा फ़र्क़ यह है कि उस समय आज़ादी के संघर्ष से अपने मूल्यों की स्मृति और कद्र मौजूद थी। आज उन मूल्यों की खिल्ली उड़ाकर नफ़रत भरा राष्ट्रबोध पैदा करना मुख्य राजनैतिक उपक्रम बन चुका है। साहित्य में सिर्फ़ कविता इस उपक्रम पर कुछ ऐसा कह पा रही है जो असहाय न लगे, न विरोध की व्यर्थता दर्ज़ कराता हो। 'राष्ट्रगान बज रहा है' शीर्षक कविता में जसिन्ता केरकेट्टा ने आज के भारत का सटीक चित्र बनाया है—उसमें न कोई विलाप है, न अतिरंजना। इस चित्र में हाथरस सरीखे प्रत्येक पीड़ादायी वृत्तान्त को पढ़ा जा सकता है।

*...दीमकों का झुंड*
*घुस आया है मेरे भीतर*
*मेरी देह को मिट्टी का टीला समझ।*

कविता के ये शब्द बताते हैं कि संवेदना की चौतरफ़ा मृत्यु के बीच सिर्फ़ कविता जीवित रह गई है हमें बताने के लिए कि हमें क्या हो गया है।

वह उत्तर प्रदेश जिसे मैं अपनी थाती समझकर प्यार करता था सिर्फ़ किताबों में बचा है। मुझ तक वह पहुँचा भी किताबों के रास्ते था। उन रास्तों पर इधर-उधर

खड़े शिक्षक एक भूखंड को, उसकी भाषा को जीवन देते थे। बूलगढ़ी में जलाई जा चुकी लड़की न पढ़ सकी, न जी सकी, न उसकी मौत एक मरे हुए समाज से कुछ कह सकी है। मामला अब इलाहाबाद उच्च न्यायालय में कुछ वर्ष रहेगा। इन वर्षों में कई अन्य घटनाएँ इसी तर्ज़ पर होकर सामाजिकता का मृत्यु-गीत अविरल गाती रहेंगी। बहुत कम बच्चे इतनी हिन्दी सीख पाएँगे कि वे निराला को पढ़कर 'जागो फिर एक बार' को अर्थ दे सकें। बनारस हिन्दू विश्वविद्यालय की लड़कियाँ आत्म-सम्मान के लिए कई दिन धरने पर बैठी रहीं। प्रवेश-द्वार के आसपास उनके संक्षिप्त सत्याग्रह का चित्र बीते हुए उत्तर प्रदेश के इधर-उधर पड़े टुकड़ों की तरह मुझमें जीवित है।

# बदली हुई धरती

पिछले तीस-पैंतीस वर्षों के दौरान आए आर्थिक परिवर्तनों और राजनीति का हमारे देश की धरती के साथ क्या सम्बन्ध है, यह जानने और समझने के लिए बरसात सबसे उपयुक्त मौसम है। पिछले साल मानसून की पहली बारिश की शाम संयोगवश मैं अपने बचपन के एक घनिष्ठ दोस्त के साथ लम्बी सैर पर निकला हुआ था। बादलों की गरज, बिजली और पानी की ज़ोरदार बौछार के बावजूद हम लोग बढ़ते गए। पुराने-नए दिनों की बातें करते-करते हमें अचानक याद आया कि हमारे बचपन में पहली बारिश के साथ ही केंचुए और मेढक मनुष्य की दुनिया को घेर लेते थे। सड़क हो या घर—और खेत-खलिहान की तो बात ही क्या—हर जगह केंचुए ही केंचुए दिखाई देने लगते थे। उनकी संख्या इतनी अधिक हुआ करती थी कि सड़क पर साइकिल चलाते समय बहुत सावधानी बरतने पर भी कई केंचुए कुचले जाते थे। घर के भीतर आँगन क्या रसोई और कमरों में भी उनकी आवाजाही होती थी। हमें यह सोचकर अचानक एक अजीब-सी दहशत हुई कि अब बारिश का पूरा मौसम गुज़र जाता है और एक भी केंचुआ शहर में नज़र नहीं आता। खेतों की मिट्टी में तो केंचुए और भी कम दिखते हैं।

बात करते-करते हमारा ध्यान एक और स्मृति की ओर गया। बचपन में बरसात के साथ मेढक अनिवार्य रूप से जुड़े होते थे। आसपास में मानसून के बादल आए नहीं कि हज़ारों मेढक पता नहीं कहाँ से निकल पड़ते थे। शाम के समय शहर की सरहदों और तालाब की परिधि से उठती उनकी सामूहिक टर्राहट रेडियो क्या लाउडस्पीकरों के स्वर को भी डुबो देती थी। कहाँ गए हमारे ज़िले के वे तमाम मेढक? इस चर्चा की गहराइयों में जाकर हमें लगा कि हमारी धरती एक बहुत बड़ी वेदना से गुज़री है और हम उस वेदना से बेख़बर रहते हुए जिए चले जा रहे हैं। हमें लगा कि वह वेदना साठ के दशक के अन्तिम वर्षों में शुरू हुई जब रासायनिक खादों और कीटनाशकों का चलन हमारे ज़िले में शुरू हुआ। सत्तर का

दशक बीतते-बीतते ज़िले के सिंचित इलाकों में लगभग हर बड़ा किसान इनका प्रयोग सीख चुका था। यह माना जाने लगा था कि फायदे की खेती रासायनिक खादों के बिना हो ही नहीं सकती। इन खादों के साथ नए यानी कृत्रिम रूप से विकसित बीज अनिवार्य रूप से जुड़े थे।

केंचुए और मेढक के लोप से लेकर छोटी हैसियत के किसानों को मज़दूर बना डालने की यह कहानी आज देश के कोने-कोने में सुनी जा सकती है। कई जगहों पर अभी यह कहानी अधूरी ही घटित हुई है तो इसका कारण सिर्फ़ इतना है कि इन जगहों पर सिंचाई की सुविधा नहीं है। इस कहानी का शीर्षक है हरित क्रान्ति। शीर्षक क्या है, एक जादू है क्योंकि इस शीर्षक का उच्चारण करते ही पिछले तीस वर्षों की आर्थिक नीतियाँ और राजनीति अपनी तमाम कमज़ोरियों, भूलों और कुंठाओं से मुक्त होकर 'खाद्य के तंत्र में पूर्ण स्वाबलम्बन' के दमकते चौखटे में फिट होकर मुस्कराने लगती हैं। जनता शिक्षित हो या अशिक्षित, स्मृति सबकी बराबर होती है। आज किसे याद है कि साठ के दशक के मध्य में भारतीय खेती को रासायनिक खादों पर निर्भर बनाने के लिए अमरीकी प्रशासन और विश्व बैंक ने शास्त्री सरकार पर दमघोंटू दबाव डाले और अन्तत: तत्कालीन खाद्य मंत्री सी. सुब्रामण्यम का दिलो-दिमाग़ जीतकर अपने इरादे पूरे किए। भोपाल दुर्घटना को तो अभी बारह वर्ष ही हुए हैं, फिर भी लोग यह पूछना भूल गए हैं कि मारक विषों से दहकते आधुनिक कीटनाशक हमारी खेती में इतनी गहराई तक कैसे घुसे कि आज हरी सब्ज़ियों और फलों तक में रासायनिक ज़हर के अंश रहते हैं, अनाजों की तो बात ही क्या।

केंचुए और मेढक उस संहारचक्र के बड़े मामूली और स्थूल पात्र हैं जो हमारे देश की धरती ने झेला है और जिसे झेलते जाने के लिए वह अब विवश कर दी गई है। हमारी ज़मीन में रसायनों का ज़हर इस कदर फैल चुका है कि प्रकृति का स्वतंत्र जीवन-चक्र अब उसमें चल ही नहीं सकता। इस भीषण और दीर्घकालीन दुर्घटना को अमरीका की धरती में पहचानकर रेचल कार्सन नाम की लेखिका ने 1962 में 'सायलेन्ट स्प्रिंग' शीर्षक पुस्तक लिखी थी जिसका सार-संक्षेप कुछ वर्ष पश्चात हिन्दी 'नवनीत' ने 'मौन वसन्त' शीर्षक से छापा था। पर्यावरणवाद को जन्म देने वाली इस हृदय विदारक पुस्तक के प्रकाशन के साथ ही अमरीका में डीडीटी और बीएचसी जैसे कीटनाशकों पर प्रतिबन्ध लगाने की माँग शुरू हो गई। पुस्तक का प्रभाव इतना अधिक था कि यह माँग जल्दी ही सफल हुई और यहीं से अमरीकी रसायन कम्पनियों के विषैले उत्पादों का बड़े पैमाने पर भारत जैसे तमाम देशों में जबरन निर्यात शुरू हुआ। हरित क्रान्ति शब्द भले बाद में आया, उस राह पर हम पचास के दशक के अन्त में डगमगाते क़दमों से बढ़ने लगे थे। नेहरू के व्यक्तिगत

प्रतिरोध की समाप्ति, जो उनकी मृत्यु के साथ हुई (हालाँकि सघन खेती उनका भी आदर्श थी), चीन के साथ युद्ध में हमारी हार, शास्त्री शासन की कमज़ोर हालत, दो वर्ष लगातार आई अनावृष्टि और भुखमरी, और अन्ततः एक और युद्ध—भले उसे हमने जीत लिया—की थकान ने हमारे देश को इस हालत में ला दिया कि हमें अपनी समस्याओं के विदेशी हलों का कोई भी विकल्प नज़र आना बन्द हो गया।

आज जब मैं कभी-कभी रेडियो या टीवी पर किसान 'भाइयों' के लिए प्रसारित कार्यक्रमों में देसी खादों का इस्तेमाल बढ़ाने की सलाह सुनता हूँ तो मुझे समझ में नहीं आता कि हँसू या रोऊँ। यह सलाह इन कार्यक्रमों में भाग लेने वाले ऐसे कृषि विज्ञानी दिया करते हैं जिन्हें सघन खेती की अतिवादिता से पैदा हुई समस्याओं का कुछ-कुछ अन्दाज़ हो गया है। इन सदाशय विशेषज्ञों को कौन बताएगा कि बीस-पच्चीस बरस पहले उन्हीं के अंग्रेजों ने किसान 'भाइयों' को रासायनिक खादों और कीटनाशकों के गुण सिखाए थे। अब आज किसान 'भाई' गोबर की खाद लाएँ तो कहाँ से और कितनी लाएँ जब एक पूरी पीढ़ी ट्रैक्टर-ट्राली की उमंग में झूमते बड़ी हो गई? हल खींचते बैलों का नामो-निशान तो अब कांग्रेस पार्टी भी कब का छोड़ चुकी। आज के किसान 'भाई' अशिक्षित भी नहीं हैं जो उनमें परम्परागत साधनों के प्रति कोई मोह हो। स्कूली शिक्षा ने खेती और स्वास्थ्य की हर समस्याओं के लिए आधुनिक रसायनों का प्रचार करने में कोई कसर नहीं छोड़ी है। चौथी कथा के विज्ञान में पढ़ाया जाता है कि मच्छरों को मारने के लिए डीडीटी का 'नियमित प्रयोग' करो। पर्यावरण की पूजा के नाम पर अगले ही वाक्य में लिखा होता है कि डीडीटी का अत्यधिक प्रयोग ठीक नहीं है। चौथी कक्षा के बच्चे भला कैसे पूछ सकते हैं कि 'नियमित' प्रयोग किस लिए 'अत्यधिक' हो जाता है?

कड़वा सच यह है कि डीडीटी के मामले में पूरा देश चौथी कथा के बच्चे से अधिक हैसियत नहीं रखता। दो साल पहले मुझे पांडिचेरी के उस राष्ट्रीय संस्थान में जाने का मौका मिला था जहाँ मच्छर जैसे रोगवाहकों पर अनुसन्धान किया जाता है। वहाँ के एक ऊँचे अधिकारी ने मुझे बताया था कि मच्छर के खिलाफ़ युद्ध में हमारा देश हार चुका है। डीडीटी का छिड़काव सिर्फ़ इसलिए होता है जिससे सरकार कुछ करती हुई नज़र आए। इसी अधिकारी के अनुसार बहुराष्ट्रीय कम्पनियाँ इस बात के लिए दबाव बनाने में सफल हुई हैं कि गन्दगी और मच्छरों के सार्वजनिक समाधान तलाशने में कोई धन या प्रयास बर्बाद न किए जाएँ जिससे इन कम्पनियों के बनाए मच्छर भगाने के व्यक्तिगत उपाय (जैसे क्रीम, तेल, रासायनिक धुआँ) आराम से बिक सकें। डीटीटी की पराजय तो मलेरिया की वापसी से भी पुष्ट हो चुकी है। मलेरिया के नए रोगाणुवाहक मच्छर डीडीटी ही नहीं, मलेरिया की दवाओं के प्रति

भी आनुवंशिक प्रतिरोध विकसित कर चुके हैं। पर डीडीटी के प्रति सरकारी श्रद्धा में कोई कमी नहीं आई है। पिछले वर्ष सूरत और दिल्ली में प्लेग जैसा रोग फैलने पर डीडीटी की शरण अधिकारिक रूप से ली गई। रेचल कार्सन 1962 में लिख चुकी थीं कि प्लेगवाहक पिस्सू डीडीटी के प्रतिरोधी हो चुके हैं। महाराष्ट्र सरकार ने पूरे राज्य को डीडीटी में नहला देने की घोषणा कर दी। अब दुनिया का कोई विकसित देश नहीं बचा है जहाँ डीडीटी प्रतिबन्धित न हो। हमारे यहाँ डीडीटी का ज़हर माँ के दूध में भी पया जाता है।

स्कूल में हर दौर का नाम होता था। हम जिस दौर में भागे जा रहे हैं, उसे क्या नाम दें, यह सवाल समाजशास्त्रीय दृष्टि से बड़ा महत्त्व रखता है। सरकारी लोग और आम समाज वैज्ञानिक इसे आधुनिकीकरण का नाम देते हैं। कॉलेजों और विश्वविद्यालयों से विद्यार्थियों की ऐसी नई दो पीढ़ियाँ गुज़र चुकी हैं जिन्होंने रासायनिक खादों और ट्रैक्टरों पर टिकी खेती को आधुनिकीकरण का नाम लेकर समाज विज्ञानों में परीक्षाएँ पास कीं। इन तमाम दीक्षित लोगों को सघन खेती की आलोचना सुनकर तुरन्त शक होता है कि आलोचक ज़रूर आधुनिक-विरोधी होगा। शिष्ट भाषा में ऐसे आलोचकों को गांधीवादी कहकर अप्रासंगिक बना देना सभा-गोष्ठियों में व्याप्त हो गया है। प्राणी-रक्षा का तर्क देने वालों की स्थिति और बुरी है। मेढकों की टाँगें काटकर फ्रांस निर्यात करने वाले व्यापारियों की भर्त्सना करने वाले सनकी माने गए। तार्किक यानी वैज्ञानिक दृष्टि से सोचने वाले मानते हैं कि यदि फ्रांस के लोगों को मेढक की टाँग खाना विशेष प्रिय है तो हम क्यों इस प्रेम का लाभ उठाकर विदेशी मुद्रा कमाने में संकोच करें।

केंचुए और मेढक के जीवन-चक्र को नृशंसतापूर्वक तोड़-मरोड़ दिए जाने का किस्सा कोरी भावुकता कहकर खारिज नहीं किया जा सकता। इस किस्से को यदि आँखें गढ़ाकर पढ़ा जाए तो हम उसकी मदद से हरित क्रान्ति के जन्म से अब तक की राजनैतिक अर्थनीति और उसके प्रति अन्धा बनाने वाले शिक्षातंत्र और सरकारी प्रचारतंत्र के चरित्र को अच्छी तरह समझ सकते हैं। हरित क्रान्ति की कीर्तिकथा पर लगाए जाने लायक प्रश्नचिह्नों की सूची लम्बी है और धरती की उर्वरता का क्षय इस सूची का शुरुआती शीर्षक भर है। सिंचाई के नए साधनों से जलस्तर पर पड़ रहा दबाव और मिट्टी की सेहत का नुकसान सूची के अगले शीर्षकों में हैं। वर्गीय और क्षेत्रीय विषमताओं का विस्तार और उससे पैदा हुई सामाजिक व राजनैतिक विसंगतियाँ तो एक अलग सूची और व्याकरण की अधिकारी हैं। यदि त्रुटिसुधार और विवेक की वापसी के लिहाज़ से देखें तो धरती में रासायनिक ज़हर घुलने की घटना ही शायद सबसे लम्बे इलाज की मोहताज होगी।

# रचना का महायान

> इस मेज़ पर आतंक कैसा? मैं अपने से संवाद करती हूँ। जितना वक़्त तुम्हारे पास था—उसमें तुमने कुछ ज़्यादा नहीं किया। देखो, क्या कुछ कौंधा। हल्का-सा आलोक, आहट और इस कमरे को किसने खटखटा दिया! (पृ. 349)

जिस समय कृष्णा सोबती की पुस्तक 'शब्दों के आलोक में' पर यह लेख लिखना शुरू कर रहा हूँ, भारत और पाकिस्तान के बीच एक और युद्ध थोड़ा-सा होकर हटा है। घृणा का नया लेपन और शाब्दिक विष-वमन तो अभी शुरू भर हुआ है। इस बार वसन्त का पता सिर्फ़ फूलों से चल रहा है। हवा सर्द है; कई प्रौढ़ वृक्ष अपने सख़्त हो चुके पत्ते एक-एक करके गिरा रहे हैं। हर पत्ता ज़मीन पर पहुँचकर अपने आ पहुँचने की इत्तला देता है। सीमा केन्द्रित देशभक्ति के शोर में ऐसी आवाज़ें सुनने के लिए चेतना का सायास प्रबन्धन करना ज़रूरी हो गया है। शब्दों ने सहमकर अपना आलोक समेट लिया है।

इस माहौल में कृष्णा जी के जीवन की स्मृतियों में जाकर कुछ समय उनके साथ बिताना एक बड़े इनाम जैसा है। उनके शब्द पूरी शान्ति और तल्लीनता से सुने-पढ़े-सुने जाने की माँग करते हैं। वे दृश्य बनाती थीं, फिर उनके पात्र दृश्य में ध्वनि भरते थे। उनकी 'डार से बिछुड़ी' और रेणु की 'मैला आँचल' लगभग एक ही दौर में लिखी गई रचनाएँ हैं हालाँकि दोनों के ऐतिहासिक सन्दर्भ में एक सदी का अन्तर है। रेणु के गाँव में हर क़दम पर आवाज़ें, उनके मिश्रण सुनाई देते हैं। कृष्णा सोबती के गाँव में घुटन को भेदते शब्द और खेतीहर संस्कृति में पैठे मुहावरे अँधेरे-उजाले के बोलते हैं। 'मैला आँचल' पर कृष्णा जी ने कहा है—

जब पहली बार पढ़ा तो कुछ ध्वनियों और शब्दों की गति से अनजान रही। दूसरी बार सस्वर पढ़ा तो शब्दों की लय को पकड़ पाई। (पृ. 319)

कृष्णा सोबती की यह वृहदाकार पुस्तक उनके लेखकीय जीवन के अलावा हिन्दी की ज़िन्दगी के संस्मरण सँजोए है। किसी भाषा का अपना एक जीवन होना है, यह सूक्ष्मज्ञान रह-रहकर इस किताब में मिलता है। यह ज्ञान सूक्ष्म इस बार है कि हमने अपनी भाषा को राज और राजनीति में आकंठ डूब जाने दिया है। यह सही है कि हिन्दी एक भाषा के अलावा एक चेतना का भी नाम थी जिसका रिश्ता राष्ट्रवाद की उठान से बैठ गया था। कालान्तर में रिश्ता एक फन्दा बन गया। कृष्णा सोबती का कुछ भी पढ़ते हुए हिन्दी भाषा की बहाली का सुखद समाचार मिलता है। विवादों, नेताओं, अफ़सरों, राष्ट्रभक्तों, भाषावैज्ञानिकों, शब्दनिर्माताओं से किसी प्रकार बचकर अपने पास लौट आई भाषा को पढ़ने का सुख कृष्णा जी देती रही हैं। यह किताब भाषा पर सोचने की सुविधा देती है। उनका सोचा हुआ शीर्षक था 'हैलो, सरवर'। मौजूदा शीर्षक 'शब्दों के आलोक में' किसी अन्य ने सोच-साचकर सुझाया। इस वृहद ग्रन्थ में संग्रहीत कई स्मृति-चित्र उन्होंने अपनी भतीजी सरवर को फ़ोन पर बताई बातों की तरह बनाए थे। किसी को बताने की इच्छा इस एहसास और विश्वास पर उगती है कि कोई सुनना-जानना चाहेगा। ऐसा विश्वास लेखन करते रहने के लिए ज़रूरी होता है। जिस जगह हमारा देश अब पहुँच गया लगता है, वहाँ यह विश्वास किसी विलुप्तप्राय राष्ट्रीय धरोहर से कम नहीं। शिमला के उच्च अध्ययन संस्थान में निदेशक के तौर पर मृणाल मीरी के रहते 'हैलो, सरवर' का मिलाजुला रचना-सम्पादन कृतित्व सम्भव हुआ। यह कृतित्व कृष्णा सोबती के उपन्यासों और अन्य गद्य रचनाओं से कुछ अलग तरह के पाठ की माँग करता है।

अव्वल तो यह ग्रन्थ उनके जीवन-व्यापी उत्साह और प्रतिरोध का व्यवस्थित प्रतिबिम्ब है। इसके कई अंश पढ़ते हुए प्रसाद की पंक्ति याद आती है—'सिन्धु-सा विस्तृत और अथाह, एक निर्वासित का उत्साह'। प्रसाद की इस पंक्ति का सन्दर्भ रामकथा है, पर निर्वासित होने की बात कृष्णा सोबती पर विशेष और शायद हर कवि और लेखक पर सामान्य रूप से लागू होती है। आज़ादी के साथ विभाजन से उत्पन्न बिछोह का संज्ञान कृष्णा सोबती को लगातार प्रेरित करता रहा। हम आज़ादी और विभाजन को अलग रखेंगे तो कृष्णा जी की रचनाशीलता को ठीक से नहीं देख पाएँगे। उनकी शब्द-साधना को हम विभाजन की कीमत पर मिली आज़ादी की एक बड़ी ज़िम्मेदारी के रूप में देख सकते हैं। संविधान शायद उन्हें धर्म लगता था और हिन्दी की अंचल-अंचल फैली शब्द-सम्पदा को गूँथते चलना संवैधानिक धर्म

का निर्वाह। टैगोर ने 'मानव-धर्म' को कला के हवाले समझाया था। कृष्णा सोबती ने उस मानव-धर्म को अपना राजनैतिक दायित्व बनाकर निभाया। यह कथन एक अधूरा सच होगा कि उन्होंने हिन्दी की शब्द-सम्पदा को समृद्ध किया। इस सच का अधूरापन उस इतिहास में है जिसके संस्कारवश हिन्दी का शिक्षक स्कूल के बच्चों को उर्दू के शब्दों को 'विदेशी' नामक श्रेणी में रखना सिखाता है। ऐसा ही एक अन्य संस्कार बोलियों में उपलब्ध शब्दों को मानक हिन्दी में लाए जाने से रोकता है। ये संस्कार आसमान से नहीं आए हैं; न ही इनके प्रभाव को शिक्षा की 'समस्या' और सुधार की कमी के खाते में डाला जा सकता है। इन संस्कारों पर भाषाविज्ञान की अनुशासनिक और राजभाषा के निर्माण की शासकीय मुहर लगी हुई है।

इसी वृहत्तर सन्दर्भ में कृष्णा सोबती के लेखन में निहित उत्साह को प्रतिरोध की संज्ञा देना उचित और ज़रूरी है। उनके लेखन में उत्तर-पश्चिमी भारत—जिसके कुछ हिस्से अब पाकिस्तान में हैं—की बोलियों, संस्कृत और उर्दू की अरबी-फ़ारसी शब्दावली का एक नई, निर्माणाधीन भाषा में प्रवर्तन होता है। यह नई भाषा हिन्दी है। उस पर कृष्णा सोबती की छाप इतनी गहरी पड़ चुकी है कि कोई शुद्धतावादी प्रयास राजकीय प्रबलता का सहारा लेकर उसे मिटा नहीं सकता। थोड़ा और गहरे चलें तो हम पाएँगे कि कृष्णा जी का शाब्दिक अवदान सिर्फ़ उनके उपन्यासों के पात्रों के आपसी संवादों से नहीं उपजा है। वे वर्णन, विवरण और तर्क के लिए भी अपनी भाषाई शक्ति का प्रयोग उतने ही उत्साह और खुले, सहज साहस से करती हैं जितने खुलेपन और इत्मीनान से उनके पात्र बोलते व जवाब देते हैं। छानबीन करने से पता लगेगा कि कृष्णा सोबती कितने हज़ार शब्दों को पुनर्जीवन देकर गई हैं और कितने हज़ार अन्य शब्दों की लाक्षणिक या व्यंजनात्मक परिधि फैलाकर गई हैं। ऐसी छानबीन के लिए हमें एक शोध परियोजना बनानी होगी जो कृष्णा सोबती शब्द-कोश बनाने का लक्ष्य लेकर शुरू की जाए।

शब्द के महत्व को लेकर इस पुस्तक में आए कई प्रसंग आज के राजनैतिक-सांस्कृतिक माहौल में आपातकालीन सन्देश बन गए हैं। ऐसा एक प्रसंग है 1938 में निराला के शिमला आगमन का। यह प्रसंग तीन-चार अन्य घटनाओं की लड़ी में गुँथा है। (ऐसी कई लड़ियाँ इस पुस्तक को कहीं दिलचस्प तो कहीं दुर्गम बनाती हैं क्योंकि अलग-अलग समय की स्मृतियों को स्पष्टत: ग्रहण करने के लिए तारीख़ें हर जगह नहीं हैं। काश! अन्त में सिर्फ़ आनुक्रमणिका नहीं, स्मृतिक्रमणिका भी दी होती। खैर, जो नहीं है, उसे क्या रोना)। निराला को जीवन में एकमात्र बार कृष्णा जी ने 13 वर्ष की आयु में देखा। लेडी डार्विन स्कूल अंग्रेजी माध्यम भले रहा हो, आज की तरह अंग्रेजी-हिन्दी के विभाजन का शिकार नहीं था। अंग्रेजों का समय था,

शिक्षा पर अंग्रेज़ी के वर्चस्व का नहीं, तभी 13 सितम्बर 1938 को आयोजित हिन्दी साहित्य सम्मेलन में शिमला पधारे कवियों-लेखकों को माल रोड से गुज़रता देखने की उत्कंठा पब्लिक स्कूल के बच्चों में थी। माल रोड अंग्रेजों की सभ्यता का प्रतीक थी, उस पर कोई मामूली कपड़ों में नहीं घूम सकता था। कृष्णा जी ने लिखा है :

> निराला चलते हुए यूँ निकले ज्यों शिमला अंग्रेजों का न हो, निराला के बाप का हो। (पृ. 103)

इस प्रसंग का ज़िक्र पुस्तक में भोपाल में दिए गए व्याख्यान में हुआ है और इस ज़िक्र के बाद 1938 के सम्मेलन की कार्यवाही का विवरण 'विपाशा' के हवाले से दिया गया है (हालाँकि इस हवाले में दी गई तारीख़ पर मुझे शक है)। सम्मेलन में निराला ने 'जागो फिर एक बार' सुनाई थी। जिन्होंने यह कविता स्वयं बोलकर पढ़ी है, वे निराला के अपने स्वर में इसके पाठ की कल्पना कर सकते हैं। इस प्रसंग—लड़ी के समापन में कृष्णा सोबती लिखती हैं—

> कहना और शब्द को सार्थकता प्रदान करना ही कविकर्म है।... निराला के स्थापत्य में है वजनी निषेध और अपनी ही सहमति और आत्मालोचन। यह सिर्फ़ परिपाटी की अवहेलना नहीं है...। (पृ. 106)

इस प्रसंग को इतना विस्तार देने के पीछे मेरा उद्‌देश्य आज सामाजिक तनाव में कृष्णा सोबती की साहित्य-साधना को उजागर करना था। तनाव में अनेक तत्त्व ढूँढ़े जा सकते हैं—ऐतिहासिक, राजनैतिक तत्त्वों के साथ आर्थिकी और टैक्नालॉजी से सम्बन्धित। इन्हें अलग-अलग करके देखना आसान नहीं है। अगर कोई चीज़ आसान है तो यह देखना कि हमारे काम आ सकने वाले कई बड़े और वज़नी शब्द छीन लिए गए हैं और उनका प्रयोग इस तरह हो रहा है मानो वे अपने ही विलोम बन चुके हैं। लोकतंत्र का अर्थ अब एकछत्र सत्ता हो गया है, अभिव्यक्ति के मायने हैं प्रतिध्वनि, और अधिकार का नया समकालीन अर्थ है संकोच। ताज़ा शब्दकोश हमसे विवेक की चिन्ता से मुक्त होकर सोचने की माँग करता है। यह किसी उपनिवेश में उत्तर-आधुनिकता का आग्रह नहीं है, समाज के भीतर मौजूद विष के संस्थाई विस्तार की औपचारिक घोषणा है। इस लेख के चारों ओर लोकसभा के चुनाव का रह-रहकर संशय पैदा करता शोर बज रहा है। स्कूल में पढ़ा हुआ लोकतंत्र किसी सपने की तरह उड़ गया है और लाख कोशिश करने पर भी याद कर पाना मुश्किल लग रहा है कि वह सपना बचपन की नींद से उपजा था या इतिहास से। घबराहट का वक़्त है, इसे लोकतंत्र का उत्सव कहने वाला ज़रूर कोई

घटिया कवि होगा। इस मानसिक माहौल में आलोक भल्ला के साथ कृष्णा सोबती की बातचीत की यह पंक्ति एक दीये-सा प्रकाश देती है : "उसे बचाना ज़रूरी है जो हिंसा से अछूता रह गया है।"

आलोक भल्ला और अनामिका के साक्षात्कारों ने इस ग्रन्थ को एक अनिवार्य पाठ्यपुस्तक बना दिया है। इन दो साक्षात्कारों को अलग से छापकर सस्ते दाम पर एक पुस्तिका के रूप में कॉलेज के गेट पर बेचा जाए तो सत्य और अहिंसा दोनों का हित तेजी से आगे बढ़ जाएगा। भल्ला के साथ हुई चर्चा का विषय है विभाजन और अनामिका के साथ की चर्चा रचना पर केन्द्रित है, रचना-संसार और प्रक्रिया पर। इन दो आलेखों को अच्छी तरह पढ़ लेने वाला व्यक्ति कृष्णा जी को समझने की ईमानदार शुरुआत का दावा कर सकता है। इस दावे में एक बड़ी कमज़ोरी यही रह जाएगी कि इस व्यक्ति को इन साक्षात्कारों के कई अंश इस वजह से अबूझ लगेंगे कि उसने कृष्णा सोबती के औपन्यासिक गद्य को महज़ कहानी जानकर पढ़ा होगा, उसकी वैचारिक छानबीन नहीं की होगी। यह एक बड़ी समस्या है। कृष्णा सोबती में एक कहानीकार और एक विचारक पास-पास रहते थे। थोड़ी दूर एक कवि का घर था। अपने अन्तस का यह मोहल्ला कृष्णा सोबती ने इस तरह सँभाले रखा कि किसी चीज़ की कमी न होने पाए। पाठक इस मोहल्ले में प्रवेश करता है तो पहली बार कुछ चौंकता है। 'दिलो-दानिश' के तीस-चालीस पढ़कर पैदा हुई घुटन और उत्कंठा का संयुक्त आक्रमण मैं भूल नहीं सकता। फर्राशखाने की गली में ख़ुद जाकर भी मुझे ऐसा ही लगा था। साहित्य और जीवन की एकता एक स्त्री में साकार हो गई थी। उसके परिपक्व चित्रण में कृष्णा सोबती ने मनुष्यता को विस्तार दिया है। यह उपलब्धि ज़रूर उस गहन पीड़ा का फल है जो उन्हें आज़ादी के समय की दिल्ली और स्त्री की उत्पीड़नीयता के बोध ने सम्भवत: मिलजुलकर दी। कृष्णा सोबती के स्त्री-बोध को तारीख़ देना कठिन है। न ही उसे स्त्री-बोध कहना उचित है क्योंकि उनकी कृतियों का पूर्ण परिचय हमें अपने समय में मानव की नियति का दर्शन देता है। कोई और लेखक होता तो आप उसके मूल्यांकन या स्थान-निर्धारण के सामान्य खेलों में जुट जाते। 'शब्दों के आलोक में' के पहले पृष्ठ पर लिखी यह बात हमें कृष्णा सोबती के साथ ऐसा कोई खेल खेलने से बाज़ आने की चेतावनी देती है—

> साहित्य अपनी बेजोड़ सम्पदा, सम्पन्नता और समग्रता में सनातन पौरुषेय को स्तम्भित कर देने वाली सफलताओं का प्रदाय नहीं है। साहित्य संस्थानों का वह संस्थान है जहाँ कमतर सफलता या विफलता किसी का सिर नीचा नहीं करती और अपूर्व सफलता गर्व से मस्तक ऊँचा

नहीं करती। साहित्य की यही वैचारिक, नैतिक और व्यावहारिक मर्यादा है। (पृ. 5)

यह चेतावनी हमें अपने समय की क्षुद्रताओं से उबरने का आमंत्रण और अवसर देती है। यदि आप पुरुष हैं तो 'सनातन पौरुषेय' में एक दबी हुई हँसी या व्यंग्य सुन सकते हैं। महादेवी ने यही बात 'शृंखला की कड़ियाँ' के पहले अध्याय में समझाई थी।

बुनावट की दृष्टि में 'शब्दों के आलोक में' बार-बार अपने अनायासपन से थोड़ा परेशान करता है। मैं भी फैसला नहीं कर सका हूँ कि इस किताब में कोई विषय-सूची होती या कई सारे फुटनोट होते तो क्या यह अच्छा होता। इसका मौजूदा रूप किसी गाँव में घूमने जैसा है। कहीं कोई मिल गया, कहीं कुछ दिख गया, कहीं कुछ रुक लिए, फिर चल पड़े, जहाँ रुके थे थोड़ा देर से वापस पहुँचे, कोई हर्ज़ नहीं हुआ। पंजाब के पुराने गाँव कृष्णा सोबती की हर कृति में चित्रित हैं, पर उस तनाव और आशंका से भरे-भरे हैं जिनमें लड़कियाँ जीती हैं और स्त्री बनती हैं। कृष्णा सोबती ने इस क्रम को तोड़कर स्त्री बन चुकी लड़कियों की हिमाकत दिखाई। इस आवाज़ से हिन्दी का गाँव हिल-सा गया और काफ़ी समय तक हिलता रहेगा। शिमला के संस्थान के प्रवास से विदा लेते हुए कृष्णा जी ने एक लम्बी कविता लिखी जो इस विराट ग्रन्थ को विराम देती है। कविता के कथ्य से पता लगता है कि यह पूर्ण विराम नहीं है—

*अभी मुझे अलविदा मत कहो—थोड़ी देर के लिए जाने दो*
*इस आना में से निकल जाने दो। पलक झपकते ओझल हो जाऊँगी*
*फिर लौटकर यहीं आऊँगी।*

इसी कविता में आगे चलकर लिखा है—'मुझे निर्वाण नहीं चाहिए'। शब्द-धर्म में निहित अहिंसा को आत्मसात करने वाली कृष्णा सोबती निश्चित ही निर्वाण की अधिकारी हो चुकी थीं। बुद्ध के हीरक सूत्र का भाष्य बताता है कि निर्वाण के पात्र में जगहित की खातिर लौटने की इच्छा होना स्वाभाविक है। जिस समय कृष्णा जी गई हैं, समाज और भाषा दोनों में हिंसा के चिह्न बढ़े हैं। इन्हें मिटाने का उत्साह कृष्णा सोबती में घट कतई नहीं सकता।

यदि कृष्णा सोबती 2019 के वसन्त में हमारे बीच होतीं तो अवश्य एक बार फिर इतिहास का अर्थ और उसके साथ जीने की कला समझातीं। विभाजन को सत्तर वर्ष से ऊपर का समय हो चुका, पर भारत और पाकिस्तान और बांग्लादेश उसी में अटके हुए हैं। दक्षिण एशिया के इन तीनों देशों को कई बार सीखने का

मौका मिला कि वे विभाजन की मानसिक विरासत से उबरें। थोड़ा-बहुत सीख भी लेते हैं, फिर भूल जाते हैं। तीनों के समाज में इतिहास के प्रति जिज्ञासा का अभाव समानत: व्याप्त है। कृष्णा सोबती के लेखन में विभाजन को समझने की अथक उत्सुकता पैदा करने की सामर्थ्य है। बँट जाने की पीड़ा से उबरने का इससे बेहतर क्या उपाय हो सकता है? पर यह उपाय राजनीति के गले नहीं उतरता।

इतिहासकार आलोक भल्ला को दिए साक्षात्कार में कृष्णा जी ने विभाजन का विश्लेषण किया था। उनके उपन्यासों में यह विश्लेषण भाषा और कथानक के विविध रूप प्राप्त करता है। लगता है जैसे रचना की ताकत उस घाव को ठीक कर देगी जो विभाजन की हिंसा और बेबसी ने लगाया था। आलोक भल्ला से बातचीत में उन्होंने कहा था कि संविधान ऐसा धर्म हमें देता है जिसका निर्वाह हर तरह के अलगाववाद में निहित नफ़रत को दूर कर देगा। कृष्णा सोबती ने अपने लम्बे जीवन में इस उत्साही और नवाचारी धर्म के निर्वाह की मिसाल रखी। उनकी हर कृति बताती है कि लोकतंत्र में भाषाई और धार्मिक समरसता का क्या महत्त्व है। स्त्री-पुरुष के बीच समानता का मायना क्षण-क्षण जीना भी उनके पात्र सिखाते हैं। पर सबसे बड़ी बात, जो कृष्णा सोबती का लिखा कुछ भी पढ़कर साफ़ होती है, जीवन की धारा को बहने देना है।

सार्क या दक्षेस को बने पैंतीस वर्ष होने को आए। जब उसका जन्म हुआ था, लगा था कि भारत और पाकिस्तान एक बड़ी क्षेत्रीय अस्मिता में अपनी स्मृतियाँ और कुंठाएँ डुबा सकेंगे। शुरू-शुरू के वर्षों में ऐसा लगा भी। अब लगता है कि ढाक के तीन पात चार होने से रहे। विभाजन की विरासत में जीते रहना ही जैसे इन दोनों देशों की शासकीय नियति बन गई है। परस्पर सम्बन्ध इतने नाज़ुक हैं कि कभी भी बिगड़ और सुधर जाते हैं, फिर तुरन्त बिगड़ने लगते हैं। अस्थिरता जैसे एक विशाल बैंक खाता बन गई है; जब ज़रूरत हो, निकाल लो, ख़र्च लो। लोकतंत्र लगातार इस तरह जीता है जैसे जोश और आशंका के बीच लोगों को झुलाते रहना ही राजनैतिक जागृति की निशानी हो।

कृष्णा सोबती 2019 का संसदीय चुनाव झेलतीं तो कहतीं, सुरक्षा हर दिल की ज़रूरत है, सिर्फ़ सीमा की नहीं। वे सीमाकेन्द्रित देशभक्ति के राजनैतिक उपयोग के प्रति भी आगाह करतीं। दिलचस्प बात यह है कि विभाजन की विरासत का राजनैतिक इस्तेमाल पंजाब और बंगाल—जो बँटवारे के दर्द से गुज़रने में सबसे आगे थे—से कहीं ज़्यादा हिन्दी प्रान्तों में होता दिख रहा है।

यह पहली बार नहीं है कि नकली राष्ट्रवाद विभाजन के बाद से चले आ रहे भारत-पाक वैमनस्य का लाभ उठा रहा है। जनता अच्छी तरह जानती है कि नेता

भावनाओं के व्यापारी होते हैं, फिर भी उनकी बातों में आ जाते हैं। पाकिस्तान में लोकतंत्र वैसे ही कमज़ोर है और जितना है, सैन्य वर्चस्व के तले है। हमारा लोकतंत्र स्वायत्त है, पर दलों और नेताओं की सत्ता-लोलुपता सहता रहता है। उनकी लोलुपता किसी मुद्दे को अछूता नहीं छोड़ती—वह धार्मिक अलगाववाद हो या जातिगत दुराव। चुनाव की चक्की में पिसकर घुन बाकायदा अनाज बन जाता है।

कुछ वर्ष पहले मुझे भारत और पाकिस्तान की शिक्षा व्यवस्थाओं में इतिहास की पढ़ाई का विश्लेषण करने का अवसर मिला था। इस अध्ययन के तहत मैंने दोनों देशों में लागू इतिहास की पाठ्यपुस्तकों में स्वतंत्रता आन्दोलन के विवरणों की तुतनात्मक जाँच की थी। जाँच से पता चला था कि आज़ादी के आन्दोलन की स्मृति को दो अलग शिक्षा व्यवस्थाएँ कहीं समानान्तर, तो कहीं परस्पर विरोधी कथानक देती हैं। दोनों का प्रस्थान बिन्दु 1857 का संग्राम है, पर 1920 का दशक आते-आते दोनों कथानक अलग दिशाओं में चल पड़ते हैं। फिर 1930 की घटनाओं में पहुँचकर दोनों देशों के बच्चे एकदम प्रतिस्पर्धी आख्यान पढ़ते हैं और विभाजन के अध्याय में पहुँचकर एक ही इतिहास की दो भिन्न तसवीरों से रूबरू होते हैं। पाकिस्तान के बच्चे पढ़ते हैं कि भारत किसी भी तरह उनके देश का जन्म नहीं होने देना चाहता था। उन्हें यह भी बताया जाता है कि विभाजन के ज़रिए मिली आज़ादी अधूरी है, इसलिए कश्मीर के लिए पाकिस्तान का संघर्ष जारी रहेगा। इधर हमारे बच्चे पढ़ते हैं कि विभाजन एक तरह का षड्यंत्र था जिसके लिए अंग्रेज़ों और मुस्लिम नेताओं की मिलीभगत ज़िम्मेदार थी।

बच्चों की शिक्षा यदि वैचारिक गहराई की जगह सतही रुझान भर दे तो इसके दूरगामी परिणाम होने लाज़िमी हैं। आलोक भल्ला को दिए साक्षात्कार में कृष्णा सोबती ने संविधान में प्रतिबिम्बित चेतना की ज़िम्मेदारियों की ओर इशारा किया था। इन ज़िम्मेदारियों के निर्वाह में शिक्षा का योगदान एक बड़ी शर्त थी। ज़ाहिर है, इस शर्त की पूर्ति ठीक से नहीं हुई। शिक्षा पाकिस्तान में भारत के प्रति सन्देह और घृणा फैलाने का साधन बनी रही है। हमारे यहाँ स्थिति कुछ जटिल है और प्रत्यक्ष रूप से शिक्षा का कोई एक चेहरा नहीं है। पर विभाजन की पीड़ा से सीखने की जगह एक प्रतिद्वन्द्वी किस्म की राष्ट्रवादिता में उलझे रहने का भाव शिक्षित होने की निशानी बन गया है। इस भाव से मुक्ति साहित्य दे सकता है और कृष्णा जी की कृतियाँ ऐसे साहित्य में विशिष्ट स्थान रखती हैं।

# अग्निमुख के वंशज

जिस कीड़े की धौंस पंचतंत्र में दर्ज़ हो चुकी हो, उसकी हैसियत से इनकार करना व्यर्थ है। लेकिन खटमल की हैसियत जानने के लिए पंचतंत्र पढ़ना ज़रूरी नहीं है, एक बार खटमलों वाले बिस्तर में सो लेना काफ़ी है। कौन नहीं जानता कि मच्छरों के काटने से मलेरिया और डेंगू जैसी बीमारियाँ हो सकती हैं? खटमल का सम्बन्ध अभी तक किसी बीमारी से नहीं जोड़ा जा सका है, पर वह एक बार काट ले तो ज़िन्दगी भर याद रहता है।

वह कहाँ-कहाँ पहुँच सकता है, इसका अन्दाज़ मुझे कई वर्ष पहले हुआ था। रेलगाड़ी में मुश्किल से एक घंटा सोकर मेरी पत्नी यह कहते हुए उठ बैठी थी—'इस बर्थ में खटमल हैं!' डिब्बा पूरा भरा था, इसलिए कोई और बर्थ मिलना असम्भव था।

यह कोई अनोखी घटना नहीं थी। रात की आरामदेह बसों में, हवाई जहाज की सीट में, सिनेमाघर की छत में खटमल की उपस्थिति की ख़बरें अख़बार में आती रही हैं। सूटकेस, अल्मारी और यहाँ तक कि लैपटॉप में खटमल आराम से रह लेते हैं। वे एक वर्ष तक बग़ैर भोजन के गुज़ारा कर सकते हैं। खटमल के बारे में यह सब जानने की उत्सुकता मेरे मन में कब जगी, यह एक निजी कहानी है। पर उसे सुनाने से पहले पंचतंत्र की कहानी सुनाना ज़्यादा ज़रूरी है।

एक जूँ किसी राजा के बिस्तर में रहती थी। जूँ का नाम था मन्दविसर्पिणी यानी धीरे-धीरे सरकने वाली। वह राजा के साफ़-सुथरे बिस्तर में गद्दे की सिलाई के जोड़ में रहती थी और राजा के ख़ून के सहारे शान्ति से जीवन-यापन करती थी।

एक दिन उस सुन्दर कमरे में एक खटमल कहीं से घूमता हुआ आ पहुँचा। उसका नाम था अग्निमुख। उसे देखते ही मन्दविसर्पिणी ने कहा—'इसके पहले कि कोई तुम्हें देख ले, तुम यहाँ से भाग जाओ!'

अग्निमुख बोला—'मेहमान से इस तरह बात की जाती है?'

इस पर जूँ ने कहा—'तुम्हें पता नहीं यह किसका बिस्तर है?'

खटमल का ज़वाब था—'मुझे पता है तभी तो मैं आया हूँ। मैं साधारण लोगों का ख़ून पी-पीकर बोर हो चुका हूँ। सोचा, राजा तो बढ़िया-बढ़िया पकवान खाता होगा, उसके ख़ून का स्वाद कुछ अलग होगा।'

इस तरह की बातें करके खटमल ने जूँ को मना लिया। फिर भी उसने चेतावनी दी—'राजा जब तक गहरी नींद में सो न जाए, तब तक इन्तज़ार करना।' लेकिन अग्निमुख अधीर था। राजा कमरे में आकर जैसे ही बिस्तर पर लेटा, अग्निमुख ने उसे काट लिया। राजा तिलमिलाकर उठ बैठा। उसकी आवाज़ सुनकर नौकर दौड़े आए और बिस्तर को हटाने लगे। अग्निमुख जल्दी-जल्दी चलकर पलंग की लकड़ी के जोड़ में घुस गया। मन्दविसर्पिणी जूँ इतनी तेजी से भाग न सकी और नौकरों ने उसे मार डाला।

इस कहानी को मूल संस्कृत में पढ़कर मैंने जाना कि खटमल को संस्कृत में मत्कुण कहते हैं। 'खटमल' शब्द को सुनकर लगता है कि वह खाट में रहने वाला मल या गन्दा प्राणी है। इस आम मान्यता के चलते किसी आत्मीय मित्र से कहना कि उसके घर में मुझे खटमल ने काट खाया, सम्भव नहीं है। मेरे साथ ही यही हुआ। दोस्त के घर में नींद गहरी आई। दो-चार दिन रुककर मैं वापस अपने घर आया तो लगा कि पीठ, कमर और टाँगों में कई जगह खुजली हो रही है। सोचा, ज़रूर मच्छरों ने काटा है, दो-चार दिन में परेशानी जाती रहेगी। मगर ऐसा हुआ नहीं। जलन जारी रही और खाल पर छोटे-छोटे लाल निशान नज़र आने लगे। डॉक्टर ने कहा कि ये खटमल के काटने से बने हैं। जलन तो दवा से कुछ कम हुई पर निशान महीनों रहे और कुछ आज भी हैं। यदि डॉक्टर ने न बताया होता कि ये खटमल के काटने से बने हैं तो मैं इस आश्चर्यजनक कीड़े के प्रति अपनी जिज्ञासा पैदा कर पाता।

अपने दोस्त को यह बताता कि उसके घर में खटमल हैं, मुझे ठीक नहीं लगा। किसी के घर में बहुत मच्छर हैं, इस बात की ज़िम्मेदारी उस पर नहीं आती। मच्छर सार्वजनिक जगहों पर जन्म लेकर व्यक्तिगत मकानों में घुसते हैं। खटमल की मौजूदगी जिसके घर में है, उसी की कोताही लगती है। मच्छर के मुकाबले खटमल की रोकथाम भी थोड़ी मुश्किल है। कहा जाता है कि पलंग को धूप में रखने से खटमल मर जाते हैं। यह सलाह उस युग की याद दिलाती है जब धूप पर प्रदूषण की मार नहीं पड़ी थी। तब पलंग को बाहर लाकर धूप दिखाना भी सम्भव था। आधुनिक घरों में न आँगन होता है, न छत। बालकनी तक पलंग को घसीटकर लाना भी मुश्किल होगा। आज के भारी-भरकम पलंग एक बार जिस कमरे में बिछ

जाएँ, उसी में पड़े-पड़े जीवन बिताते हैं और खटमल को शरण देते रहते हैं।

दवा डालकर उन्हें मारना भी आसान नहीं है। न्यूयार्क के होटलों में यह कोशिश लगातार की जाती है। दवा की गन्ध पाते ही खटमल फर्नीचर, छत या दीवारों के जोड़ों की गहराई में चले जाते हैं या सँकरे रास्तों से अन्य होटलों में जा पहुँचते हैं। उनका पिचका हुआ, छोटा आकार और सरकने की तेज़ रफ़्तार उनकी सुरक्षा के दो बड़े आधार हैं। पर सबसे बड़ी बात है कि वे एक वर्ष लम्बा व्रत रख सकते हैं।

खटमल जब किसी को अँधेरे में काटता है तो काटने से पहले एक द्रव डालता है। इस द्रव की नन्हीं-सी बूँद सोने वाले की खाल को थोड़ी देर के लिए सुन्न कर देती है। द्रव डालकर काटना ठीक वैसा है जैसा ऑपरेशन के पहले किसी अंग को सुन्न कर देने वाला इंजेक्शन लगाना। नियत जगह से ख़ून की छोटी-सी चुस्की भरकर खटमल कुछ फूल जाता है। इस कारण वहाँ से वापस अपने घर कुछ धीरे-धीरे रेंगकर जाता है, पर इस बात का डर उसे नहीं होता कि सोने वाला जाग जाएगा।

ऐसा पंचतंत्र की कहानी में क्यों नहीं हुआ? राजा खटमल के काटते ही क्यों उठ गया? शायद अग्निमुख ने राजा की खाल को काटने की जल्दी में ठीक से सुन्न नहीं किया था। उसके वंशज यह ग़लती नहीं करते।

# राय साहब

श्याम बिहारी राय से पहली मुलाकात किसने कराई थी, याद नहीं रहा, पर कब और कहाँ कराई थी, स्मृति की सामान्य धुंध में आज पचास वर्षों के क़रीब वक़्त बीत जाने के बाद भी साफ़ देख रहा हूँ। सागर के टैगोर और विवेक छात्रावासों के बीच की खुली जगह पर व्यायाम के दो-चार उपकरण गड़े थे। जाड़ा शुरू हो चुका होगा, तभी जिमनास्टिक का शौक चर्राया होगा। दो खम्भों के बीच जड़े पाइप पर झूलकर उतरा, उस समय दो लोग वहीं खड़े थे। उनमें से एक ने बताया कि ये श्याम बिहारी राय हैं। जिसने बताया था, अवश्य वह उस समय मेरा दोस्त रहा होगा। वह दोस्ती समय के प्रवाह में कब की बह गई, पर राय साहब से उस दिन हुआ परिचय प्रगाढ़ होता गया।

वे हॉस्टल में रहते थे। हिन्दी विभाग में डॉ. शिवकुमार मिश्र के साथ पीएच.डी. कर रहे थे। मेरे सागर छोड़ने और दिल्ली आ जाने के बाद वे कुछ समय वहीं बने रहे। अमेरिका से आने वाले 'पीस कोर' के युवाओं को हिन्दी पढ़ाकर आजीविका कमाते थे। बाद में दिल्ली में जब मैकमिलन ने हिन्दी में अकादमिक प्रकाशन शुरू किया, तब राय साहब सम्पादक नियुक्त हुए। मेरी स्मृति में उनकी तसवीर और मेरे लेखन में उनकी भागीदारी यकायक सघन हो गई। आपातकाल के आसपास ही उनकी नौकरी शुरू हुई थी। वे तुरन्त हिन्दी में समाज विज्ञान की पांडुलिपियाँ जुटाने में लग गए। 'दिनमान' में मेरे कई लेख छप चुके थे, पर उनके आधार पर पूरी एक किताब बन सकती है, यह विचार मन में कभी नहीं आया था। राय साहब ने यह सुझाव दिया और चन्द दिनों में वह सुझाव से प्रस्ताव और प्रस्ताव से दबाव बन गया। इस दौरान राय साहब की सहजता, सरलता और मृदुलता में रत्ती भर कमी नहीं आई। वे अकसर मुझसे मिलने मॉडल टाउन आते थे और बातचीत के बाद कई बार हम दोनों दूसरे स्टॉप पर स्थित कुमाऊँ होटल में खाना खाते थे।

उन्हें अन्दाज़ था कि पांडुलिपि तैयार करने में मुझे कितनी मुश्किल हो रही है, फिर भी वे दबाव बनाए रखने में नहीं सकुचाए। उनके निधन के बाद मुझे इस सत्य को दर्ज़ करने में कोई संकोच नहीं हो सकता कि राय साहब के लिए मेहनत करना और दूसरों से कराना एक मिशन था। इस मिशन का ध्येय उनके जीते-जी लिखना उन्हें अनावश्यक बढ़ाई लगता। अपनी प्रशंसा सुनने से कम ही लोगों में इतना परहेज़ होता है जितना उनमें था। वे हिन्दी की समृद्धि के लिए जिए और कभी किसी श्रेय के मोहताज नहीं रहे। हिन्दी में गम्भीर लेखन होगा, हर विषय की गहन पढ़ाई सम्भव होगी, तभी हिन्दी समाज का नवनिर्माण होगा—यही उनकी मिशनरी आस्था थी। यह लिखते हुए मुझे इस बात का एहसास है कि हिन्दी भाषा के उत्थान और उसके ज़रिए हिन्दी समाज के उत्थान की बात आज अपनी चमक खो चुकी है। इस चर्चा के रास्ते चौरासी वर्ष के राय साहब का चित्रण आज के युवा और प्रौढ़ दोनों तरह के पाठकों को बेगाना लगेगा। परिवर्तन की गति के मद्देनज़र यह सम्भव नहीं माना जा सकता कि कोई व्यक्ति आठ से अधिक दशक जीकर प्रासंगिक बना रहे। यही बहुत होता है कि उसे अपने जीवन-जतन पर उपहास न झेलना पड़े।

शायद एक दूसरा रास्ता है जिससे यह सम्प्रेषण सम्भव होगा। राय साहब जिस कारण अन्त तक प्रासंगिक बने रहे, वह था उनका 'ग्रन्थशिल्पी' नाम का प्रकाशन गृह। कुछ समय चली सरकारी नौकरी से निवृत्त होने के बाद उन्होंने अपनी बचत और कुछ मदद लेकर प्रकाशन का काम शुरू किया था। ग्रन्थशिल्पी का हर पक्ष उनके दीवानेपन का दर्पण था, पर राय साहब ऐसे किसी दर्पण के सामने खड़े होकर समय गँवाना सख़्त नापसन्द करते थे जो उनके प्रयास में निहित आदर्श और भविष्योन्मुखता को नकारता हो। ये गुण उनके लिए मुखौटा या ढोंग नहीं थे, न ही वे अपनी मेहनत का फल किसी सम्मान, पुरस्कार अथवा सम्पत्तिलाभ में देखना चाहते थे। ग्रन्थशिल्पी को शुरू करने और निरन्तर आगे बढ़ता रखने का एक ही उद्देश्य था—हिन्दी में बौद्धिक संसाधन बढ़ाना। राय साहब के मिशन को इससे ज़्यादा सरल शब्दों में नहीं समझाया जा सकता। समाज विज्ञान के विभिन्न क्षेत्रों में लिखे गए विश्व-साहित्य को वे हिन्दी समाज में उपलब्ध कराना चाहते थे। यह बात किसी से छिपी नहीं है कि हमारी भाषा एक वृहद वैचारिक शून्य से घिर गई है। नब्बे का दशक आते-आते यह शून्य हिन्दी प्रान्तों के कॉलेजों और विश्वविद्यालयों में पूरी तरह दृश्यमान हो चुका था। इतिहास, समाजशास्त्र, राजनीति, दर्शन और अर्थशास्त्र के क्षेत्रों में हिन्दी में मौलिक लेखन लगभग रुक चुका था। इन विषयों में विश्व की भाषाओं में लिखे गए ग्रन्थ हिन्दी में उपलब्ध नहीं थे। इस दिशा में प्रान्तीय अकादमियों द्वारा शुरू किया गया प्रयास भी शिथिल पड़ने लगा था।

इस परिदृश्य में श्यामबिहारी राय के कृतित्व को समझना काफ़ी असहज और कुछ अटपटा लगता है। जिन स्थितियों को हम राज्य की विफलता और समाज की प्रवृत्ति का संयुक्त फल मानकर 'क्या किया जाय' वाले अन्दाज़ में छोड़ देते हैं, राय साहब उन्हीं स्थितियों से जूझने में आनन्द लेते थे। इस आनन्द की व्याख्या करना मुश्किल काम है क्योंकि उसके किसी भी पक्ष की चर्चा करते हुए लगेगा कि हम आनन्द या सुख की जगह संघर्ष और कष्ट का वर्णन कर रहे हैं। कितनी ही बार जब मैं राय साहब को अपने दिल्ली विश्वविद्यालय वाले मकान के गेट से रिंग रोड की तरफ़ जाते हुए देखता था तो मन में अकुलाहट होती थी। टैक्सी का तो खैर सवाल ही नहीं था, वे ऑटो रिक्शा बुलवाने के लिए भी मना कर देते थे। कहते थे, बस नहीं मिलेगी तो वहीं से ऑटो कर लूँगा। उनकी दुबली देह कई कष्ट झेल चुकी थी, पर तनिक-सी सुविधा ले लेने का विचार उन्हें मंज़ूर न था।

रिंग रोड की तरफ़ जाते देखकर मन कुछ डोला-डोला महसूस करता था कि मैंने ज़बर्दस्ती क्यों नहीं की; साथ में थोड़ी खीझ यह सोचकर उभरती थी कि कितने अक्खड़ हैं राय साहब, किसी की सुनते नहीं। अब उनकी मृत्यु के बाद सोचता हूँ कि जिस काम का बीड़ा उन्होंने उठा रखा था, वह कोई अक्खड़ आदमी ही कर सकता था। एक ऐसे समय में जब राज्यतंत्र और समाज दोनों में हिन्दी का मान महज़ पाखंड रह गया हो, राय साहब ने आधुनिक शोध और सोच की कठिन कृतियाँ अनुवाद के रास्ते हिन्दी के दायरे में ले आने का अरमान पाला था। बिना कोई अनुदान माँगे यह अरमान उन्होंने शान से पूरा किया। कपड़े की ज़िल्द और बढ़िया कागज़ पर छपी किताबें देखकर कौन कल्पना कर सकता था कि ग्रन्थशिल्पी चलाने वाला सख़्स बस स्टाप पर इन्तज़ार करता है?

ऐसे ही एक इन्तज़ार के दौरान एक बस ने उन्हें गिरा दिया। हड्डी जुड़ने में हफ़्तों लगे। सड़क से गुज़रती हुई मोटरसाइकिल ने उनकी पत्नी सुजाता की जान ले ली। जीवन के ऐसे विकट कष्ट सहजता से भोगते राय साहब को मैंने कभी शिकायत या निराशा के स्वर में नहीं सुना। न ही कभी मुलाकात का समय राजनीति के छिछलेपन या सरकारी दृष्टि के विकारों की चर्चा में लगाते देखा। ऐसा कोई प्रसंग मैं उठा दूँ तो तुरन्त कह उठते थे, 'क्या किया जाए?' इसका आशय था, हम अपना काम करते रहेंगे। इस काम की मीमांसा उनकी लगन और आस्था के दायरे में करना ज़रूरी है, वरना लगेगा कि एक और हिन्दीभक्त की तारीफ़ की जा रही है। राय साहब हिन्दी के सरकारी उद्योग से स्वयं को दूर रखते थे और इसी कारण वे ग्रन्थशिल्पी के काम, ख़ासकर अनुवाद के लिए किताबों के चयन, को राजनैतिक और व्यक्तिगत दबावों से बचा सके। समाज विज्ञान के कुछ विषयों में

वे कहीं ज़्यादा शीर्षक हिन्दी में ला सके, जैसे इतिहास में, तो इसका कारण उनका अपना वैचारिक रुझान और सम्पर्क-जगत था। अनुवाद के काम की समस्याओं और बारीकियों को वे अच्छी तरह जानते थे, पर कई बार अपनी सीमाएँ स्वीकार कर लेते थे। कहते थे, जो आज नहीं हो पा रहा, वह कल होगा और आज से बेहतर होगा। पर कम से कम शुरुआत तो हो।

समय बीतने और स्वास्थ्य गिरने के साथ राय साहब जटिलतर स्थितियों से जूझ रहे थे। सहृदय सहयोगियों और दोस्तों की संस्था उनके जीवन की शक्ति बनी रही। छोटे शहरों से किसी एक पुस्तक का आदेश पोस्टकार्ड पर आना उन्हें ख़ुशी और सन्तोष से भर देता था। वे इस कल्पना से ऊर्जा पाते थे कि एक दिन छोटे से छोटे कॉलेज में पढ़ रहा विद्यार्थी हिन्दी में दुनिया का संज्ञान लेगा और मनुष्य के बन्धन खोलने वाले विचार-विमर्श में सहज होकर भाग लेगा। उनके दबाव से सम्भव हुई 'राज, समाज और शिक्षा' को प्रकाशित हुए आज चार दशक से अधिक अवधि बीत चुकी है। पहले संस्करण—जिसे राय साहब ने प्रकाशित किया था—और मैकमिलन का हिन्दी विभाग बन्द होने के बाद आए संशोधित संस्करण के बाद अब तक बारह बार यह पुस्तक छप चुकी, पर उस ग्रीष्म की ताज़गी मैं आज तक ज्यों की त्यों महसूस करता हूँ जिसमें वह पहली बार तैयार हुई थी।

हाथ से लिखी मोटी पांडुलिपि को दो-तीन दिनों में पतले कागज़ पर टाइप कराके जिस दिन वे मेरे पास लाए, इस तरह सन्तुष्ट दिख रहे थे जैसे गिरवी रखी चीज़ लौटा रहे हों। शिक्षा की दुनिया काफ़ी बदल चुकी है, पर उस किताब की युवावस्था जाने का नाम नहीं लेती। अब मैं उसका पुनर्पाठ तैयार करूँगा; राय साहब नहीं होंगे, उनकी स्मृति की लौ में लिखूँगा, पुराने शब्दों में नई ताकत भरूँगा तो राय साहब की आत्मा ख़ुश होगी, मैं यह जानता हूँ।

# दिल्ली, ओ दिल्ली

दिल्ली का क्या होगा? दिल्ली छोड़ने के साल भर बाद यह प्रश्न मुझे अकसर सताता है।

जगहों के साथ जुमले जुड़ जाते हैं। दिल्ली के लिए यह जुमला अभी तक इस्तेमाल होता है—'दिल्ली है दिलवालों की'। शायद इसीलिए दिल्ली वालों को यह सवाल नहीं सताता कि दिल्ली का क्या होगा।

दिल्ली वाले हैं कौन? कल तक मैं भी दिल्ली वाला था। सैंतालिस साल पहले मैं दिल्ली आया था। फूलचन्द्र से पूछूँ तो वह कहेगा—"हाँ, तुम सैंतालिस साल पहले दिल्ली गए थे।" 'आए' और 'गए' का फ़र्क़ दिल्ली में रहने वाले लाखों लोगों और उनके बचपन के दोस्तों के बीच होगा जो जहाँ के थे, वहीं रहते रहे आज भी वहीं रहते हैं। इतना मुझे याद है कि मैं कई अन्य का और ख़ुद अपना दिल तोड़कर दिल्ली गया था। घर आना-जाना लगातार होता रहता था। जाने पर लोग पूछते थे—

"कब आए?"

फिर अगला सवाल होता था—

"दिल्ली में दिल लग गया?"

इस प्रश्न का कोई सच्चा जवाब मेरे पास नहीं होता था; शायद दिल की कोई अवधारणा मेरे जेहन में नहीं बनी थी। उसके लगने या न लगने के बीच कोई बड़ी दूरी न थी। छुट्टियाँ आती-जाती रहती थीं। घर जाने वाली ट्रेन दिल को बहलाए रखती थी। दिवाली पर दिल्ली रहना दशकों बाद ही सम्भव हुआ जब घर पर कोई न बचा।

'शिक्षा क्या है?' लोगों को उम्मीद रहती है कि मैं इस प्रश्न का सन्तोषजनक उत्तर दूँगा। यदि मैं कहूँ कि शिक्षा मानव संसाधन निर्यात का साधन है तो सुनने वाले कुछ उदास हो जाते हैं! उदासी और निराशा में फ़र्क़ होता है। दिल्ली जाते वक़्त यह ख़याल निराश नहीं करता कि वह निर्यात हो रहा है। उसमें भी उत्साह होता है

कि वह नई ज़िन्दगी बनाएगा। जहाँ से कोई निर्यात होता है, वहाँ भी लोग यह ख़ुशी जाहिर करते हैं कि हमारा कोई दिल्ली में रहता है। दिल्ली में उसकी उपस्थिति से भरोसा रहता है कि वक़्त ज़रूरत पर काम आएगा।

रघुवीर सहाय का निबन्ध संग्रह 'दिल्ली मेरा परदेस' सत्तर के दशक में आया तो उसके शीर्षक ने मुझे बड़ा सुकून दिया। लगा, दिल्ली से यही मेरा रिश्ता है। ये छोटे छोटे निबन्ध उन्होंने 'सुन्दरलाल' के नाम से 'धर्मयुग' में लिखे थे। उनमें वर्णित सितम्बर की सुबह, नवम्बर का चाँद, फरवरी में स्त्रियाँ और जून की हवा मुझे अभी तक याद हैं। फरवरी की रात में सड़क पर चलना एक कविता में सजीव दर्ज है। नब्बे का दशक शुरू ही हुआ था कि रघुवीर सहाय नहीं रहे। दशक आगे बढ़ा तो मुझे लगा कि चीज़ों के बहुत ज़्यादा बदल जाने से मिलने वाली यातना से वे बच गए। जिस दिल्ली का वर्णन उन्होंने गद्य और कविता में किया था, वह सिमटने लगी थी। सिमटाव इतना तेज था कि उसे पकड़ने के लिए शब्द ढूँढ़ना या गढ़ना असम्भवप्राय होने लगा था।

अन्ततः 2009 में लगा कि दिल्ली टूट जाएगी। वह दिल्ली जिससे मैं परिचित होने का दावा कर सकता था, राष्ट्रमंडल खेलों की तैयारी में चरमराने लगी। उसका चरमराना चारों तरफ़ सुनाई और दिखाई देता था। किसी महानगर की चरमराहट सुनने का अभ्यास सभ्यताओं को होगा, मनुष्य के संक्षिप्त जीवनकाल में नहीं हो सकता। चार्ल्स डिकेंस ने उन्नीसवीं सदी के लंदन का सड़ना और टी.एस. इलियट ने बीसवीं सदी की शुरुआत के लंदन का डगमगाना दर्ज किया है, पर चरमराना इनसे कुछ अलग चीज़ है। हिरोशिमा अणुबम की ज्वाला में और लाहौर विभाजन की लपट में चीखे होंगे, उनकी चीख वहाँ शाम के अँधेरे में आज भी सुनी जा सकती है। मगर चीख और चरमराहट की आवाजों में जबरदस्त फ़र्क़ होता है। चरमराने वाले शहर में लोग खाँसते हैं, सीना या माथा पकड़कर इधर-उधर बैठ जाते हैं, रिक्शेवाले थूक थूककर हाँफने लगते हैं, बच्चे गेन्द के पीछे भागना छोड़ देते हैं।

दिल्ली में हर महीना बदलकर एक जैसा हो गया है। हवा कभी गन्दी होती है, कभी ज़्यादा गन्दी कभी बहुत ज़्यादा गन्दी। दिल्ली छोड़ने के तीन साल पहले एक दिन मैं एक पेड़ से टकरा गया था। उस घटना का चिह्न पासपोर्ट में दर्ज करने लायक तो नहीं बना, मगर कई माह रहा। सुबह थी। जनवरी के उत्तरार्ध में कोहरा आम बात है और ज़िन्दगी का सबसे बड़ा हिस्सा दिल्ली में बिताने से मैं कोहरे में चलना जानता हूँ। पेड़ भी मेरा पुराना परिचित था। उसके पास से गुजरते हुए मैं अकसर उसकी जिजीविषा को सराहता था। उसे कई बार निर्ममता से तराशा जा

चुका था; इन यादों के चिह्न उसके विकृत मोटे तने पर जगह-जगह मौजूद थे। उन दिनों डाक्टरों ने चेतावनी जारी की थी कि सुबह की हवा में टहलना खतरनाक हो सकता है। शाम की हवा में घूमने जाना पहले ही खतरनाक घोषित हो चुका था। फिर भी मैं घर से निकल पड़ा था और कोहरे में यह सोचकर आगे बढ़ रहा था कि ज़्यादा दूर नहीं जाऊँगा।

उस सड़क से गुजरने वाले अनेक लोग जानते थे कि मुझे कम दिखता है। खोमचा लगाने वाले जानते थे कि मुझे इतना कम नहीं दिखता कि मैं अकेले सड़क पार न कर सकूँ। सुबह थी, अभी सड़क जिन्दा नहीं हुई थी। मैं एकदम अकेला था। कोहरा सफ़ेद नहीं, पीला-सा था, पीलिया के मरीज की आँखों जैसा नहीं, खाल जैसा बुझा और मरियल। हवा में ऑक्सीजन बहुत कम रही होगी। दिमाग़ ऐसी बीमार हवा में एकाग्र नहीं हो पाता यह मैं अपनी कक्षाओं में महसूस कर चुका था। मैं समझ गया था कि मेरे विद्यार्थी न ठीक से सो पाते हैं न पूरी साँस लेते हैं। उनकी स्थायी थकान सभ्यता या शिक्षा का संकट नहीं, हवा का संकट दिखाती है, इस खोज का सत्य मैं किसी को नहीं समझा सका था, मगर अच्छी तरह जानता था। मैंने विश्वविद्यालय से माँग की थी कि हर कक्षा में वायुशोधक मशीन लगाई जाए, पर विश्वविद्यालय स्मार्ट बोर्ड लगाना चाहता था। पेड़ की तरफ़ बढ़ते हुए मैं सचेत था कि शायद मैं पूरे होश में नहीं हूँ। कोहरे में दिशाभ्रम हो जाना आम बात है। विश्वविद्यालय के परिसर का हर कोना मैंने अपने पैरों से कई कई बार नापा था, अत: दिशाभ्रम की सम्भावना भी मेरे मन में जाग्रत अवस्था में थी।

अपने परिचित वृक्ष की ठोस, बूढ़ी लकड़ी से टकराकर मैं गिरने को हुआ, पर गिरा नहीं। एक क्षण की मूर्च्छा पर्याप्त सिद्ध हुई। माथे पर बना घाव इतना ताजा था कि छूने पर महसूस नहीं हुआ। मन हुआ कि आगे बढ़ूँ, इसलिए चुपचाप खड़े पेड़ को घूरकर चार छः क़दम और लिए। तब मुझे लगा कि वापस घर चले जाना बेहतर रहेगा। एक लड़ाई है जिसमें हार जाना अपमान नहीं है, सद्बुद्धि है, यह भाव लिए मैं लौट पड़ा।

घर दिल्ली में हर किसी का कवच बन चुका था। घर से निकलना युद्धभूमि में जाने जैसा होता था और यह कोई नई बात नहीं थी। पानी की बोतल, छोटा तौलिया, एक अतिरिक्त रूमाल, सड़क पर लम्बा जाम लगा हो तो कुछ खाने के लिए और बहुत लम्बे जाम का लाभ उठाने के लिए कोई पत्रिका और नोटबुक झोले में रखने की आदत मैंने काफी समय पहले डाल ली थी। धीरे-धीरे सड़क पर बीतने वाला समय बढ़ता गया। फिर मैं कुछ संगीत भी झोले में रखने लगा। घर और बाहर की दूरी घट गई। झोला उनका मध्यस्थ बन गया। मगर वह सुबह की

सैर में साथ नहीं रहता था। सैर का मार्ग इतना ज़्यादा जाना पहचाना था कि उस पर जाने आने के लिए जीवनरक्षक सामग्री की ज़रूरत महसूस नहीं हुई थी। पेड़ से टकराकर लौटते समय लगा कि यह राह भी युद्धभूमि में शामिल हो गई। मेरा माथा जिस पेड़ से टकराया था, उस पर दोबारा नजर गई तो पाया कि वह स्वयं कोहरे से लड़ रहा है और थक गया है।

यह कोहरा नहीं था, धुआँरा था जिस पर काल्वीनो ने 'स्मॉग' शीर्षक लम्बी कहानी लिखी थी। वह 1950 में छपी थी। इटली के शहरों में तब हवा के प्रदूषण का मुख्य स्रोत कोयले की धूल थी जो बिजली बनाने के तापगृहों की चिमनियों से चौबीसों घंटे बादल की तरह धुएँ के काले-काले गुच्छों में भूरी निकलती रहती थी। 'स्मॉग' कथानक एक युवा पत्रकार के अनुभवों, विचारों और संवादों के माध्यम से खुलता है। कपड़े, चादर, मेज, हवा में सूरज की किरण हर चीज़ कोयले की बारीक धूल की सवारी का काम करती है। पत्रकार की दोस्त उससे मिलने आती है। उसकी देह भी कोयले की धूल की परत से ढक जाती है। कहानी के सबसे मजेदार संवाद पत्रिका के सम्पादकीय को अन्तिम रूप देने की उस बहस में बनते हैं जो इस युवा पत्रकार और उसे नौकरी देने वाले एक परमाणु संयत्र के मालिक के बीच चलती है। मालिक चाहता है कि अणु बिजली को कोयले के प्रदूषण से मुक्ति दिलाने वाली क्रान्तिकारी चीज़ की तरह पेश किया जाए। इस तरह पेश किए जाने में अणुविद्युत के खतरों को छिपाने की ज़रूरत कितनी प्रकट हो, यह निर्णय शब्द चयन, वाक्य विन्यास और विराम चिह्नों के प्रयोग की बारीकियों से स्थापित होता है। पूरी कथा पर छाए हुए वायु प्रदूषण से पाठक का दम घुटता है, फिर भी वह इस बहस पर हँसता है।

इस कहानी को पहली बार मैंने बाइस वर्ष पूर्व उज्जैन की साफ़ सुथरी हवा में पढ़ा था। तब तक मैं काल्वीनो से अपरिचित था। तेजी ग्रोवर ने उज्जैन में मुझे काल्वीनो का वह संग्रह दिया था जिसमें 'स्मॉग' कहानी शामिल थी। अणु विद्युत कितनी 'शुद्ध' है, उसके खतरे ताप बिजली बनाने में निकलने वाली कोयले की धूल से बेहतर हैं या नहीं यह बहस भारत में चल पड़ी थी। दिल्ली में रिंग रोड पर स्थित इन्द्रप्रस्थ बिजलीघर की ऊँची चिमनियाँ रात दिन कोयले की धूल से सना धुआँ उगलती थीं। उन्हें देखकर यह आशंका मन में आई थी कि जे.पी. नाइक—शिक्षा की नीति और तमाम राष्ट्रीय संस्थाओं के वैचारिक वास्तुकार—को गले और भोजन नली का कैंसर कोयले के धुएँ में साँस लेने से हुआ होगा। इन्द्रप्रस्थ संयत्र के पड़ोस में स्थित इमारतों में नाइक साहब ने कई वर्ष बिताए थे। दिल्ली की हवा में कोयले की धूल पूरे शहर में फैली थी। कमीज़ के कालर पर चार छः घंटे बाद

एक काली लकीर बन जाती थी। सुबह उठकर मुँह धोते समय बलगम में काले धब्बे साफ़ दिखते थे।

इन्द्रप्रस्थ बिजलीघर की चिमनियों के लिए एक महँगी छलनी आयात करने का प्रसंग राष्ट्रमंडल खेलों की तैयारी के तहत गरमाया। ये खेल 2010 में कराए जाने थे। सुरेश कालमाड़ी के नेतृत्व में पूरे शहर का कायापलट हो रहा था। मुख्यमंत्री शीला दीक्षित ने खेलों के आयोजन को दिल्ली और देश के आत्मसम्मान का विषय बना दिया था। तैयारी में दुविधा और विडम्बनाओं की भरमार थी। एक तरफ़ विदेशी खिलाड़ियों को अन्तर्राष्ट्रीय मानकों पर खरी हवा में साँस दिलाना ज़रूरी था, दूसरी तरफ़ नए फ्लाई ओवर, स्टेडियम और होटलों का निर्माण व सड़कों को चौड़ा करना ज़रूरी था। इन कठिन फैसलों से उपजता और लगातार बढ़ता शान्तिपूर्ण कोहराम पूरे शहर में दो ढाई बरस छाया रहा।

इस कोहराम का एक हिस्सा दिल्ली विश्वविद्यालय के परिसर में उठा, वरना मैं तमाम विवरणों से अपरिचित रह जाता। विश्वविद्यालय के बीच से गुजरने वाले छात्र मार्ग को चौड़ा किया जाना था। मैं इसी मार्ग पर रहता था, अत: खेलों की तैयारी को दिन-ब-दिन देख सकता था। इस मार्ग पर स्थित दो कॉलेजों के मैदान विदेशी खिलाड़ियों के अभ्यास के लिए चुने गए थे। छात्र मार्ग से सटा खूबसूरत बाटेनिकल गार्डन खेलों की चपेट में इस कारण आया क्योंकि बगीचे के परली तरफ़ विश्वविद्यालय का स्टेडियम था। इस मैदान को आस्ट्रेलियन रग्बी नामक खेल के लिए ज़रूरी एक विशेष आकार और फर्श वाले स्टेडियम का रूप दिया जाना था। रग्बी की प्रतियोगिता कहीं और होनी थी, यहाँ तो सिर्फ़ दो दिन उसका रिहर्सल कराया जाना था।

अपनी मूल हालत में विश्वविद्यालय का स्टेडियम मेरी स्मृति में एक गाँव बन गया है। उसकी भदेस घास कहीं घनी थी, कहीं विरल और सीढ़ियाँ मजबूत किन्तु कई जगह खुरदरी हो चली थीं। चारों तरफ़ एक पट्टी थी जिस पर दौड़ने का अभ्यास करने वाले लड़के लड़कियाँ और मेरे जैसे अधेड़ शिक्षक सैर करते दिख जाते थे। मैदान के एक हिस्से में बच्चों की क्रिकेट जारी रहती। मेरी माँ हाथ का पंखा लिए सीढ़ियों पर बैठी रहती।

जब इस स्टेडियम को तोड़ा गया तो उसे चारों तरफ़ ऊँची चादरों से घेर लिया गया था। अन्दर क्या चल रहा है सिर्फ़ ठेकेदार और मज़दूर जान सकते थे। स्टेडियम से लगी ज़मीन के विशाल हिस्से पर पुराने सैकड़ों पेड़ लगे थे। उन्हें काटकर एक पार्किंग लॉट और इन्डोर स्टेडियम बनाया जाना था। पूरी दिल्ली में वृक्ष कटे, इस छोटे से वाक्य की मीमांसा के लिए मेरे मानस पटल पर कुछ पेड़ों की अन्तिम

लीला का दृश्य मौजूद है। कई पेड़ बिजली की आरी से काट डाले गए। जो वृक्ष बहुत सयाने और मजबूत थे, उनके लिए शायद काटने की जगह उखाड़कर अन्यत्र लगाने की इजाजत दी गई थी। ऐसा पहले कभी सुना नहीं जाता था कि कोई पुराना पेड़ उखाड़कर दोबारा लगाया जा सकता है। कहा गया कि नई टैक्नालाजी आई है। शंकर हॉल के बगल में कुछ वर्ष पूर्व विश्वविद्यालय के पचहत्तरवें जन्मदिवस पर प्लैटिनम जुबली पार्क बनाया गया था। उसके साथ चलने पर सात सीढ़ियाँ मिलती थीं जिनके ऊपर नीम का एक सुन्दर, स्वस्थ पेड़ था। उखाड़ने से पहले नई टैक्नालाजी के निर्देशानुसार पेड़ का निचला तना चूने जैसे किसी सफ़ेद द्रव से पोते जाने की व्यवस्था थी। तने के चारों तरफ़ की ज़मीन खोदकर बूढ़ी जड़ें उघाड़ी गईं। उन्हें भी सफ़ेद रंग से पोत दिया गया। कुछ दिन हवा खिलाकर एक दोपहर ठेकेदार का विशाल ट्रक नीम को ले गया। इसी तरह बाटेनिकल गार्डन के किनारे लगे हुए कई पुराने पेड़ किसी अनजान सुदूर स्थान पर नई ज़िन्दगी जीने के लिए चले गए। पता लगा, इस वृक्ष विस्थापन तकनीक में सफलता मात्र दस प्रतिशत पेड़ों को मिलती है। ठेका हर विस्थापन के लिए दस हज़ार रुपये का मालूम हुआ। विस्थापन में विफलता पर मरे हुए पेड़ की लकड़ी से प्राप्त कीमत अलग रही होगी।

विश्वविद्यालय से विस्थापित किए गए कितने पेड़ जीवित बचे और वे कहाँ खड़े हैं, यह जानकारी पाने की कोशिश मैंने कई बार की, पर कोई बता न सका। परिसर में पर्यावरण के नुकसान पर चिन्ता और विरोध जताने के लिए मिरांडा हाउस की लड़कियों ने एक ज्ञापन तैयार किया। वार्षिकोत्सव में जब शीला दीक्षित पधारीं तो उन्हें यह ज्ञापन सौंपा गया। कहते हैं, उन्होंने कागज को एक तरफ़ सरका दिया और एक शब्द नहीं कहा। राष्ट्रमंडल खेलों की आलोचना करना व्यर्थ था, कुछ कुछ आपराधिक भी। विदेशी खिलाड़ियों के स्वास्थ्य की खातिर वाहनों की आवाजाही कई सड़कों पर रोक दी गई। ताप बिजली संयंत्रों के धुएँ को नियंत्रित कर दिया गया। निर्माणाधीन इमारतें चटाई से घेर दी गईं और निर्माण बन्द कर दिया गया ताकि धूल न उड़े। विश्वविद्यालय के नए स्टेडियम में आस्ट्रेलियन रग्बी दो दिन खेली गई। यह खेल भारत में नहीं खेला जाता, अतएव स्टेडियम उन दो दिनों की याद में कुछ वर्ष ख़ुशी से अपनी वीरानगी सहता रहा। एक दिन तूफान आया और उसकी महँगी छत उड़ाकर ले गया। अब इतना पैसा नहीं है कि वैसी छत दोबारा बनाई जा सके। वह पूरा इलाक़ा अब ताले में रहता है।

राष्ट्रमंडल खेलों के लिए पूरी दिल्ली में कितने पेड़ कटे, यह अनुमान लगाना कठिन और व्यर्थ है। असली संख्या शायद सरकार के पास भी नहीं होगी। मगर अब यानी खेलों के आठ वर्ष बाद दिल्ली में सोलह हज़ार वृक्ष कटने जा रहे हैं,

यह ताजा सूचना सरकारी निर्णय के आधार पर दो माह पहले अखबारों में छपी। इस बार पेड़ों की कटाई का कारण पुराने घर तोड़कर नए बनाने की योजना है। सरोजिनी नगर और नौरोजी नगर में सरकार के निचले और मध्यम स्तर के कर्मचारियों के लिए तीन मज़िल वाले घर नेहरू युग में बने थे। अब इन्हें तोड़कर बहुमंज़िला फ्लैट बनाए जाएँगे जैसे किदवई नगर में हाल में बनाए गए थे। एक विश्व व्यापार केन्द्र और कई हज़ार कारों की पार्किंग के लिए अंडरग्राउंड बहुमंज़िला पार्किंग लाट भी बनाया जाना है। इन परियोजनाओं के तहत सोलह हज़ार वृक्षों की कटाई की जानी है। तीन हज़ार पेड़ काटे जाने के बाद पर्यावरणवादियों ने राष्ट्रीय ग्रीन प्राधिकरण में अर्जी लगाई और शेष पेड़ों की कटाई पर फिलहाल रोक लगवा ली।

बहस कई बार चलकर बन्द हो गई थी; फिर चल पड़ी है। विषय को प्रशासनिक परीक्षाओं की शब्दावली में प्रस्तुत किया जाए तो इस तरह बनेगा—'विकास की अनिवार्यता और पर्यावरण के संरक्षण की आवश्यकता के बीच सामंजस्य कैसे बिठाया जाए?' यह एक चुस्त और पैना सवाल है। नेता और अधिकारी यदि इस प्रश्न का उत्तर पूछने दिल्ली के देवता के पास जा सकते तो वह चीख़कर कहता—"दफा हो जाओ...कोई सामंजस्य नहीं हो सकता।" देवता के पास तीस पैंतीस साल पहले कोई उपाय रहा होगा, अब वह सम्भावना बीत गई। यदि लोग फिर भी सामंजस्य की गुंजायश तलाश रहे हैं तो इसलिए कि वे असहाय हैं। कोई बीमारी जब इलाज की सीमा लाँघ चुकती है तो उसके साथ समझौता करना एक मजबूरी बन जाती है। दुःख हो या क्रोध, उसे पीना पड़ता है। दिल्ली के पेड़ और यमुना नदी ने इतने जुल्म सह लिए हैं कि अब ब्यौरे बेमानी हो चुके हैं। पर पेड़ और नदी से क्या फ़र्क़ पड़ता है, क्या यह कोई समझता है? यमुना के कछार को कष्ट देने वाला एक आयोजन आध्यात्मिक गुरु रविशंकर कर चुके हैं। नदी का दर्द समझने वाला एक आदमी अभी हाल तक दिल्ली में रहता था। वह मेरा दोस्त था यह सोचकर आज भी मुझे हल्की सी ख़ुशी मिलती है। मैं जानता हूँ कि अगर वह होता तो समूची दिल्ली न सही, कुछेक पेड़ों को बचाने की कोशिश करता। मगर वह अब जिन्दा नहीं है, भले कई लोग उससे मिली प्रेरणा के जिन्दा होने की बात कहते रहते हैं। कहीं न कहीं यह बात मुझ पर भी लागू होती है। इस निबन्ध को लिखने की इच्छा और कोशिश में भी उसकी प्रेरणा का तत्त्व है। इस आदमी का नाम अनुपम मिश्र था। उसकी आदतों और लेखनी से लगता था कि प्रकृति ने अपने कई रहस्य अनुपम को अलग से बुलाकर बता दिए हैं। अनुपम ने अपने जीवन का एक बड़ा हिस्सा पानी की खातिर बिताया, पर पेड़ भी उसकी दैनिक फ़िक्र के दायरे में थे। एक बार अनुपम मुझसे मिलने आए और घर पर कोई नहीं

था। वे दरवाजे पर एक पन्नी छोड़ गए जिसमें सुबबूत का पौधा थोड़ी सी मिट्टी में रोपा था। पहले वह गमले में रहा, फिर मेरे साथ विश्वविद्यालय के छात्र मार्ग वाले घर आ गया। धीरे धीरे उसने अपना विस्तार शुरू किया और जहाँ देखो वहाँ उसके नाती पोते नजर आने लगे।

दिल्ली छोड़ने के कुछ ही समय पहले मुझे अनुपम की अन्त्येष्टि में जाना पड़ा। निगम बोध घाट पर उस दिन काफी भीड़ थी। अनुपम का दाह संस्कार कहाँ हो रहा है, यह पता लगाना आसान नहीं था। संस्कार बिजली से होना था। कमरा काफी बड़ा था पर चारों तरफ़ से बन्द था। प्रकाश नहीं के बराबर था, इसलिए पुराने परिचितों को पहचानने में भी समय लग रहा था। समूचे निगम बोध घाट में ऐसा माहौल था कि हरेक अन्तिम संस्कार एक लम्बी प्रतीक्षा सूची के दबाव में सम्पन्न हो। चारों तरफ़ धुआँ और लोगों का अनवरत आना जाना देखकर मन में ढील और खिन्नता पर काबू करना मुश्किल हो रहा था। कैन्सर से अनुपम की मृत्यु का शोक भी इस बात की खिन्नता को समेट नहीं पा रहा था कि बड़ी बड़ी नदियों जैसे लगातार बहने वाले इस दोस्त की विदाई एक अँधेरे बन्द कमरे में हो रही है। अनुपम से मेरा नाता दो धागों से बुना था, एक धागा भाषा और गद्य का, दूसरा छोटे शहर के रहस्य का। हम दोनों इस सपने को पाले पाले महानगर में रहे कि हमारे छोटे नगर उसी तरह आबाद हैं जिस तरह हम उन्हें छोड़कर आए थे। अपने नगर के सम्पर्क में रहना एक धर्मनिरपेक्ष पुण्य था। अनुपम की दूसरी किताब 'आज भी खरे हैं तालाब' का एक बड़ा हिस्सा विंध्य पर है। पठार के विस्तार के बीच जलाशय अनुपम के गद्य में जिन्दा हो उठते हैं। घर वाले शहर से तब फूलचन्द्र ही फोन करता है। दो दिन पहले उसने बताया कि इस वर्ष भी शहर में बारिश नहीं हुई और सावन के महीने में भी तालाब की तली नहीं ढँकी है। मन होता है अनुपम से कहूँ तुम सूखी नदियों को बहाने में माहिर थे, हमारे तालाब को बहाल करो। मुझे पता है उसका जवाब क्या होगा। मैंने बी.ए. तक भूगोल पढ़ा, पर अनुपम के लेखन से ही जान पाया कि पानी और पेड़ में क्या रिश्ता है। आज यमुना में बाढ़ आई हुई है पर अनुपम की तरह कोई समझाने वाला नहीं है कि दिल्ली अपनी नदी को सँभालने में क्यों असमर्थ है। अनुपम मिश्र सरीखा तरल, प्रांजल गद्य अभी बीस साल और लिखा जाए तो लोग समझ सकेंगे कि पर्यावरण संरक्षण जैसा जुमला विकास की लीला का ही अंग है, अवरोध नहीं।

दिल्ली में हवा का युद्ध इस समय सुनीता नारायण के नेतृत्व में चल रहा है। उनकी पुस्तक 'हितों का टकराव' इस वर्ष के प्रारम्भ में प्रकाशित हुई थी। उसे पढ़कर समझ में आता है कि हवा की लड़ाई कितनी संगीन अवस्था में पहुँच चुकी

है और अब विकास और हवा के बीच सामंजस्य क्यों असम्भव है। कुछ वर्ष पहले सुनीता नारायण को पीछे से एक कार ने घातक टक्कर मारी थी, पर वे बच गईं और दिल्ली के आपातकाल के निदान के उपाय ढूँढ़ने में लगी हैं। उनकी संस्था 'सेन्टर फार साइंस एंड एनवाइरमेंट' की स्थापना अनिल अग्रवाल ने की थी। अनिल जिस कैंसर से मरे, उसके लिए उन्होंने सार्वजनिक रूप से बजाज स्कूटर की निर्माता कम्पनी के मालिक को दोषी ठहराया था। उनकी बनाई हुई संस्था दिल्ली के वायु प्रदूषण से कई मोर्चों पर लड़ रही है और थकी नहीं है। सुनीता नारायण की पुस्तक पढ़ने से थकने और लड़ते रहने की पर्यायवाचिता का भेद स्पष्ट हो जाता है। सैनिक की तरह लड़ने का अर्थ है थकान के बावजूद लड़ते जाना। गीता में 'विगतज्वर' विशेषण का प्रयोग हुआ है। सम्भवत: उसका आशय चिन्ता छोड़कर लड़ना है। थकान महसूस करना भी चिन्ता के जन्म का संकेत है। थकान से मन में प्रश्न उठता है कि आराम कहाँ मिलेगा, घर बहुत दूर है। एक बार मैंने मेघा पाटकर से पूछा था कि वे थकती क्यों नहीं हैं? पत्र में उन्होंने लिखा था कि 'लड़ते लड़ते अपनी ही छाया में गिर जाना' थककर बैठ जाने से बेहतर है। बैठ जाने से उनका आशय ज़रूर आन्दोलन का रास्ता छोड़ देने से रहा होगा।

जिस चीज़ को पर्यावरण के संरक्षण के लिए संघर्ष कहा जाने लगा है वह जैसे जैसे विशेष व्यक्ति होने का सूचक बनती जाती है, वैसे-वैसे एक परित्यक्त कल्पना बनती जाती है। सामान्य नागरिक होने का अर्थ है जीवन के घिरते हुए क्षितिजों में गाने सुनकर गुज़ारा कर लेना, बार-बार बीमार पड़ने पर भी यह विश्वास मन में रखना कि समस्या सार्वजनिक है, फिर भी साध्य है। दिल्ली की हवा जिन कारणों से जहरीली या प्रदूषित हुई है, उनका व्यवस्थित अध्ययन हो चुका है। वे हैं वाहनों का धुआँ, भवन ध्वंस या निर्माण की धूल, कूड़े की आग, छोटे-बड़े उद्योग, उत्सव के पटाखे, ताप विद्युत संयत्र और अरावली की ख़ुदाई। इसे सूचीबद्ध किए जाने पर सातों कारण यकायक सभ्य और साध्य दिखने लगते हैं, किसी कार्यालय की वातानुकूलित हवा में चर्चा और उचित कार्रवाई के नन्हे बिन्दु बन जाते हैं। टीवी पर बहस इन्हीं बिन्दुओं को चेहरों और आवाज़ों में बदल देती है। समय पूरा हो जाने पर कर्मठ एंकर सारे बिन्दुओं को बुहारकार इलैक्ट्रॉनिक ढोल की रंगीन धुन में समेट देती है और अगली बहस के लिए दर्शकों को आमंत्रित करके चाय पीने चली जाती है। यदि कोई बात याद रह जाती है तो कार्यक्रम में भाग लेने वाले डॉक्टर की चेतावनी कि जो बच्चे दिल्ली की हवा में साँस ले रहे हैं, वे युवा होने पर फेफड़ों की तकलीफ़ और उससे सम्बन्धित अन्य गम्भीर बीमारियों के शिकार होंगे। इनमें दिल और दिमाग़ की बीमारियाँ शामिल हैं।

स्कूलों के लिए अकसर चेतावनी जारी होती रहती है कि आज प्रदूषण का सूचकांक फलाँ संख्या को पार कर गया है, इसलिए बच्चों को खेलने के लिए बाहर न भेजें। एक नामी स्कूल की प्राचार्या मुझसे कई बार पूछ चुकी हैं कि ऐसे दिन आधी छुट्टी में बच्चों का क्या करें। शिक्षा का विशेषज्ञ कहलाए जाने के कारण मैं सुझाता हूँ कि कक्षा या किसी बड़े कमरे में ही खेलने दें। कई बार यह सुझाव भी मैं दे चुका हूँ कि हर कक्षा में एक या दो एयर 'प्योरीफायर' रख दिए जाएँ। दिल्ली में अपने अन्तिम तीन वर्षों में मुझे भी इस मशीन से प्यार हो गया था। दिवाली के बाद उस वर्ष बगीचे में घूमते हुए भी लोगों को दम घुटने का अनुभव हुआ था। वैसे तो दिवाली तीस साल पहले भी साँस लेना दूभर बना देती थी, पर तब के पटाखों और इधर के पटाखों में बड़ा फ़र्क़ है। अस्सी के दशक का अवसान पटाखों की दुनिया में नई भौतिक और नैतिक चुनौतियाँ देकर हुआ। तब तक ज़्यादातर पटाखे देशज थे और उनके प्रयोग का विरोध मुख्यतः इस आधार पर होता था कि उन्हें बनाने के जोखिम भरे काम में बालश्रम लगता है। स्मित कोठारी ने शिवकाशी में बाल मज़दूरी का अध्ययन करके वहाँ के बच्चों की परिस्थिति का विवरण पहली बार देश के सामने रखा था। उस जागरूकता का विस्तार शनैः शनैः स्कूलों तक पहुँचा और दिल्ली के अनेक सम्भ्रान्त स्कूलों ने अपने बच्चों को बिना पटाखों की दिवाली मनाने के लिए राजी कर लिया। एक दो बार ऐसा लगा कि दीपावली कुछ शान्त और उजली हो रही है, घर के भीतर धुआँ कुछ पतला हो गया है। नब्बे का दशक आगे बढ़ा; उदारवादी अर्थव्यवस्था पसरी और चीन में बने हुए ताकतवर पटाखों का वर्चस्व भारतीय पटाखों को खदेड़ने में कामयाब हो गया। नई सदी में चीनी पटाखे दिवाली के आसमान में दहकने गूँजने लगे। शादियों में भी यही पटाखे बजने लगे। क्रिकेट में भारत की जीत होने पर वही चीनी पटाखे फूटने लगे। उल्लास की अभिव्यक्ति के लिए शब्द क्षमता घट रही थी और उसका स्थान पटाखे ले रहे थे। जब भी कोई दिवाली के सन्दर्भ में पटाखों पर चिन्ता जताता, उसकी नीयत और राष्ट्रधर्म चेतना पर सवाल खड़े कर दिए जाते। छठ मनाने के लिए यमुना का तट भोर से घंटों पहले चीनी पटाखों से गुंजायमान होने लगा। धाराप्रवाह विस्फोटों से निकले असंख्य अनाम विषकण दिल्लीवासियों की आँखों और नासिकाओं में सुगम प्रवेश पाते थे। यह विष उस कोयले की धूल से भिन्न था जिसका वर्णन काल्वीनो ने 'स्मॉग' कहानी में किया है। दिल्ली के आकाश में कोयले की वह मासूम धूल भी रहती थी क्योंकि इन्द्रप्रस्थ ताप बिजलीघर जैसे अन्य संयंत्र वृहत्तर राजधानी क्षेत्र में स्थापित हो चुके थे। इनकी चिमनियों से निकलने वाला पारम्परिक काला धुआँ चीनी पटाखों की धूल को अपने आगोश में दिन रात लिए रहता।

पता नहीं कैसे यह वृत्तान्त भूतकाल की क्रियाओं के सूचक इस्तेमाल करने लगा जबकि मैं अपने पाठक को वर्तमान के क़रीब लाना चाहता था। इस वर्तमान में लाखों वाहनों के पेट्रोल और डीजल का धुआँ शहर के कोने कोने की हवा में घुसता है। हवा में जगह नहीं पर हर वाहन अब नए ताकतवर इंजन से लैस है जो कम ईंधन खाकर ज़्यादा तेज चलता है और समृद्धि की ओर लपकते हर वर्ग की आकांक्षाओं को आगे बढ़ते रहने के लिए धकियाता है। कई बीमारियाँ परिचित हैं, कई संकर रूप धारण कर चुकी हैं, कई एकदम नई हैं और विश्व स्वास्थ्य संगठन से अपना पहचानपत्र बनवा रही है, और कई ऐसी भी हैं जिनका सीधा सम्बन्ध फेफड़ों से नहीं है, अतः उनका उल्लेख करके वायु प्रदूषण को बदनाम नहीं किया जा सकता। एक दिन मेरी किसी से यह बहस हुई कि जहरीली हवा से गुर्दों का कोई रिश्ता है या नहीं। गूगल पर 'एयर पाल्यूशन एंड किडनी' टाइप किया तो तीन चार लेख सामने आए। एक को पढ़ा तो पाया, किसी चीनी प्रोफ़ेसर का है। उसका शोध कहता है कि हवा में मौजूद कुछ जहरीले रासायनिक कण फेफड़ों को कई वर्ष कमज़ोर बनाकर ख़ून में प्रवेश पाने लगते हैं। उन्हें पेशाब के ज़रिए निकालते निकालते गुर्दे थक जाते हैं और अन्ततः बीमार पड़ने लगते हैं। जिससे बहस हो रही थी, वह बोला कि इंटरनेट पर उपलब्ध मेडिकल ज्ञान सदा प्रामाणिक नहीं होता। वैसे भी मैं शरीर और चिकित्सा का विशेषज्ञ नहीं हूँ। मेरे लिए यही श्रेयस्कर था कि अपना एयर प्योरिफायर चलाकर पढ़ूँ-लिखूँ और चटाई बिछाकर योग करूँ। मैं इस मशीन को सुबह चार बजे उठकर चालू कर देता था ताकि छः सात बजे तक उसका असर महसूस होने लगे। असर के अन्दाजे के लिए मशीन में तीन रंगों का प्रकाश था। लाल रंग की नन्हीं-सी बत्ती बताती थी कि हवा बहुत ज़्यादा गन्दी है। बैंगनी रंग गन्दगी के सामान्य या औसत स्तर का प्रतीक था। नीला रंग साफ़ हवा दर्शाता था। इस मशीन के साथ मैं तीन साल जिया। इन तीन वर्षों में सिर्फ़ एक बार नीली बत्ती थोड़े समय के लिए उभरी, फिर कुछ देर बाद बैंगनी रंग में तब्दील हो गई। मशीन के भीतर लगा फिल्टर हर सप्ताह धोना ज़रूरी था। हर बार वह काला मिलता और उसकी कालिख में चिकनाई मिली रहती। धोने के लिए उसे घिसना पड़ता। शायद वही हाल फेफड़ों और गुर्दों का होता होगा, यह सोचकर मैं राजधानी की नागरिकता के विवश लोक में लौट आता और उन स्मृतियों में स्वयं को डुबा लेता जो दिल्ली में मेरे शुरुआती वर्षों की धरोहर थी।

तब जीवन की शर्तें इतनी कठिन नहीं थीं, ऐसा कहते हुए मुझे एहसास है कि युवावस्था में कष्ट झेलने की क्षमता अच्छी-ख़ासी होती है। उस शुद्ध वायु युग में भी मैंने लम्बी खाँसी का प्रकोप इतना झेला था कि एक बार अध्यापन छोड़ देने की

ठान ली थी। त्रिकालदर्शी लोग कहते हैं कि साँस के रोग कब नहीं थे। सही कहते हैं, पर छुटपन में दमा हज़ारों की तादाद में स्कूल के संसार में नहीं था। डॉक्टर और पर्यावरण के वैज्ञानिक अब बग़ैर किसी दुविधा के कह रहे हैं कि प्राइमरी स्कूल के बच्चों में दमा और साँस की अन्य बीमारियों के अलावा हमें उनके मानसिक व शारीरिक विकास पर ऑक्सीजन की कमी के प्रभाव की चिन्ता करनी चाहिए। हवा में प्रदूषण का एक पहलू ऑक्सीजन की कमी है, यह मात्र बच्चों के विकास का मसला नहीं है, हर वयस्क की दैनिक क्षमता का भी है। ऑक्सीजन के अभाव में कोई व्यक्ति अपना काम ठीक से नहीं कर सकता। इस बात की अर्थपरिधि में मेहनत मजदूरी करने वाले ही नहीं शिक्षक, लेखक, वकील, अफसर और नेता भी शामिल हैं। सबको ऑक्सीजन चाहिए, सिर्फ़ जीते रहने या स्वस्थ बने रहने के लिए नहीं, सोचने और फैसले लेने के लिए भी। इंडिया गेट के गिर्द लगभग पाँच किलोमीटर के अर्धव्यास का वृत बनाएँ तो उसके भीतर भारत के सबसे शक्तिशाली लोगों के घर आ जाएँगे जिन पर बड़े बड़े निर्णय लेने क़ी वैधानिक जिम्मेदारी है। अपने आफ़िस और घर में एयर प्योरिफायर लगाकर वे विषैली धूल से बच सकते हैं, ऑक्सीजन की कमी का खामियाजा फिर भी भुगतेंगे। इस खामियाजे का असर शेष जनता को भी भुगतना होगा। ऑक्सीजन की कमी दिमाग़ को थका देती है। थके मानस से लिए गए निर्णय सार्वजनिक जीवन की समस्याओं को उलझाते जाएँगे। यह एक पार बौद्धिक स्थिति है। इसके आकलन में बुद्धि पर पड़ रहे स्थायी दबाव का आकलन शामिल है।

ऐसा पार बौद्धिक ख़याल मेरी व्यक्तिगत स्मृतियों का सुख भी छीन लेता है। सत्तर का दशक शुरू हो रहा था। दिल्ली आना ज्ञानरंजन की 'बहिर्गमन' कहानी का एक और संस्करण था। छोटे कस्बों, गाँवों और प्रान्तीय विश्वविद्यालयों से दिल्ली आ पहुँचना मेरे जैसे हज़ारों युवक युवतियों की नियति थी। 'उपजहि अनत अनत छवि लहही', तुलसी के इस कथन को हमारी उपलब्धियाँ चरितार्थ करती थीं। हम जहाँ उपजे थे, वहाँ हमें रखने के लिए गोदाम नहीं थे। सुन्दर नदियों के कछारों और मजे से पसरे पठारों से बीनकर शिक्षा हमें उन्नीसवीं सदी के उत्तरार्ध से निरन्तर निर्यात कर रही थी। हम विकास के नमूने नहीं, प्रमाण थे। जिन जगहों को छोड़कर हम दिल्ली आते थे, वहाँ भी लोग हम पर गर्व होने की बात कहते हैं। हम आधुनिक साहित्य की सबसे बड़ी विषयवस्तु थे, कथानक, प्रतीक और अर्थालंकार थे। 'आषाढ़ का एक दिन' हमारी विडम्बना को व्यक्त करने के लिए लिखा गया था। 'सारा आकाश' हमें उत्साहित रखने और 'राग दरबारी' हमें कुरेदने के इरादे से प्रकाश में आया था।

इतिहास की मुख्यधारा होने के नाते हम जानते थे कि विकास का स्वप्न निरापद नहीं होता। उसकी कीमत मनुष्य और समाज के अलाता प्रकृति को भी देनी पड़ती है। यह कीमत किस मुद्रा में चुकानी पड़ेगी, सिर्फ़ इसे लेकर कुछ भ्रम थे। बी.ए. की भूगोल की पुस्तक में लिखा था कि पैट्रोलियम और कोयले के भंडार सीमित हैं, अत: दुनिया को ऊर्जा का संकट झेलना पड़ेगा। मगर जल विद्युत एक असीम ऊर्जा स्रोत की तरह प्रस्तुत की गई थी। बी.ए. करने के तीस साल बाद जब मैं सरदार सरोवर का निर्माणाधीन बाँध देखने गया, तब जाकर ठीक से समझ में आया कि जल विद्युत की कीमत कितनी होती है और कौन चुकाता है। तब तक रासायनिक खाद और कीटनाशक दवाओं से मिट्टी और पानी में जहर फैलने की चर्चा जोर पकड़ चुकी थी और हरितक्रान्ति के नफे नुकसान पर वन्दना शिवा का ईमानदार सन्देह यत्किंचित फैलने लगा था। वायु प्रदूषण अभी तक दिवाली को उजला बनाने के प्रसंग में ही सार्वजनिक बना था। उसे महानगर के जीवन की अनिवार्यता की तरह देखने का रिवाज था। उसका जिक्र अकसर ध्वनि प्रदूषण के समान होता था।

जब चीज़ें साफ़ होती हैं, काफी देर हो चुकती है। दिल्ली ने मेरे जैसे आगन्तुकों को बहुत कुछ दिया, पर हम उसकी आसन्न विभीषिका को नहीं समझ सके। ऐसा क्या इस कारण हुआ कि हम दिल्लीवाले नहीं बन सके? कई दिल्लीवाले मेरे परिचित हैं। वे मुझसे कहीं ज़्यादा चिन्तित हैं फिर भी बेबस हैं। वे बस एक ही बात कहते हैं कि—'दिल्ली अब किसी की अपनी नहीं रही, इसीलिए चरमरा रही है।' वह एक ऐसा शहर था जिसे ध्यान से रखे जाने की ज़रूरत थी। शहर चीज़ ही ऐसी है, देखते ही देखते गुम हो जाता है। शहर याद दिलाते हैं कि उन्हें सँभालने के लिए भावनाएँ काफी नहीं होतीं। सिर्फ़ वफादारी से काम नहीं चलता। ऐसी जगहें भी होनी चाहिए जहाँ शहर अपना जायजा ले सकें। दिल्ली में ऐसी जगहें थीं और आज भी बची हैं पर वे भी समाज की तरह बँट गई हैं और ऐसा यक़ीन दिला पाने में असमर्थ हो गई हैं कि मुश्किलें कितनी ही बढ़ जाएँ, विचार जारी रहेगा।

पर विचार जारी है और इतना जारी है कि विषयों की विविधता बनी रहती है। कुछ वर्ष पहले जब दिल्ली विश्वविद्यालय को बाकायदे दबाव के असल झटके दे देकर तोड़ा जा रहा था, संगोष्ठी में विचार के लिए शीर्षक रखा गया—'उच्च शिक्षा में सुधार'। हवाई जहाज में आग लग गई है, वह गिरने को है और कप्तान से चर्चा के लिए विषय है भारत में हवाई यात्रा की गुणवत्ता का विकास। इस वर्ष 25 जून को कई बड़ी बहसों का विषय था, आपातकाल और भारतीय लोकतंत्र। सोलह हज़ार पेड़ काटे जाने का फ़ैसला उसी समय सार्वजनिक हुआ था पर बहस के लिए आमंत्रित वक्ता 44 वर्ष पुराने आपातकाल पर लगे रहे। उस दिन भी वायु

में प्रदूषण का सूचकांक गम्भीर स्तर के पार था, पर विचार का विषय बनने की पात्रता इस कारण खो बैठा था कि उस पर अभी कुछ सप्ताह पूर्व विचार हो चुका था। विचार के मंच का इस्तेमाल किसी एक विषय पर बार बार सोचने के लिए नहीं हो सकता। कोई मंचाधीश ऐसा करता है तो आशंका फैल जाती है कि उसका कोई स्वार्थ है। साफ़ हवा में साँस लेने की इच्छा सामूहिक भले हो, किसी सामूहिक आशा और मुहिम का आधार नहीं बनाई जा सकती। किसी ने यदि ऐसा करने की कोशिश की तो शंका फैलनी शुरू कर देगी कि वह विकास विरोधी है। पर्यावरण की किसी भी समस्या को ज़्यादा तूल देने वाले अन्ततः इसी शंका के शिकार हो जाते हैं। आधुनिक और प्रासंगिक बने रहने के लिए ज़रूरी है कि पानी, वायु, मिट्टी जैसे विषयों पर कुछ कुछ बोलते रहा जाए, पर दबाव बनाने से परहेज किया जाए। यही अच्छे नागरिक का गुण है।

एक और गुण नागरिकता का आभूषण है, पर उसका सटीक नामकरण कुछ चुनौती भरा काम है। मैंने इस गुण के प्रत्यक्ष दर्शन शताब्दी एक्सप्रेस में यात्रा के दौरान हर बार किए हैं और हर बार मेरे मुँह से 'वाह' और 'आह' एक साथ निकली है। शताब्दी एक्सप्रेस जब अपने गन्तव्य के क़रीब पहुँच जाती है तो यह उद्घोषणा होती है—'मिनरल वाटर की बोतल कृपया अपने साथ ले जाएँ अथवा इसे नष्ट कर दें ताकि इसका दुरुपयोग न हो सके।' उद्घोषणा के कुछ क्षण बाद पूरे डिब्बे में प्लास्टिक के चटकने की आवाज एक लहर की तरह फैलकर शान्त हो जाती है। मिनरल वाटर की बोतल यात्रा की शुरुआत के समय दी गई थी; अब वह यात्रियों के हाथों कुचली मरोड़ी जा चुकी है, इसलिए कोई बेईमान उसका दुरुपयोग नहीं कर सकता, अर्थात उसे सादे पानी से भरकर दोबारा नहीं बेच सकता। थोड़ी देर में जब गाड़ी यार्ड में पहुँचेगी, उसे साफ़ करने वाले आएँगे। वे सारी नष्ट कर दी गई बोतलें बोरों में भरकर ले जाएँगे। समूची राजधानी में कूड़े को ठिकाने लगाने के स्थलों में से एक मेरा परिचित है। वह उत्तरी दिल्ली में स्थित समयपुर बादली नाम का गाँव है। इस गाँव के पड़ोस में कूड़े का पहाड़ है जिसका जिक्र उच्चतम न्यायालय की बहसों में हो चुका है। सरकारी पक्ष सदैव कहता है कि कूड़े में आग लगाना पूरी तरह प्रतिबन्धित है, पर आग अपने आप लग जाती है। इसलिए समयपुर बादली का पहाड़ दिन रात सुलगता रहता है।

दूर से देखने पर लगता है कि भारत में भी जापान जैसा फूजी पर्वत है जो लगातार भाप उगलता रहता है। टोक्यो से चलने वाली ट्रेन के यात्री इस पहाड़ की फोटो खींचने के आदी हैं। समयपुर बादली का पहाड़ भी चित्राकांक्षी है, पर उसके पड़ोस की ग़रीबी बता देती है कि यह फूजी नहीं है, न बन सकता है। यहाँ राजधानी का

कचरा इकट्ठा होता है। कचरे को ज़मीन में दबाने की वैज्ञानिक तकनीक अमेरिका से आई होगी जहाँ लोहे और प्लास्टिक से लेकर अणुबिजली संयंत्रों का कूड़ा 'लैंड फिल साइट्स' में दफ़न कर दिया जाता है। ऐसी जगहें दिल्ली में भी निर्धारित की गई थीं, पर वे पूरी तरह भर गई हैं, इसलिए कूड़ा अब ज़मीन की सतह पर पहाड़ों की शक्ल ले रहा है। इन पहाड़ों में ग़रीब बच्चे ऐसी चीज़ें ढूँढ़ते रहते हैं जो बेचने लायक हों। प्लास्टिक का कचरा आर्थिक विकास दर के साथ साथ बढ़ता गया है। हर चीज़ एक एक बार इस्तेमाल के बाद फेंक दिए जाने के लिए बनाई जा रही है। कुछ समय पहले तक मोहल्लों से निकला कूड़ा सड़क के किनारे या कूड़ाघर के आसपास पड़ा रहता था। स्वच्छता पर जोर देने की नीति के प्रभाव से वह अब नियमित रूप से उठाया जा रहा है। समयपुर बादली जैसे पहाड़ों पर पहुँचकर वह धुआँ बनता है और शहर की सड़कों पर पड़ा पड़ा सड़ने की जगह हवा में फैलता रहता है। इस धुएँ में प्लास्टिक के प्रज्ज्वलन से निकलने वाले विषैले रसायन होते हैं जो वाहनों के धुएँ और अबाध बनती टूटती बनती इमारतों के सीमेन्ट की धूल से मिलकर अपने जहर को गहन बनाते रहते हैं।

ओ दिल्ली, तुम्हारी घुटन और पीड़ा इतिहास में हर बार नई तरह से इकट्ठा होकर जुटी और फटी है। जिसे उजड़ना कहते हैं, वह भी हर बार अलग तरह से होता है। उजड़ने के बाद दोबारा रचा जाना इतिहास के क्रम का हिस्सा बताया गया है। एक जीवन उसे जानने या देखने के लिए नाकाफ़ी है। 'तीसरी कसम' में शैलेन्द्र का गीत है—'दुनिया बनाने वाले, काहे को दुनिया बनाई?' आगे चलकर यह पंक्ति आती है—'सपने जगा के तूने, काहे को दे दी जुदाई।' दिल्ली पिछली बार 1857 के गदर में उजड़ी थी। उसकी तत्कालीन वेदना के कई वर्णन मौजूद हैं। अंगेज़ों ने दिल्ली नए सिरे से बसाई और यह बसाहट नई दिल्ली कहलाई। पुरानी और नई दिल्ली ने मिलकर विभाजन की पीड़ा पी डाली और आज़ादी का स्वप्न देखा। उसी में विकास की लीला शामिल थी। बढ़ते धुआँ के बीच दिल्ली इस लीला को देखे जा रही है, देखे जा रही है। जिस दिन बच्चे खेलते खेलते गिरने लगेंगे, दिल्ली की चीख सुनाई देगी। तब तक बच्चे मंच पर हरी टहनियाँ हिला हिलाकर गाते रहेंगे—'नंगी धरती कहे पुकार, वृक्ष लगाकर करो सिंगार।' पर्दा गिर रहा है, हारमोनियम धुन पकड़े हुए है, मुख्य अतिथि ताली बजा रहा है।

# आत्महत्या की व्यर्थता

रघुवीर सहाय का एक रूप आधुनिक मिजाज़ के प्रतिनिधि का है, दूसरा आधुनिकता के समीक्षक का। उनके रचनाजगत को इन दोनों रूपों में देखना और इन रूपों के बीच थोड़ी-सी धुँधलाहट छोड़ देना आसान भी है, उचित भी। आसान इस कारण है कि आधुनिक मिजाज़ और उसकी अभिव्यक्ति के पर्याय समझे जाने वाले लक्षण रघुवीर सहाय के जीवन-वृत्त में उतनी ही सुविधा से पहचाने जा सकते हैं जितनी सुविधा से हम इन पर्यायों की कठोर नैतिक जाँच रघुवीर सहाय के लेखन—कविता और गद्य दोनों—में ढूँढ़ सकते हैं। उचित इसलिए है क्योंकि निरे तार्किक विश्लेषण और उसके आधार पर फ़ैसला ले लेने या सुना देने की प्रवृत्ति से सचेत होकर बचने की चिन्ता रघुवीर सहाय की रचनाओं में गहरे बैठी दिखाई देती है। विश्वास के साथ दुविधा और भय रघुवीर सहाय का प्रतिनिधि स्वभाव है। इसीलिए उन्हें आधुनिकता का प्रतिनिधि और समीक्षक दोनों कहना सही है।

प्रसार माध्यम उनकी रोज़ी और चेतना दोनों के केन्द्र में जीवनपर्यन्त रहे। रेडियो और टेलीविज़न का राज्य के तहत संचालन रघुवीर सहाय ने व्यक्तिगत अनुभव के सहारे परखा। सम्प्रभु राज्य और लोकतंत्र—आधुनिकता को इन दो सबसे विराट संरचनाओं को रघुवीर सहाय ने प्रसार माध्यमों के ज़रिए ही सबसे ज़्यादा जाना। इन संरचनाओं के चरित्र और बल से आकार लेते हुए सामाजिक इतिहास में रघुवीर सहाय की अपनी भागीदारी मुख्यत: पत्रकारिता के माध्यम से हुई। 'दिनमान' साप्ताहिक को एक प्रसार-माध्यम से ज़्यादा संवाद-माध्यम बनाना निश्चय ही उनके पेशेवर जीवन का सबसे बड़ा संघर्ष था। रघुवीर सहाय के काव्य का एक बड़ा और महत्त्वपूर्ण हिस्सा इस संघर्ष की पृष्ठभूमि में समझे जाने पर ही खुलता है। उनकी कई मशहूर कविताओं को पढ़ते हुए यह सवाल हमारे मन में उपजता है कि एक नवोदित, स्वतंत्र देश की निर्धन जनता के लिए आधुनिकता

के सन्देशों और जोखिमों के बीच रघुवीर सहाय ने कैसा पुल बनाया? उत्तर यदि सवाल के बिम्ब में ही खोजा जाना हो तो हम कह सकते हैं कि रघुवीर सहाय ने एक कच्चा पुल बनाना ही उचित समझा—एक ऐसा पुल जो बाढ़ में बह जाने की सम्भावना जानते हुए तभी तक काम में लेने के लिए है जब तक बाढ़ आ न जाए।

इसे हम रघुवीर सहाय का टोना कह सकते हैं। किसी न किसी जादू या टोने में यक़ीन किए बग़ैर कवि या लेखक बने रहना शायद ही सम्भव होता हो। आधुनिक प्रसार माध्यमों की विकराल शक्ति और भारत जैसे समाज में लोकतंत्र की जोखिम भरी प्रयोगशीलता को शब्द के जादू से बाँध देने की उनकी जादुई आकांक्षा का एक सामाजिक सन्दर्भ भी है। हिन्दी क्षेत्र, ख़ासकर पूर्वी उत्तर प्रदेश, में पिछले सौ-डेढ़ सौ बरसों के दौरान सार्वजनिक चेतना का निर्माण मुख्यत: राजनीति पर निर्भर रहा नज़र आता है। सांस्कृतिक प्रक्रियाएँ और संस्थाएँ जनचेतना की अभिव्यक्ति से ज़्यादा राजनैतिक पक्षनिर्माण में लगी दिखाई देती रहीं। आर्थिक बदलाव की रफ़्तार बहुत धीमी रही और शिक्षा के अवसर सवर्ण जातियों और शहरी इलाकों में सिमटे रहे। इस कारण मुद्रण की मशीनरी और पत्रकारिता के विकास का विचारों या विचारशीलता के सामाजिक संचरण पर गहरा असर नहीं पड़ा। सामन्ती व्यवस्था के पतन और औपनिवेशिक प्रशासन के दायरे में उभरती विसंगतियों का आईना—भले वह 1857 के बाद से लगातार धुँधला और ज़रूरत को देखते हुए छोटा रहा हो—मुख्यत: राजनीति ही बन सकी। कोई आश्चंर्य नहीं कि औपनिवेशिक प्रशासन के तहत शुरू हुई लोकतांत्रिक प्रक्रियाएँ अपने शैशव से ही भयंकर अन्तर्विरोधों और विकृतियों का शिकार हो गईं। नए संचार-माध्यमों और शिक्षा की संस्थाओं से जुड़े कई बड़े हिन्दी रचनाकार पूर्वी उत्तर प्रदेश में हुए और किसी न किसी रूप में राजनीति की रचनाशक्ति से मोहित या फिर उसकी विकृतियों को सुधारने के लिए प्रेरित हुए। इनमें कवियों की तादाद लगातार अधिक रही, पर वे जिन्होंने कविता के साथ-साथ गद्य की साधना की, एक विशिष्ट अर्थ में परिवर्तनकामी राजनीति के चिन्ताकार बने।

यह क्षेत्रीय पृष्ठभूमि रघुवीर सहाय के जीवन को, उसके दायरे और संघर्ष दोनों के नज़रिए से, समझने में हमारी मदद करती है। वे एक शिक्षक के बेटे थे और लखनऊ में पैदा हुए थे। आज़ादी के समय उनकी उम्र अट्‌ठारह वर्ष थी, और जैसा कि कुछ टिप्पणियों (जैसे 'होली का रंग') में उन्होंने लिखा भी है, आज़ादी के राजनैतिक संघर्ष से उपजे सांस्कृतिक बदलाव के सपनों की सदस्यता उनके लिए एक बड़ी भावनात्मक और नैतिक पूँजी थी। यह एक ऐतिहासिक सचाई थी कि इन सपनों को घर में या सड़क पर उतार लाने के साधन हिन्दी समाज के पास बंगाल या दक्षिण की तुलना में बहुत कम मात्रा में थे। औपनिवेशिक व्यवस्था में

देर से शामिल होने और बड़ी आबादी जैसे मिलेजुले कारणों से जो एक साधन हिन्दी क्षेत्र को राष्ट्रीय हैसियत देने में कामयाब हुआ था, प्रतिनिधित्व की राजनीति का था। रघुवीर सहाय के लिए यह याधन एक बड़ा सृजन-सन्दर्भ बना, साथ ही उसे साधना—यानी समझकर इस्तेमाल करना—एक पेशागत ज़रूरत बना। पत्रकार और सम्पादक की भूमिकाओं में रघुवीर सहाय ने राजनीति को एक तरह की शैक्षिक चुनौती बना लिया जिससे निपटने का मुख्य औज़ार बनी भाषा। हिन्दी की राजनीति से उन्हें लगातार कोफ़्त रही, पर शब्द की राजनीति को उन्होंने असाधारण गम्भीरता से लिया।

पत्रकारिता से रघुवीर सहाय का आजीवन जुड़ाव अपने आप में कोई विशिष्ट ऐतिहासिक तथ्य नहीं है—हम ऐसा जुड़ाव कई नेताओं और साहित्यिकों के जीवन में पाते हैं—पर उनके रचनाजगत पर उसकी छाप आश्चर्यजनक रूप से गहरी और छाप का स्वरूप अप्रत्याशित है। छाप की गहराई इसलिए ध्यान खींचती है क्योंकि बड़ी और छोटी सभी तरह की घटनाओं को 'खबर' के रूप में चेतना का अंश बना लेने की इच्छा और कोशिश रघुवीर सहाय में उनके समकालीनों से कहीं तीव्रतर दिखती है। यह इच्छा स्वयं एक राजनैतिक ऊर्जास्रोत बन जाती है जिसकी शायद सबसे बड़ी उपलब्धि चकित करने वाले व्यापक जिज्ञासालोक की रचना है। दुनिया में रघुवीर सहाय की अथक दिलचस्पी उनकी कविता को एक अलग पहचान देने के अलावा उन्हें एक लोकप्रिय लौकिक चिन्तक भी बनाती है। इन उपलब्धियों की तह में वह प्रश्न पहचाना जा सकता है जो रघुवीर सहाय का प्रिय प्रश्न था—निरन्तर आ रही सूचनाओं में ख़बर किसे बनाया जा रहा है और जो बात ख़बर नहीं बनाई गई है तो क्यों नहीं मानी गई है? यह सवाल उन सभी संस्थानों की सेहत और उन तमाम लक्षणों की जाँच का ज़रिया बन जाता है जिन्हें हम आधुनिकता के आधार-विषय मान सकते हैं। इन संस्थाओं और लक्षणों की 'ख़बर' रघुवीर सहाय कविता, कहानी या निबन्ध के ऐसे प्रत्येक उत्प्रेरण में ढूँढ़ रहे होते हैं जो अन्ततः एक टिकाऊ रचना बनेगा।

## आधिकारिक कृति

शायद हरेक कवि या लेखक की कोई एक पुस्तक उसकी आधिकारिक कृति होती है। उसे 'प्रतिनिधि कृति' कहना ठीक नहीं होगा क्योंकि यह ज़रूरी नहीं कि आधिकारिक कृति की विशेषताएँ एक न एक हद तक अथवा अलग-अलग रूपों में अन्य कृतियों में दिखाई दें। 'आधिकारिक' कहना ज़्यादा उचित इसीलिए है कि ऐसी कृति कवि

या लेखक की ज़िन्दगी के उस दौर में लिखी गई होती है जब वह अपने समय की सबसे गहरी और साफ़-सुथरी छाप ग्रहण करने की स्थिति में होता है। यह छाप उस कृति में मुकम्मिल अभिव्यक्ति पाकर कवि को ऐतिहासिक हैसियत और उसके समय को एक निश्चित ज़ुबान देती है। आज़ाद भारत के इतिहास पर नज़र डालें तो 1960 का दशक एक दिलचस्प और कई मायनों में निर्णायक दौर ठहरता है। पहले चीन, फिर पाकिस्तान से हुए युद्ध, इनके बीच के वर्षों में अकाल और राजनैतिक परिदृश्य में एक महानायक की मृत्यु से उपजा शून्य इस दशक की बड़ी घटनाएँ थीं जिनके गिर्द सामाजिक और आर्थिक जीवन के कई बदलावों ने पहचानी जा सकने वाली आकृति पाई। इतिहास की, विशेषकर सामाजिक इतिहास-लेखन की, रोशनी 1960 के दशक पर जब पड़ेगी, तब पड़ेगी; फिलहाल हम 'आत्महत्या के विरुद्ध' को इस महत्वपूर्ण कालखंड को ज़ुबान के बतौर पढ़ सकते हैं। सम्भव है, भविष्य में जब इतिहास और आलोचना के अनुशासन 1960 के समय 'आत्महत्या के विरुद्ध' एक कसौटी का काम करे जिसकी मदद से यह जाँचा जा सके कि अन्य स्त्रोतों से प्राप्त समझ में कितनी संश्लिश्टता है।

उसे रघुवीर सहाय की आधिकारिक कृति क्यों माना जाए, इस प्रश्न पर शायद ही कोई विवाद हो, फिर भी यह जानना उपयोगी है कि विवाद की सम्भावना क्यों कम है। 'आत्महत्या के विरुद्ध' का 1967 में पहली बार प्रकाशन के समय हुआ स्वागत आज महत्वपूर्ण नहीं है, पर शिल्प की जिन तत्कालीन दुविधाओं को इस पुस्तक में शामिल कविताओं ने संकलित रूप में पार किया, वे अभी तक महत्त्वपूर्ण बनी हुई हैं और जितना भविष्य हम आज देख सकते हैं, उसमें भी महत्त्वपूर्ण बने रहने की सम्भावना है। बीसवीं सदी के बीच वाले हिस्से—मोटे तौर पर 1930 से 1970—की हिन्दी कविता दो बड़ी दुविधाओं के सबूत देती है : एक, सरोकारों की, और दूसरी स्वरूप की। कविता को यदि समाज का सबसे संवेदित विमर्श मानें तो पहली दुविधा यह तय करने को लेकर थी कि कविता किस-किस बारे में हो सकती है अथवा उसमें क्या कहा जा सकता है, क्या नहीं। निश्चय ही निराला ने एक मज़दूर औरत की तसवीर बनाकर एक ऐसा शीर्षक—तोड़ती पत्थर—रच दिया था जिसे हम साहित्य की सबसे महत्त्वपूर्ण विधा के तौर पर कविता के सामने उपस्थित चुनौती और ज़िम्मेदारी के साथ-साथ उसकी आगामी सामर्थ्य का निर्देश भी कह सकते हैं। कविता के स्वरूप को लेकर भी निराला ने विजयी आत्मविश्वास की अविधा में 'छन्दों के बन्धन की छोटी राह' छोड़ने की क्रान्तिकारी घोषणा की थी। पर सरोकारों और स्वरूप की दुविधाएँ निराला की कला के ओज के बावजूद बनी रहीं।

आगे चलकर मुक्तिबोध और अज्ञेय, व किसी न किसी हद तक 'नई कविता' रचने वाले सभी कवियों ने इन दुविधाओं से ऊपर उठने के संकेत दिए। आज़ादी के आन्दोलन और उसके बाद की स्थिति का कविता के विमर्श पर व्यापक असर दिखाई देता है और शायद यह उसी तरह का होता है कि उपर्युक्त दोनों दुविधाओं से साहसपूर्वक निपटते हुए बड़े कवि कभी अतिरंजना के लोभ से लड़ते दिखाई देते हैं, कभी व्यंजना के अभाव से। 'आत्महत्या के विरुद्ध' में रघुवीर सहाय हैरत में डाल देने वाली सफ़ाई और एकाग्रता के साथ इन दुविधाओं के पार दिखाई दिए, यह बात अवश्य इस पुस्तक के स्वागत—जिसमें कुछ खीझ भरी आलोचना के स्वर भी शामिल थे—की नाटकीयता का कारण रही होगी। आख़िर स्वयं रघुवीर सहाय इस पुस्तक के बाद आने वाले अपने संग्रहों में उन दुविधाओं के पार लगातार निवास नहीं कर पाए। यह बात 'आधिकारिक' और 'प्रतिनिधि' को लेकर ऊपर सुझाए गए फ़र्क़ को रेखांकित करती है। वैसे भी एक कृति किसी भाषा और उसके साहित्य के इतिहास में क्या कर पाती है, यह बात इस प्रश्न से ज़्यादा बड़ी है कि स्वयं कृतिकार अपनी उपलब्धि से लाभान्वित और उसे सँजोने या आगे बढ़ाने में कितना समर्थ हो पाता है।

'आत्महत्या के विरुद्ध' के शुरू में छपे गद्य (जिसमें पहले संस्करण के लिए लिखा गया वक्तव्य और अगले दो संस्करणों की भूमिकाएँ शामिल हैं) से तुलना किया जाए तो कविताओं के पहले एक ही पृष्ठ और रह जाता है जिस पर शीर्षकों की सूची दी गई है। अन्तत: हम उस पृष्ठ पर पहुँचते हैं जहाँ पहली कविता 'चढ़ती स्त्री' दी गई है। कागज़ की सफ़ेदी के विस्तार के बीच छपी चार पंक्तियों में से पहली तीन एक किफ़ायती बिम्ब बनाती हैं और चौथी उस बिम्ब को सायास पोंछते हुए हमें कवि की उपस्थिति का भान कराती है। ध्यान रखना चाहिए कि कविता में कथावाचक नहीं होता, सिर्फ़ कवि होता है और अकसर वह भी नहीं होता, न उसका होना ज़रूरी है। 'चढ़ती स्त्री' में यदि चौथी पंक्ति न होती तो शेष कविता एक हाइकू होती : एक सम्पूर्ण, गुज़रती हुई तसवीर जिसमें एक भी शब्द ज़ाया नहीं हुआ—न लय की ख़ातिर, न कुछ और दिखाने के लालच में। रघुवीर सहाय ने ऐसी कविताएँ लिखी भी हैं—आत्महत्या के विरुद्ध के प्रकाशन से पहले भी (जैसे 'आओ, जल-भरे बर्तन में'), बाद में भी (जैसे 'कस्बे में साँझ')। मगर 'चढ़ती स्त्री' अपनी चौथी पंक्ति के कारण ही उनसे अलग है। यह पंक्ति आत्महत्या के विरुद्ध की केन्द्रीय भूमि कही जा सकती है और समूची संग्रह को उस 'कुछ' का विवरण माना जा सकता है, जो चलती बस में, बच्चा गोद में लिए चढ़ती स्त्री को देखकर, दूर तक घिसटता चला जाता है।

काव्य में उपस्थित विवरण को पाठक स्वयं पहचानेंगे, यहाँ इस प्रवेश के सन्दर्भ में वह, घिसटने वाला 'कुछ' हमें सौन्दर्यशास्त्रीय और समाजशास्त्रीय दोनों तरह की विवेचना करने का आमंत्रण देता है। किसी भी कविता को समझने का आशय स्वयं रघुवीर सहाय ने पाठक की भागीदारी बताया है। आधुनिक साहित्य और सौन्दर्यशास्त्र के सन्दर्भ में यह कोई नई बात नहीं है, पर रघुवीर सहाय ने यदि उसे इतने आग्रह के साथ रखा तो शायद इस कारण कि कवि द्वारा 'दिए' हुए अर्थ को सर्वोपरि मानने की परम्परा ने हिन्दी जगत में पाठकीय लोकतंत्र को पनपने नहीं दिया है। 'आत्महत्या के विरुद्ध' की भूमिका में रघुवीर सहाय ने पाठक की भागीदारी के आग्रह को इस तरह व्यक्त किया है—

> 'इस आग्रह को मान लेने वाला पाठक 'चढ़ती स्त्री' में क्या भरे, यह सवाल विवेचन के कई फलक खोलता है। इनमें से कुछ का सम्बन्ध रघुवीर सहाय के कृति जगत से है, कुछ का सौन्दर्यशास्त्र के सामान्य प्रश्नों से। यदि 'चढ़ती स्त्री' में वर्णित दृश्य को एक वृहत्तर व्यंजित संसार और इतिहास का संकेत बनाना है तो बतौर पाठक के हमारे पास दो रास्ते हैं, और दोनों पर चलना ज़रूरी है। पहला है 'चढ़ती स्त्री' को रघुवीर सहाय के काव्यजगत में अकसर आने वाले परिवहन, विशेषकर सड़क, के बिम्बों के बीच रखना। दूसरा रास्ता है इस कविता को उत्तर भारत के उस शहरी सांस्कृतिक परिवेश की पृष्ठभूमि में रखना जो साठ के दशक में एक निश्चित आकृति ग्रहण कर रहा था।'

पहले रास्ते पर चलें तो जल्दी ही हम अपने को रिक्शों, हथठेलों, बसों, सड़क पार करते लोगों, रेलगाड़ी के दृश्यों और भगदड़ का अन्देशा जगाती भीड़ से घिरा पाते हैं। सड़क रघुवीर सहाय के साहित्य का शायद सबसे चैतन्य जगत है—जिस तरह उनके समकालीनों के लिए प्रकृति, गाँव या प्राचीन आख्यान थे। व्यस्त सड़क पर ज़िन्दगी के ढाँचे सामान्य स्वीकृतियों अथवा वैधता की परतों से थोड़ा मुक्त दिखाई देते हैं। चलता हुआ मनुष्य सुरक्षित होता है; उसे देखकर समाज के सुरक्षा-कवच में झाँकना सम्भव है। हर वाहन का अपना अलग समाजशास्त्र होता है, पर साइकिल रिक्शे में रघुवीर सहाय की विशेष रुचि रही जिसका उल्लेख मैं थोड़ी देर में करूँगा। सड़क के तमाम दृश्यों के बीच दुर्घटना का रघुवीर सहाय के काव्य और गद्य दोनों में विशेष स्थान है और उनकी पत्रकारिता में तो था ही। (दिनमान की विशिष्ट हैसियत और प्रकृति के निर्माण में दुर्घटनाओं की रपटों का विशेश योगदान था। रघुवीर सहाय उन अंकों, ख़ासकर चित्रों और मुखपृष्ठ, पर

कितना ध्यान देते थे जिनमें किसी बड़ी दुर्घटना का विवरण रहता था, यह बात उनकी रचनावली से नहीं जानी जा सकती। यही बात प्राकृतिक आपदाओं के बारे में कही जा सकती है।) दुर्घटना हो जाने पर सामाजिक वर्गों और संस्थाओं में परस्पर सम्बन्ध अचानक पारदर्शी हो उठते हैं। उनकी दैनिक यांत्रिकता से देखनेवालों की नज़र को एक अस्थायी स्वतंत्रता मिल जाती है, इस कारण हमें सम्बन्धों की मानवीयता का आपात परीक्षण करने का मौका मिल जाता है। रघुवीर सहाय के रचना संसार में अस्पताल, नौकरशाही, संसद और प्रसार माध्यमों की खोज-ख़बर अकसर दुर्घटनाओं के ज़रिये मिलती है। बस उलट जाने पर टीवी के समाचारों में क्या दिखाया जाता है, क्या नहीं, इस पर रघुवीर सहाय की टिप्पणी—'खाली बस दिखला' दी, खाली दिखा नहीं कोई चेहरा'—उतनी ही व्यग्रता से भरी है जितनी 'दुर्घटना भारत की झाँकी' शीर्षक लेख में संसद में हुई बहस का विश्लेषण है (यद्यपि वह दुर्घटना सड़क नहीं सीढ़ियों पर हुई थी)।

सड़क के नज़ारों को कविता के काम में लाने की परम्परा जैसी कोई चीज़ नहीं है, यद्यपि नज़ीर में हम इन नज़ारों का भरपूर इस्तेमाल देखते हैं। 'रीछ का बच्चा' जैसी कविताओं में नज़ीर बिम्ब और दृश्यांकन को नाटक का स्पर्श देते-देते दर्शन के स्तर तक ले आते हैं। दो शताब्दियों के अन्तराल के बाद ऐसी ही उपलब्धि हम 'साइकिल रिक्शा' शीर्षक कविता में पाते हैं जहाँ रघुवीर सहाय सवारी और चालक के सम्बन्ध-संवाद को आधुनिकता के आख्यान में तब्दील कर देते हैं। इस आख्यान में कवि के सम्बोधन का श्रोता भविष्य का इंजीनियर है जो आधुनिकता की अधूरी, विकृत रचनाशीलता की मरम्मत करेगा। इस सम्बोधन को हम एक टीका मानें या असहायता का हलफ़नामा? यह कविता रघुवीर सहाय के रचना-जीवन के उत्तरार्ध की कृति है, इस कारण यह तय करना आसान नहीं है कि उसमें निहित सम्बोधन व्यंग्य और जारी विरोध की तरह पढ़ा जाए अथवा समय के तकाज़े की मंजूरी की तरह। 'आत्महत्या के विरुद्ध' का स्वर इस दुविधा से अछूता है, पर बिम्ब और चरित्र का विधान उसमें भी 'साइकिल रिक्शा' जैसा ही है। टैक्नालॉजी के ढाँचे पर काबिज़ चरित्र वहाँ मुसद्दीलाल है जो नेहरू युग की आशाओं को भीतर से तोड़ चुका है। (मुसद्दीलाल का थोड़ा-बहुत खुलासा 'आत्महत्या के विरुद्ध' के लगभग दो दशक बाद छपे लेख 'होली का दिन' में हुआ, जो इस प्रवेशिका में संकलित है।)

रिक्शे में रघुवीर सहाय की रुचि उसी चैतन्य निराला का अंग है जिसे साठ के दशक में लोहिया की राजनीति और शैली ने मुखरता दी। लेकिन साथ ही यह देखना मुश्किल नहीं है कि रिक्शा रघुवीर सहाय के अपने काव्यशास्त्र की ज़रूरत की पूर्ति भी करता रहा। रिक्शे में वे एक सम्पूर्ण सभ्यता का संक्षेप पाते हैं। इस सभ्यता की

कहानी मनुष्य को हर दूसरे मनुष्य से एक बुनियादी बराबरी दिलाने के वायदे से शुरू होती है और साइकिल रिक्शा पर आकर बैठ जाती है। इस अवरुद्ध सभ्यता का नाम है लोकतंत्र जिसने हमें 'इनसान की शानदार ज़िन्दगी और कुत्ते की मौत के बीच चाँप लिया है' (आत्महत्या के विरुद्ध का 'वक्तव्य')। 'साइकिल रिक्शा' में सम्बोधित इंजीनियर यद्यपि भविष्य का है, पर उसकी हैसियत की परीक्षा उन्हीं आधारों पर ली जा रही है जिनका उपयोग रघुवीर सहाय के काव्य और गद्य दोनों में महाबली नेताओं, राष्ट्रों, युद्धों और फ़ैसलों के परीक्षण के वास्ते लगातार हुआ।

महानता के आख्यान को छितराने की प्रवृत्ति को आजकल उत्तर-आधुनिकता से जोड़ा जाता है और इस प्रकार एक नई बात के रूप में स्थापित किया जाता है। बहुत आसानी से इस लाक्षणिक आधार पर यह कह देने का लालच हो जाता है कि रघुवीर सहाय में उत्तर-आधुनिकता का पुट है, पर ऐसा कहकर हम रघुवीर सहाय की दुविधामयी चेतना से अन्याय ही करेंगे। उनकी कृतियों का तनाव और विशेषकर उनके गद्य में प्रांजलता का अभाव आधुनिकता के घेरे में ही पहचाना और सराहा जा सकता है, उसे फाँदकर नहीं, और उसे फाँदना अनैतिहासिक भी होगा। साधारण आदमी की ज़िन्दगी और छोटी-छोटी चीज़ों के बारीकी और लगन से देखने की प्रवृत्ति को लोग अपने-अपने ढंग से जाँचें, यह अस्वाभाविक कतई नहीं है, पर उसमें अज्ञेय का असर या निरालेपन की चाह वही लोग सूँघ सकते हैं जो रघुवीर सहाय के काव्य को उनकी पत्रकारिता और राजनीति से जोड़कर पढ़ने में आज तक समर्थ नहीं हो सके हैं। मामूली आदमी की महिमा साठ के दशक में एक नारा बन चुकी थी—ख़ासकर कहानी में, और कविता में प्रगतिवाद का आन्दोलन काफ़ी पहले से सक्रिय था। रघुवीर सहाय भी मार्क्स से गहरे प्रभावित हुए थे, पर प्रगतिशील कविता या कहानी से उनकी दूरी उस सौन्दर्यशास्त्रीय नीति का परिणाम मानी जानी चाहिए जो उन्होंने साठ के दशक के उत्तरार्ध में—यानी नेहरू-युग की समाप्ति और लोहिया की मृत्यु पर—अपने लिए बनाई और 'आत्महत्या के विरुद्ध' में शामिल 'वक्तव्य' को इन शब्दों में व्यक्त की—

> ...सबसे आसान यह पड़ता है कि व्यक्ति-स्वातंत्र्य की अभी तक बची सुविधा का फ़ायदा उठाकर मैं अपने लिए बचे रहने की निजी, बिलकुल अहस्तान्तरणीय रिवायत ले लूँ। उससे कुछ मुश्किल यह है कि मैं वह रियायत अस्वीकार करूँ और उनके आसरे ज़िन्दा रहूँ जो इन्सान के लिए दूसरे हथियारों से लड़ते हैं—साहित्येतर हथियारों से! सबसे मुश्किल और एक ही सही रास्ता है कि मैं सब सेनाओं से लडूँ—किसी में ढाल सहित

> किसी में निष्कवच होकर—मगर अपने को अन्त में मरने सिर्फ़ अपने मोर्चे पर दूँ—अपने भाषा के, शिल्प के और उस दोतरफ़ा ज़िम्मेदारी के मोर्चे पर जिसे साहित्य कहते हैं।

'नेहरू युग' रघुवीर सहाय की रचनाओं में जहाँ भी ज़िक्र पाता है, एक लम्बे इतिहास-दौर के बारे में आत्मीयों को लिखने लायक चिट्ठी की जगह भेजे गए तार की तरह पाता है। व्यवस्था के निरन्तर गहराते संकट और लोकतंत्री सत्ता द्वारा उसकी अनदेखी का सन्देश इस तार में सबसे ऊपर है। इसके बाद संकट के स्वरूप की झलक है, उसकी अवहेलना से उत्पन्न घुटन का कष्टमय सम्प्रेषण है, और शायद सबसे आख़िर में संकट के कारणों और अवयवों की सूची है। इन भावनाओं को नेहरू-युग के संकट के सन्दर्भ में सबसे स्पष्टता से हम 'दिल्ली मेरा परदेस' की भूमिका में देख सकते हैं।

वहाँ 1957 से 1967 के दस सालों को वे एक विश्वास के बार-बार झकझोरे जाने का दौर बताते हैं। यह दौर रघुवीर सहाय के अनुसार 1947 से 1957 के उस दशक का उत्तराधिकारी था जिसे उन्होंने 'उत्साह के वर्ष' कहा है। उत्साह था राष्ट्रनिर्माण का। पदों पर आसीनों के राष्ट्रनिर्माण के नारे से अलग एक प्रयोगशील राष्ट्रनिर्माण की भी गुंजाइश थी जिसमें 'हर किस्म के दकियानूसीपन की आलोचना' प्रमुख थी। पर एक युवा पत्रकार के रूप में रघुवीर सहाय की हिस्सेदारी इस प्रयोगशील राष्ट्रनिर्माण में ही नहीं, दूसरे वाले यानी राज्य के तहत हो रहे राष्ट्रनिर्माण में भी थी। टीवी पर पहली बार दिखाई गई गणतंत्र दिवस परेड और रानी एलिजाबेथ के आगमन के सीधे प्रसारण के उद्घोषक वे ही थे। इस किस्म की हिस्सेदारियाँ उस नैराश्य पर प्रकाश डालती हैं जो 1975 में होने वाली आपातकाल की घोषणा के काफ़ी पहले उनकी रचनाओं में व्यक्त होने लगा था। 'हँसो, हँसो जल्दी हँसो' के दूसरे संस्करण (1979) की भूमिका में उन्होंने यह स्पष्टीकरण दिया है कि इस संग्रह की कविताएँ 'आत्महत्या के विरुद्ध' के 1967 में प्रकाशन से लेकर 1974 के दौरान लिखी गई थीं—

> 1975 में प्रकाशित होने के संयोग से यदि किसी को भ्रम हो कि इस संग्रह की कविताएँ आपातकालीन स्थिति के दौरान लिखी गई थीं तो वह दूसरे हो जाना चाहिए। आपातकालीन स्थिति घोषित होने से पूर्व ही जो लोग एक लम्बे दौर में लोकतंत्र के क्षय के प्रमाण और आने वाले संकट को पहचानते रहे थे, उनमें से यह कवि भी एक था...।

'नेहरू युग' की इबारत को इस तरह खोलकर यदि हम लोहिया की असामयिक मृत्यु—जो नेहरू की मृत्यु के तीन वर्ष बाद 1967 में हुई—से उपजी उदासी पर ग़ौर करें तो हम इसी वर्ष प्रकाशित 'आत्महत्या के विरुद्ध' में दिए गए 'वक्तव्य' का अर्थ समझने की अपनी तैयारी को पूरा मान सकते हैं। लोहिया का महत्त्व हिन्दी क्षेत्र के ऐसे प्रखर राजनैतिक चिन्तक और नेता के नाते तो था ही जो हिन्दी के अलावा कई अन्य भाषाएँ जानते थे। समाजवादी विचारधारा में देशज दलीलों और आधारों का योगदान देने वाले लोहिया रघुवीर सहाय की पीढ़ी के लिए एक बेहद आकर्षक व्यक्तित्व भी थे। हिन्दू समाज की रूढ़ियों पर उनके प्रहार लोकतंत्र के निर्माण को एक रोमांचक सांस्कृतिक आयाम देने में समर्थ थे। इस आयाम का अभाव नेहरू की राजनीति की एक बड़ी कमी के रूप में पहचाना जा सकता था और वामपन्थी संगठनों की विश्लेषण पद्धति की सीमा के रूप में भी।

नेहरू के अभिजात्य को चुनौती देने वाली लोहिया की नाटकीय प्रखरता मध्यम पन्थ के उस विचार को अप्रत्याशित धार देती थी जिसे लोहिया स्वयं एक प्रतीक की तरह व्यक्त करते थे। 'स्थायी सिविल नाफ़रमानी' सरीखे उनके दिए हुए कुछ विचार गाँधी की याद दिलाते हुए उनके दर्शन में, विशेषकर युवाओं को खटकने वाली, उग्रता की कमी को पूरा करते थे। वर्ण और योनि के घेरे जैसे रूपक रचने वाले लोहिया निश्चय सी हिन्दी क्षेत्र के सबसे कल्पनाशील नेता थे और हिन्दी के सबसे सशक्त पक्षधर भी। 1967 के शरद में उनकी अचानक मृत्यु हो जाने पर उस निराशा और संकटाभास की वापसी स्वाभाविक थी जिसे रघुवीर सहाय ने नेहरू युग के 'उत्साह के वर्ष' बीत जाने पर कई बार महसूस किया होगा।

आज की परिस्थिति में 'नेहरू युग' से रघुवीर सहाय की परेशानी की तमाम परतों को समझना कुछ मुश्किल पड़ सकता है। इस मुश्किल को थोड़ा आसान बनाने के वास्ते हमें रघुवीर सहाय के चिन्ताजगत के तीन प्रमुख सन्दर्भों को याद कर लेना चाहिए—भाषा, जाति और स्त्री। ये तीनों लोहिया की राजनीति के प्रमुख मुद्दे थे, यद्यपि तीनों की बराबर पड़ताल और उनके कल्पनाशील राजनैतिक उपयोग के प्रमाण लोहिया की जीवनी में नहीं मिलते। इनमें से पहले मुद्दे का सम्बन्ध आज़ादी के पहले से चली आई राष्ट्रनिर्माण जैसी आधारभूत अवधारणा से था, और शेष दो का सम्बन्ध हिन्दू समाज में लम्बे समय से होते आ रहे आन्तरिक संघर्ष से था। भाषा के सवाल पर 1967 का वर्ष नाटकीय रूप से निराश करने वाली राजनैतिक घटना—राजभाषा संशोधन विधेयक की मंजूरी—लेकर आया था। पीछे मुड़कर देखने की मुद्रा में वह कहना अतिरंजित नहीं होगा—बल्कि आज के हिन्दीभाषी युवाओं के लिए नाकाफ़ी ही ठहरेगा—कि राजभाषा संशोधन विधेयक एक विराट

और सुखद सपने का अन्त था जो रघुवीर सहाय के लिए राष्ट्रीय आत्महत्या सरीखा रहा होगा। इस 'अन्त' से जूझना, यानी हिन्दी की लड़ाई जारी रखना, उसे फैलाना, रघुवीर सहाय के पत्रकारीय जीवन की एक बड़ी अभिप्रेरणा बना, जिसकी यथेष्ट बानगी देने के इरादे से इस प्रवेशिका में हिन्दी पर रघुवीर सहाय की दोनों प्रसिद्ध कविताएँ शामिल की गई हैं। इनके लिखे जाने के बीच का लगभग दो-ढाई दशक का फासला भाषाई राष्ट्रवाद के ऐतिहासिक बिखराव और पतन का दौर माना जा सकता है। बिखराव और पतन की पहचान सिर्फ़ अंग्रेज़ी के विस्तार से नहीं, हिन्दी की राजनीति के खोखलेपन से भी की जाना ज़रूरी है। हिन्दी की महत्वहीनता देखकर आज के हिन्दी माध्यम विद्यार्थी जिस तरह की मासूम हैरानी और खीझ व्यक्त करते हैं, उसका सम्यक, सुन्दर जवाब—जो शायद कुछ युवा पाठकों को इतिहास की तफ़सील में जाने का धीरज दे—रघुवीर सहाय के इस वाक्य में मिलता है—

> 'मुझे स्वाभिमान है कि मैंने मातृभाषा और राष्ट्रभाषा की न सेवा की और न पूजा की, मैंने उसे बरता।

भाषा का सवाल राष्ट्रीयता की पुट अवश्य लिये है, पर उसकी तह में हर जगह समाज की वर्गीय और जातीय विषमता दिखाई देती है। रघुवीर सहाय के लिए हिन्दी का संघर्ष मूलत: एक सामाजिक संघर्ष था, और इस कारण हिन्दी की हार—'अच्छे सैनिक/अपनी हार पहचान'—एक ज़्यादा बड़ी हार का लक्षण थी। भाषा की तरह जाति भी रघुवीर सहाय के लेखन में एक सन्दर्भ की तरह इस्तेमाल होने वाली अवधारणा है। कहीं वह प्रगतिशीलता और आधुनिकता की असलियत जाँचने का पैमाना है, कहीं राष्ट्रवाद की थाह लेने का। जाति के विरुद्ध संघर्ष भेदभाव से ऊपर उठने का गाँधीवादी कार्यक्रम नहीं, जाति पर टिकी समाज व्यवस्था को तोड़ने का सपना बनता है। सरोकारों की गहराई परखने का मौका जातीय अस्मिता देती है—

*बाम्हन बाम्हन रहे, कायथ कायथ रहे*
*पर जब कविता लिखे तो आधुनिक*
*हो जाए। खीसें बा दे जब कहो तब गा दे।*

'सीमा के पार का आदमी' के अन्त में जाति राष्ट्रवाद की दीवार में छेद करती है। जाति से जुड़ी पोशाक, मुद्राएँ, चेष्टाएँ रघुवीर सहाय के पत्रकारीय गद्य में जगह-जगह झाँकती है और कहीं कटाक्ष, तो कहीं नैराश्य का विषय बनती हैं। उत्पीड़न, बेरोज़गारी और धार्मिक अलगाववाद पर उनकी टिप्पणियाँ कई बार जाति व्यवस्था के बने रहने के क्षोभ पर लौटती हैं। राजनीति के विश्लेषण की धुरी तो जाति थी ही,

यद्यपि रघुवीर सहाय के सम्पादन में 'दिनमान' लगातार वर्ग-विश्लेषण का औज़ार भी इस्तेमाल करता रहा। हिन्दू पुनरुत्थानवाद की समीक्षा के लिए भी उसमें जगह रही, पर रघुवीर सहाय के अपने लेखन में यह समीक्षा प्राय: ग़ैरकांग्रेसवाद की परिधि में सिमटी रही और जाति की अवधारणा के इस्तेमाल से प्राय: स्पष्टता से बची रही।

राजनीति और साहित्य के रिश्ते की पड़ताल के लिए यह निश्चय ही बहुत उपयुक्त विषय है। आख़िर कोई वजह है कि आपातकाल के अधिनायकवादी शासन की आहट हम रघुवीर सहाय के काव्य और गद्य दोनों में 1975 से वर्षों पहले सुन लेते हैं, पर हिन्दुत्ववाद के विकराल उभार की आहट 1989 की टिप्पणियों से भी संकेतों को पढ़ने के संकोच से घिरी हुई पाते हैं। लगता है कांग्रेस का विकल्प खोजती हुई राजनीति के संवादों और समझौतों से रघुवीर सहाय की आत्मीय निकटता ने उनकी संवेदना के साथ-साथ उनकी विश्लेषण-सामर्थ्य और वैचारिक कल्पना को प्रभावित किया। आपातकाल की समाप्ति के बाद आए गठबन्धन-राजनीति के पावस में यह प्रभाव कुछ ज़्यादा ही सघन हुआ, और पावस के गुज़र जाने से उपजी घुटन के असह्य सिद्ध होने का कारण भी यही था। रामजन्मभूमि आन्दोलन और रामायण और महाभारत के सीरियलों पर अस्सी के दशक के अन्त में लिखी गई उनकी टिप्पणियाँ एक चहुँमुखी घिराव के बीच कुछ थोड़ी-सी बातें ज़िन्दा रखने की कोशिश भर नज़र आती हैं। आख़िरी वर्षों के दौरान लिखी गई कविताओं का जो संग्रह रघुवीर सहाय की मृत्यु के बाद प्रकाशित हुआ (इस संग्रह की अधिकांश कविताएँ उन्होंने स्वयं प्रकाशित नहीं कराई थीं, यह तथ्य याद रखा जाना चाहिए) उस दौर का दर्पण भर है जिसमें कवि अपनी शर्तों पर जीने और लिखने की सम्भावना से वंचित कर दिया गया था।

अन्तिम दौर की कविताएँ यदि इस प्रवेशिका में नहीं हैं तो इसीलिए कि यह एक प्रतिनिधि संकलन नहीं है (वैसा संकलन पहले से उपलब्ध है), प्रवेशिका है। रघुवीर सहाय के आख़िरी सात-आठ वर्षों को किसी व्यक्तिगत विकासक्रम में न रखकर ऐतिहासिक परिप्रेक्ष्य में रखकर देखे जाने की ज़रूरत है। अस्सी के दशक के गद्य और पद्य दोनों में वे एक ऐसे कृतिकार की मिसाल बनते हैं जो वैचारिक विकल्पों की परख के सहारे जीता था और इस पाथेय की टोह में मध्यपन्थ की रचना करते-करते भ्रष्ट राजनीति के दुर्गम बीहड़ में आ पहुँचा था। दुनिया के साहित्य में ऐसे कई कवि और लेखक हुए हैं जिनकी वैचारिक खोजें राजनैतिक इतिहास के तीखे विक्षेपों में खो गईं। पहले और दूसरे विश्वयुद्धों से गुज़रने वाली अनेक कलात्मक और वैचारिक जीवनियाँ व्यापक चर्चा का विषय और कलाचेतना की समझ के लिए चुनौती बनीं। बीसवीं सदी के मध्य की एक बड़ी और विविध

रचनाशील प्रतिभा होने के नाते रघुवीर सहाय ऐसी ऐतिहासिक पड़ताल के विषय बनेंगे, ऐसी आशा की जानी चाहिए।

भाषा और जाति की तरह स्त्री भी रघुवीर सहाय के रचना संसार में इतिहास की गवाह है जिसकी गवाही सुनना हमें समाज और सभ्यता की ख़बर देता है। साठ और सत्तर के दशक की अनेक कविताओं में स्त्री समाज का भविष्य पढ़ने का ज़रिया बनती है। 'बड़ी हो रही लड़की' में एक क्रूरतर, एकीकृत व्यवस्था की पदचाप सुनाई देती है। लोकतंत्र की आधी-अधूरी रचना के दौरान अरक्षित छोड़ दिए गए कोनों में सबसे ज़्यादा अरक्षित कोना स्त्री के लिए है जहाँ संस्कृति के बर्बर स्थापत्य का किला है। उसकी क़ैद का विवरण 'रास्ता इधर से है' की कहानियों में कई जगह आता है। लेखों और टिप्पणियों में स्त्री के साथ घटी वृहत्तर सामाजिक और राजनैतिक नियति का पाठ और भी विस्तृत विवरणों के साथ आता है। ऐसा एक पाठ 'माया त्यागी को भूल जाओ' शीर्षक लेख, जिसे रघुवीर सहाय की कलम ने अस्सी के दशक के आरम्भ का स्थायी सामाजिक इतिहास बना दिया था, इस संकलन में शामिल किया गया।

'दिनमान' से 1983 में जबरन अलग किए जाने की घटना रघुवीर सहाय के लिए एक असह्य व्यक्तिगगत अनुभव थी। आमतौर पर यह घटना 'अलग होने' जैसे सभ्य शब्दों में बताई जाती है। इस तरह का बयान पूरे प्रसंग की नाटकीय अभद्रता को तो छिपाता ही है, वह उसे भाषा, पत्रकारिता और राजनीति के इतिहास-चक्र से काटता भी है। स्वयं रघुवीर सहाय की रचनाओं में इस घटना की अनुकृतियाँ पहले भी दर्ज हुई थीं, बाद में भी हुईं, यह देखकर हम यह अन्दाज़ा लगा सकते हैं कि उनके अन्तर्जगत में इस अनुभव का क्या स्थान था। मनुष्य को बचाने में निरन्तर अधिकाधिक असमर्थ होते समाज की सबसे परिपक्व अनुकृति रघुवीर सहाय के साहित्य में निश्चय ही 'रामदास' शीर्षक कविता है जो 1974 में—यानी आपातकाल के एक वर्ष पूर्व—लिखी गई थी। हत्या की संस्कृति या हिंसा पर रघुवीर सहाय ने अनेक बार लिखा, और नृशंसता का दृश्यांकन अलग-अलग विधानों में किया, पर 'रामदास' की कलात्मक हैसियत अलग है क्योंकि वह सिर्फ़ हत्या का दृश्यांकन नहीं है। यह कविता उनकी काव्यकला का उतना ही संश्लिष्ट उदाहरण मानी जा सकती है जितना कहानी की विधा में 'सीमा के पार का आदमी' है। कविता और कहानी में रघुवीर सहाय के शिल्पाग्रहों पर विचार करने के लिए इन दो से बेहतर उदाहरण नहीं हो सकते। 'रामदास' में कविता की वाचिक परम्परा का आकर्षण छन्द की कसी हुई सरलता में प्रकट होता है। 'सुकवि की मुश्किल' शीर्षक 1986 के लेख में रघुवीर सहाय ने छन्द में अपनी बात कह सकने के साहस का ज़िक्र

किया है जो साहस इसलिए है क्योंकि वह छन्द के साथ चली आ रही भाषा और भाव की विरासत को जानकर दिखाया जाता है। सोलह मात्राओं की चौपाई में राम से जुड़ा महाकाव्य लोकमंगल की स्थापित विरासत लिये रहा है। उसी छन्द में नृशंस हत्या का आख्यान महाकाव्यात्मक बेचैनी पैदा करता है। छन्द के इस्तेमाल में जितनी व्यंजना और वीरता है, उतनी ही बिम्बों की किफ़ायत और निरपेक्षता। रामदास की पूर्वघोषित हत्या का नज़ारा दैनिक जीवन की साधारणता लिए रहे, इस उद्देश्य की पूर्ति जिन दो-चार सूचनाओं से होती है, वे एक बड़े, लगभग प्राकृतिक दृश्य में टंकित हो रहती हैं। चौड़ी सड़क, पतली गली और दिन का समय, घनी बदली जैसे नन्हें संकेतों को ऐतिहासिक प्रतीक माना जाए तो और न माना जाए तो भी, रामदास के मरने की संक्षिप्त कथा अख़बार में पढ़ी गई ख़बर बन जाने से बच जाती है।

ठीक यही बात हम कहानी के सन्दर्भ में 'सीमा के पार का आदमी' के बारे में कह सकते हैं यद्यपि रघुवीर सहाय को हिन्दी कहानी के स्वीकृत समीक्षावृत्त में अभी तक नहीं रखा गया है। इस कहानी में भारत-पाक युद्ध से पैदा हुई परिस्थिति का परिचित ज्ञान पाठकीय पृष्ठभूमि की तरह इस्तेमाल होता है। व्यंग्य का सधा हुआ स्वर शुरू से मौजूद है जिसका प्रभाव राष्ट्रीयता और सीमाओं की रक्षा जैसे उद्घोषों को हास्य में तब्दील करने वाली कतरनी जैसा है। पत्रकार कथावाचक की अपनी परेशानी भी शुरू में ही स्पष्ट हो जाती है। पाठक एक मुआयने पर निकल पड़ता है जिसके दौरान झुलसी हुई ईंटों और लाशों के बीच सूखी पत्तियों से ढँकी हुई ज़मीन और एक छोटे पैर के लायक गुलाबी प्लास्टिक की चप्पल आँखों के सामने एक तेज़ रफ़्तार झाँकी बनकर आती हैं। वातावरण स्वयं एक चरित्र बन जाता है और जो चरित्र वास्तव में हैं, जैसे मंत्री, अफ़सर और संवाददाता, वे नाचीज़ भूमिकाभोगी रह जाते हैं। 'सीमा पार के आदमी' की जाति इस प्रक्रिया के तहत एक चौंकाने वाले अन्त की तरह, निहायत सामान्य बात का ही प्रमाण लिए आती है। कहानी समाचार बनाने की क्रूर राष्ट्रवादी मशीनरी के पुर्ज़े अलग करती हुई ख़त्म हो जाती है। कहानी में वर्णित मुआयने से फारिग होकर पाठक स्वयं कथावाचक बन जाता है जो विशिष्ट अतिथियों के साथ 'दबंग युवती' को देखने नहीं जाना चाहता। उनका पाशविक पौरुष कहानी के आख़िरी कटाक्ष का विषय बनता है और अन्तिम पंक्ति नसीमन की चप्पल पर लौटती है।

'रामदास' और 'सीमा के पार का आदमी' की यह संक्षिप्त समीक्षा यह इंगित करने के लिए काफ़ी होनी चाहिए कि शिल्प के प्रति निष्ठा और रचना को जगत का पुनर्योजन करने का औज़ार बनाने की चिन्ता रघुवीर सहाय के लिए कितना

महत्त्वपूर्ण थी। साहित्य को वे किन चीज़ों को 'बचाने' का साधन मानते थे, यह प्रश्न 'पूर्वग्रह' (1976) में प्रकाशित इंटरव्यू में सीधे-सीधे पूछा गया था (यह पूरा इंटरव्यू इस संकलन में शामिल है)। इस प्रश्न का उत्तर देते-देते रघुवीर सहाय ने कवि की नैतिक सामर्थ्य का ज़िक्र किया था जो उनके सम्पूर्ण कृतित्व में रमी हुई प्रेरणा है। भाषा के रास्ते वे हमारी सोच को, भावनाओं को नए साँचों में ढालते हैं तो इस ख़ातिर कि हम कवि के साथ मिलकर या मिलने के बाद कुछेक बुनियादी बातों पर लौट सकें। यह चाह कोई नैतिक नियोजन नहीं है, बल्कि एक नियोजनप्रिय युग में नीति के इतने विकेन्द्रित आयोजन की इच्छा है कि हर व्यक्ति आज़ादी महसूस कर सके—कम से कम कुछ देर के लिए उस पर से रूढ़ि, रूतबे और राज्य की सत्ता हटे। इस अन्तराल में वह समता और न्याय की एक क्षणिक, प्रेरक कल्पना से गुज़र पाता है, यही कविता की, और साहित्य की अन्य विधाओं में लिखी गई रचनाओं की, उपलब्धि है। समता, न्याय और अन्याय जैसे शब्दों का बार-बार प्रयोग रघुवीर सहाय के कई प्रेमियों को उबाता है। उन्हें वह याद रखना परेशानी देता है कि रघुवीर सहाय की शिल्पी प्रयोगशीलता एक व्यापक राजनैतिक लड़ाई के सन्दर्भ में पल्लवित हुई। उस लड़ाई को उभरते और दबते देखने वाले कवि का जीवन और रचनाक्रम हमारे लिए तभी तक बोधगम्य रहेगा जब तक हम उस लड़ाई के मुद्दों को महत्त्व देते रहेंगे। हमारी यह कोशिश कठिनतर होती जा रही है, और इस नाते लेखक का काम भी कठिनतर, यानी और अधिक प्रयोगशीलता का मोहताज, होता जा रहा है, यह बात 'वे और नहीं होंगे जो मारे जाएँगे' की भूमिका में इस तरह बताई गई है—

> 'जो टूट गया है वह टूटकर ख़त्म नहीं हो चुका है : वह उसमें मिलकर के कि जो बचा है, टूटकर एक और रूप बन गया है। अब फिर से नया कुछ बनाने के लिए इसी बचे हुए के नए रूप में से पहले की अपेक्षा बहुत ज़्यादा ताकत हासिल करनी पड़ेगी। यदि हम इतिहास निर्माण का हौसला नहीं रखते तो हर बार टूटने पर हम कहेंगे कि जो बचा है वह दूषित हो गया है और रक्षणीय नहीं रह गया है। क्या हमें उन धूर्त बहसों की याद नहीं जो अतीत में अकसर यह कहकर उठाई जाती रही हैं कि लोकतंत्र या समाजवाद विफल रहा है इसलिए हमारे लिए उपयुक्त नहीं?'

जो बचा है, उसकी रक्षणीयता सिद्ध करने के नज़रिए से देखें तो अस्सी के दशक में प्रकाशित रघुवीर सहाय के दोनों संग्रह, 'लोग भूल गए हैं' और 'कुछ पते कुछ चिट्ठियाँ', उनकी प्रयोगधर्मिता के पैमाने माने जा सकते हैं। इनमें 'आत्महत्या

के विरुद्ध' की चैतन्य राजनीति और 'हँसो हँसो जल्दी हँसो' की दहशत नहीं है। जाति और भाषा की लड़ाइयों के प्रत्यक्ष तेवर भी कम हैं—जहाँ हैं, इस बात की आश्वस्त समझ लेकर हैं कि इन मोर्चों को फिर जीतने के लिए कोई वृहत्तर संघर्ष छिड़ेगा। सबसे प्रकट है 'सीढ़ियों पर धूप में' सरीखी विविधता और सृजनशील मन की विपुलता। छन्द के साथ अनेक प्रयोग हैं, गद्य की आन्तरिक लय को पकड़ने का आनन्द है, और एक खोए हुए ऐश्वर्य को दुबारा हासिल करने का हौसला है। 'आज की कविता' (1983) में की गई शिकायत इसी पुनर्सृष्टिभाव के तहत देखी जानी चाहिए—

*मैं पूछ रहा हूँ इसीलिए यह बार-बार*
*वह दर्द कहाँ मर गया रोज़ जो होता था*

*आतंक कहाँ जा छिपा भागकर जीवन से*
*जो कविता की पीड़ा में अब दिख नहीं रहा?*
*हत्यारों के क्या लेखक साझीदार हुए*
*जो कविता हम सबको लाचार बनाती है?*

इन दोनों संग्रहों के प्रयोग-वैभव का जायज़ा लें तो रघुवीर सहाय की मृत्यु के कई वर्ष बाद प्रकाशित 'एक समय था' न केवल ग़ैर-ज़रूरी हो जाता है, बल्कि 'एक समय था' को ज़्यादा से ज़्यादा एक तरह की डायरी माना जा सकता है जो कवि के जीवनीकार की रुचि की भले हो, सामान्य पाठक के महत्त्व की नहीं है और सहृदय आलोचक के मतलब की भी नहीं होनी चाहिए। अपनी कविता का संसार सँजोने की रघुवीर सहाय की आख़िरी, आत्मविश्वासी कोशिश 'कुछ पते कुछ चिट्ठियाँ' ही है जिसकी भूमिका में उन्होंने 1989 में लिखा था कि 'सूचना जो पाठक या श्रोता के मन में पतन का विकल्प जाग्रत नहीं करती, न तो साहित्य की उपलब्धि होती है न समाज की।'

इस आधार-भूमि पर खड़े होकर हम रघुवीर सहाय के लेखन की दो-तीन बड़ी उपलब्धियों का आकलन कर सकते हैं। 'आत्महत्या के विरुद्ध' की दूसरी कविता, 'स्वाधीन व्यक्ति', में ये पंक्तियाँ उनके कवि-जीवन का स्थायी भाव कही जा सकती हैं, उनके आत्मसंघर्ष की बानगी तो वे देती ही हैं—

*कुछ भी लिखने से पहले हँसता और निराश*
*होता हूँ मैं*

*कि जो मैं लिखूँगा*
*वैसे नहीं दिखूँगा*
*दिखूँगा या तो*
*रिरियाता हुआ*
*या गरजता हुआ*
*किसी को पुचकारता*
*किसी को गरजता हुआ*
*अपने में अलग सिरजता हुआ कुछ अनाथ*
*मूल्यों को*
*नहीं मैं दिखूँगा*

इस कविता के अन्त में और भी बड़ी आशंका और दुविधा अपने योगदान को लेकर इस तरह व्यक्त की गई थी—

*हो सकता है*
*हो सकता है कि कल जब अँधेरे में दिखे*
*मेरा कवि बन्धु मुझे*
*वह न मुझे पहचाने, मैं न उसे पहचानूँ।*
*हो सकता है कि यही मेरा योगदान हो कि*
*भाषा का मेरा फल जो चाहे मेरी हथेली से ख़ुशी से चुग ले*
*अन्याय तो भी खाता रहे मेरे प्यारे देश की देह*

भाषा की केन्द्रीयता, लेखक के जीवन में उसकी तमाम और ज़िम्मेदारियों और हिस्सेदारियों के बावजूद भाषा के प्रति जवाबदेही हर अन्य मूल्य से ऊपर ठहरती है; न्याय से भी ऊपर क्योंकि आज़ादी की तरह न्याय पाने का साधन अन्ततः भाषा को ही बनना है। यदि भाषा का बचाव, नए कामों के लिए उसका संवर्धन साहित्य का उद्देश्य मान लिया जाए तो विधाओं की विशिष्ट चुनौतियाँ 'एकदम निरर्थक नहीं तो अनावश्यक' अवश्य हो जाती हैं और ऐसा रघुवीर सहाय ने 'रास्ता इधर से है' की भूमिका में स्पष्टतः लिखा भी। इसी भूमिका में 'राज्य और व्यक्ति के सम्बन्ध को अधिकाधिक समझना आधुनिक संवेदना की शर्त' बताई गई है। इस शर्त के साए में रघुवीर सहाय की विशिष्टता, जो उनके कई समकालीनों को प्रगल्भता लगती थी ओर आज तक लगती है, को देख सकना कठिन नहीं है। न उस नफ़रत की कद्र करना कठिन है जो उन्हें हर तरह के टुच्चेपन से महसूस होती थी और जो

उन्हें पढ़ते हुए कई बार, कई जगह साहित्यिक अभिजनत्व की भनक पैदा करती है। वैसे भी, शब्दों की फ़िज़ूलख़र्ची को लेकर इतनी ज़्यादा सावधानी, अपने को वादों व खेलों से अलग रखने की फ़िक्र और हमेशा एक वृहत्तर दुनिया बनाते चले जाने की कोशिश उनके व्यक्तित्व व लेखन को निराला बनाती थी।

रघुवीर सहाय द्वारा सम्पादित 'दिनमान' के बारे में भी यही कुछ कहा जा सकता है और उसका योगदान आँकने में भी हमें उसके समय की पत्रकारिता—राजनैतिक व साहित्यिक दोनों—का वृहत्तर परिप्रेक्ष्य ध्यान में रखना होगा। 'दिनमान' के सम्पादन का प्रभार अज्ञेय से पाने के बाद रघुवीर सहाय ने बहुत तेजी से उसे अपनी प्राथमिकताओं के अनुसार ढाला। समाचार साप्ताहिक रहते हुए 'दिनमान' एक तरह का पत्राचार विश्वविद्यालय बना जिसका ध्येय हिन्दी के चिन्ताजगत की हदों को फैलाना और छोटी से छोटी बस्ती में रहने वाले पाठक को एक बड़ी दुनिया में हिस्सेदार बनाना था। यह ध्येय महत्वाकांक्षी था और कोई आश्चर्य नहीं कि उसे पाने के संघर्ष में रघुवीर सहाय अपने कई समकालीनों—जिनमें से कुछ स्वयं सम्पादक थे—से कट-से गए। एक फैले हुए वैचारिक समुदाय की रचना करते-करते वे हिन्दी के शहरी वैचारिक जगत के बने-बनाएपन से दूर होते गए। इस दूरी का लाभ हिन्दी पत्रकारिता को तो मिला ही, कविता को भी मिला।

सार्वजनिक बहसों को अन्वेषी सौजन्य के साथ संचालित करते हुए 'दिनमान' ने यात्रा और रिपोर्ताज, विश्व-घटनाओं के अलावा विदेशों के विचार-जगत और साहित्य की समीक्षा और पाठकों के बीच संवाद सरीखे रचना-क्षेत्रों को पहचाना और सँवारा। इस उपक्रम में रघुवीर सहाय सम्पादक के अलावा कई बार लेखक के रूप में शरीक हुए।

# लड़की की पुनर्रचना

चूड़ी की दुकान में प्रवेश करते समय लड़कियों की सामाजिक ढलाई का कार्यक्रम एक ख़ास मुकाम पर पहुँच जाता है। जब कोई लड़की चूड़ियों के रंग और डिजाइन की विविधता देखती है, दुकान में रखी चूड़ियों की विपुल राशि में से अपने लिए चूड़ियाँ चुनती है, उन्हें पहनने के लिए अपने हाथ दुकानदार के हाथों के सामने पेश करती है, तो वह संस्कृति के एक लम्बे उपक्रम में अपनी भूमिका निभा रही होती है। जैसे एक पत्थर किसी इमारत की दीवार में लगाए जाने से पहले अपनी ज़मीन से हुमसाया जाता है, लोहे के मज़बूत औजारों से तोड़ा और तराशा जाता है, कुछ वही हाल बचपन और किशोर वय में लड़की का होता है। लोहे के औज़ार उस पत्थर के लिए हथियार हैं जिसे दीवार में लगाया जाना है। संस्कृति की दीवार में लड़की को जमाया जाना भी लोहे जैसी निर्मम कठोरता की माँग करता है। इसके पहले कि लड़की परिवार और जाति की सुदृढ़ इमारत की मजबूती का माध्यम बन सके, उसे तोड़ा और तराशा जाना आवश्यक है। उसकी बाल्योचित स्वच्छन्दता पर उतना ही निर्णायक प्रहार किया जाना ज़रूरी है जितना उसकी मानवोचित स्वाधीनता पर। यह काम ममता और स्नेह से नहीं हो सकता, मगर इस काम को अंजाम देने के वास्ते परिवार और बिरादरी व समुदाय की चौहद्दी से बाहर की जगहें भी उपयुक्त नहीं हैं क्योंकि संस्कृति का प्रजनन तो इन्हीं संस्थाओं में होना है। इस विवशता के चलते परदे की ज़रूरत पड़ती है, एक ऐसे परदे की जो कोमलता और परवरिश का नाटक सामने जारी रखते हुए, पीछे हथौड़ों के ज़रिए पत्थर को तोड़ने और उसे दीवार के लायक सपाट बनाने का अनवरत काम चालू रख सके। ऐसे उपयोगी परदे का विस्तार इतना होना चाहिए कि वह समाज की हर आँख में लटक जाए, हर कान में तन जाए, ताकि तोड़ी तराशी जाती लड़की की चीख़ें और सिसकियाँ सुनाई न दें। संस्कृति का जीवन तभी तक अक्षुण्ण है जब तक

लड़की के स्वभाव के कुचले जाने और उसकी आत्मा की घुटन से कोई विचलित न हो, न पिता, न माँ। विचलन हो तो यदाकदा और क्षणिक, जैसा कन्यादान के समय होता है और उचित, अस्थायी व सहनीय बना रहता है। अन्ततः लड़की टूट जाए। उसकी पुनर्रचना हो जाए—एक बच्चे से बदल कर एक संज्ञाहीन मशीन में, महादेवी वर्मा के शब्दों में एक जीवित शव में बदल जाए, जिसके कुछ उपयोग सामाजिक हों, कुछ जैविक। यह भी ज़रूरी है कि इस आमूल पुनर्रचना के बाद वह अपने वजूद की क्षणिकता को मानस में उतार ले, एक समूची मनुष्य होने की स्वाभाविक स्मृति से उबर जाए। चूड़ी की तरह मायावी रंग और चमक का घेरा बन जाए।

कोई लड़की संस्कृति के हथियारों के आगे एक दिन में घुटने नहीं टेकती। उसे इस महासमर्पण के लिए धीरे-धीरे तैयार किया जाता है। यह अभियान किस आयु से शुरू होता है, यह कहना कठिन है क्योंकि भारत विविधताओं का देश है। लड़की के जन्म पर दुःख मनाने की परम्परा देश के अनेक भागों में प्रचलित है। जन्म के बाद उसकी हत्या कर देने का विकल्प अब जन्म से पूर्व मार डालने की टैक्नालाजी के रूप में उभरा है और तेजी से लोकप्रियता हासिल कर रहा है। बालिका को नारी बनाने वाले विधानों, रिवाजों और वयस्क व्यवहारों में व्याप्त विविधता के बीच स्थापित इस बात की अकाट्य एकाग्रता देखने लायक है कि लड़की के स्वभाव को आमूल बदलना ज़रूरी है। उसके स्वभाव को लेकर संस्कृति में गहरे गड़ा संशय कई पहलुओं से देखा समझा जाने योग्य है। इन पहलुओं को तीन वर्गों में रखकर देखा जा सकता है—पहला, स्त्री की अविश्वसनीयता से सम्बन्ध रखने वाले विचारों का आयाम; दूसरा, उसकी अमिट अशुद्धता का, और तीसरे में शामिल है लड़की की यांत्रिक उपयोगिता का सुरक्षित दोहन करने की तरकीबें। इन तीन आयामों की पड़ताल करके भो यदि हम अपने बीच बड़ी होती बालिकाओं की पीड़ा न भाँप सकें, तभी यह सिद्ध होगा कि संस्कृति की धारा में हम कितना गहरे डूबे खड़े हैं, ऐसी समाधि की अवस्था में जिसे मात्र तार्किक विश्लेषण से कोई खतरा नहीं है। इस विश्लेषण का पाठक यदि पुरुष है तो उसे एक ऐसी संवेदना को अपने भीतर जन्म लेने देना होगा जो आसपास के माहौल में कोई भविष्य सहारा या पोषण न तलाशे। यदि आप स्त्री हैं तो इस विश्लेषण को पढ़ कर आप सम्भवतः उस सुदूर का सपना देख सकेंगी जब लड़कियाँ उस तरह की स्त्री बनने से इंकार कर देंगी जैसी आपको बनाया गया।

लड़की को बालिका से स्त्री बनाने के अभियान में निरन्तर ऊर्जा देने वाला संशय जिन अवधारणाओं में जड़ें पसारे है, उनमें सबसे पहले स्त्री के प्रति अविश्वास

आता है जो दरअसल कई अवधारणाओं का गुच्छा है। स्त्री के प्रति अविश्वास का आधार उसकी सामान्य यौनिकता को पुरुष के लिए एक खतरे के रूप में देखने का विचार है। इस विचार की परम्परा लम्बी और बुनावट जटिल है। परम्परा सिर्फ़ भारत की नहीं है, न ही उसका दायरा हिन्दू मान्यताओं तक सीमित है। ब्रह्मचर्य जैसा शीर्षक हमें यह सोचने नहीं देता कि स्त्री के प्रति अविश्वास की बुनावट में निहित डर, घृणा, लालसा और हिंसा का तानाबाना पुरुष को किस कदर कसी हुई सामाजिक पोशाक पहनाता है। ये चारों भाव स्त्री की यौनिकता में केन्द्रित हैं और पुरुष को यह छूट देते हैं कि वह स्त्री की यौनिकता को पूर्णत: अपनी दृष्टि और ज़रूरतों में लीन होकर रचे और इस रचना के आधार पर स्त्री को जिन्दा रखने के लिए सामाजिक विधानों का एक हाशिया बनाए। हाशिए के पार पुरुष स्वयं जब तब मर्जी से जाता है, मगर स्त्री को इस पार आने की सुविधा नहीं है, इजाजत भी नहीं है, सिवाय एक शर्त के तहत, कि वह अपना आत्मसम्मान पुरुष के पास गिरवी रख दे।

स्त्री की अविश्वसनीयता सिद्ध करने वाले आख्यान हमारे वातावरण का हिस्सा हैं और यह नितान्त असम्भव है कि कोई बालक या बालिका इनसे प्रभावित हुए बग़ैर वयस्क बन जाए। स्त्री पर सन्देह करना वाजिब है, इस मान्यता का हर पीढ़ी में पुनरारोपण करने के लिए सीता की अग्निपरीक्षा की कथा ही काफी है। ऐसी कठोर परीक्षा देने के लिए सीता की पहल और राम की स्वीकृति की कथा समझने के लिए हमें उन तर्कसरणियों में उतरना पड़ेगा जहाँ राम के व्यक्तिगत व राजसी रूपों में फ़र्क़ करना ज़रूरी माना जाता रहा है। 'समझने' से आशय यहाँ आत्मसात करने से अलग है; भले आमतौर पर समझने का आशय आत्मसात करना माना जाता है। इस प्रसंग में समझने के रास्ते में मुख्य बाधा ही यह है कि हम सीता की अग्निपरीक्षा की कथा को आत्मसात कर चुके हैं अर्थात उसे अपनी मानसिक दुनिया का ढाँचा बना चुके हैं। इस ढाँचे की मजबूती और हमारे मानस में उसकी साँचे जैसी उपस्थिति हमें किसी प्रश्न या सन्देह के पैदा होने से पहले 'समझा' देती है कि जब सीता जैसी महान स्त्री को अपनी विश्वसनीयता सिद्ध करने के लिए आग में घुसना पड़ा तो सामान्य स्त्रियों की क्या बिसात यानि उन्हें सर्वदा सन्देह के घेरे में रहने की आदत होनी चाहिए। इस सरल सत्य को किसी पुष्टि की ज़रूरत नहीं है कि सीता के सामने अग्निपरीक्षा देने के सिवाय कोई चारा नहीं था। वाल्मीकि के शब्दों में राम ने सीता से कहा था—

*क: पुमांस्तु कुले जात: स्त्रियं परगृहोपितास्।*
*तेजस्वी पुनरादद्यात् सुन्हल्लोभेन चेतसा॥*

(कौन ऐसा कुलीन पुरुष होगा, जो तेजस्वी होकर भी दूसरे के घर में रही हुई स्त्री को, केवल इस लोभ से कि वह मेरे साथ बहुत दिनों तक रह कर सौहार्द स्थापित कर चुकी है, मन से भी ग्रहण कर सकेगा।)

*रावणाङ्कपरिकिलष्टां दृष्टां दुष्टेन चक्षुषा।*
*कथं त्वां पुनरादद्यां कुलं व्यपदिशन्महत्॥*

(रावण तुम्हें अपनी गोद में उठाकर ले गया और तुम पर अपनी दूषित दृष्टि डाल चुका है, ऐसी दशा में अपने कुल को महान बताता हुआ मैं फिर तुम्हें कैसे ग्रहण कर सकता हूँ?)

*यदर्थे निर्जिता में त्वं सोऽयमासदितो मया।*
*नास्ति में त्वय्यभिष्वङ्गो यथेष्टं गम्यतामिति॥*

(अत: जिस उद्देश्य से मैंने तुम्हें जीता था, वह सिद्ध हो गया—मेरे कुल के कलंक का मार्जन हो गया। अब मेरी तुम्हारे प्रति ममता या आसक्ति नहीं है; अत: तुम जहाँ जाना चाहो, जा सकती हो।)

*तद् व्याहतं भद्रे मयैतत् कृतबुद्धिना।*
*लक्ष्मणे वाथ भरते कुरु बुद्धिं यथासुखम्॥*

(भद्रे! मेरा यह निश्चित विचार है। इसके अनुसार ही आज मैंने तुम्हारे सामने ये बातें कही हैं। तुम चाहो तो भरत या लक्ष्मण के संरक्षण में सुखपूर्वक रहने का विचार कर सकती हो)

जब कोई दस ग्यारह बरस की बालिका यह आख्यान सुनती है (और प्राय: इस उम्र तक पहुँचने से पहले वह इसे किसी न किसी रूप में कई बार सुन चुकी होती है भले उतने विस्तार में नहीं जितना वाल्मीकि रामायण में मिलता है) तो बग़ैर समझाए मन ही मन समझ लेती है कि सीता ने अग्निपरीक्षा देने की ज़रूरत क्यों महसूस की होगी और उनके पास इसके क्या विकल्प थे।

इस दृष्टि से देखें तो अग्निपरीक्षा एक परीक्षा नहीं थी। परीक्षा उसे कहते हैं जिसमें भाग लेने के पीछे कोई विकल्पबोध हो। सीता के सन्दर्भ में इन दोनों शब्दों—परीक्षा और इच्छा—पर थोड़ा रुककर विचार करना आवश्यक है। परीक्षा का एक अर्थ, जो इस शब्द की मुख्य प्रयोगभूमि है, अपनी योग्यता सिद्ध करने का अवसर है। दूसरा अर्थ, जो परीक्षा की व्यंजनाभूमि है, जाँच है। स्कूल में चोरी हो जाने पर अध्यापक हर बच्चे की परीक्षा इस नाते ले सकता है कि सच्चाई पता

लग जाने तक हर बच्चे पर सन्देह करना एक तार्किक ज़रूरत है। चोरी के बारे में पूछताछ या बच्चे द्वारा की गई मनाही के हर आयाम को टटोलना एक तरह की परीक्षा है जिसे निस्संकोच लेने का अधिकार शिक्षक को उसकी हैसियत के कारण मिला है। मुझे आशा है कि सीता की अग्निपरीक्षा को इस तरह की परीक्षा की श्रेणी में रखना चाहने वाले पाठक विरल होंगे। भले ऐसे पाठकों की संख्या दो चार ही हो, उनकी बात पर विचार करके ही हमें परीक्षा के पहले अर्थ पर लौटना चाहिए। इन पाठकों को लगा होगा कि सीता की अग्निपरीक्षा हो लेने देने का निर्णय आख़िर एक अपराध की आशंकावश लिया गया होगा। यह निर्णय सीतापति राम का था या अयोध्यापति राम का, इस बात से इतना ही फ़र्क़ पड़ता है कि निर्णय में कितने लोग भागीदार थे और क्या मौके पर मौजूद गवाहों को भी निर्णय में भागीदार माना जाए। मगर इस प्रश्न से परीक्षा के मूल विचार पर कोई विशेष फ़र्क़ नहीं पड़ता। यह एक सार्वजनिक परीक्षा थी जिसका, कम से कम, घोषित उद्‌देश्य जनमन में उठ सकने वाली आशंकाओं का निवारण था। निरुपाय सीता की 'स्वेच्छा' से एक सार्वजनिक परीक्षा के आयोजन का निर्णय लेने से राम इस बात को लेकर निश्चिन्त हो गए होंगे कि परीक्षा का परिणाम जो भी होगा, उनके पक्ष में होगा : यदि सीता अग्नि से सुरक्षित रहती हैं तो और जल जाती हैं तो भी, अर्थात दोनों ही स्थितियाँ राम की चिन्ता दूर करेंगी। भले ही दूसरी स्थिति में उन्हें एक पति के नाते मानसिक कष्ट पहुँचे। अग्निपरीक्षा में अनुत्तीर्ण रहने की स्थिति में सीता राम के राजारूप को और भी ज़्यादा इस नाते निखारतीं कि पति रूप में उन्हें मानसिक क्लेश पहुँचा चुकी होतीं। उस कष्ट के स्वरूप का विश्लेषण हम न भी करें तो भी यह स्पष्ट है कि अग्निपरीक्षा होने देने का निर्णय प्रशासक राम के लिए एक सुरक्षित निर्णय था।

अब हम इस परीक्षा को 'देने' वाली सीता के नज़रिए पर आते हैं। परीक्षा की अवधारणा का यह अपेक्षाकृत ज़्यादा सामान्य अर्थ है जिसके अनुसार वह अपनी योग्यता का प्रमाण पाकर दूसरों की दृष्टि में एक सीढ़ी ऊपर चढ़ जाने का जरिया होती है। इस अर्थ में परीक्षा देने का फैसला यदि पूरी तरह परीक्षार्थी का न भी हो, तो भी एक हद तक अवश्य होता है। परीक्षा से डरने वाले बच्चे को मानसिक रूप से तैयार करना माता-पिता या शिक्षक का काम होता है। बच्चे को परीक्षा देने के लिए राजी करने में उसे यह समझाना शामिल रहता है कि परीक्षा देना न केवल उसके हित में है, बल्कि परीक्षा देकर और उसमें उत्तीर्ण होकर वह आज के मुकाबले बेहतर माना जाएगा। बेहतर हो जाने का एक आयाम दूसरों की नज़र में एक सीढ़ी ऊपर चढ़ जाना होता है। सीता के आख्यान में यह आयाम स्पष्ट ही प्रासंगिक है यद्यपि वहाँ सवाल एक सीढ़ी चढ़ने का उतना नहीं, कई सीढ़ियाँ लुढ़कने से बचने

का अधिक था। मगर यह अन्दाजा लगाना व्यर्थ ही है कि परीक्षा 'देने' की इच्छा सीता ने किस उपलब्धि या प्रमाण की चाह में व्यक्त की होगी। यह प्रश्न बेमानी इस कारण है कि अग्निपरीक्षा देने को लेकर सीता के पास कोई विकल्प नहीं था। वाल्मीकि रामायण में दिए गए विवरण को आधार मानें तो स्पष्ट दिखता है कि सीता अपने पक्ष में सम्भव तर्क ही नहीं दे चुकी थीं, वे भावनात्मक रूप से चकित, विह्वल और विकल होने के बाद विवशता की अवस्था में पहुँच चुकी थीं। वे अग्नि के परीक्षक रूप यानि स्त्री की अग्निपरीक्षा के विचार से ज़रूर पूर्वपरिचित रही होंगी। यह समूचा प्रसंग इस विचार की उस युग में सांस्कृतिक उपस्थिति सिद्ध करता है कि स्त्री की शुद्धता उतनी ही नाजुक है जितनी अग्नि की शोधक निर्ममता, अत: इस रहस्य का उद्घाटन कि कोई स्त्री पूर्णत: शुद्ध बनी हुई है या नहीं, अग्नि जैसा निर्मम परीक्षक ही कर सकता है जो स्त्री को छिपने या अपने अनुभव को छिपाने के लिए कोई स्थान न छोड़ता हो। ऐसे मान्य विचार पर आधारित परीक्षा से अपरिचय का भाव दिखाना एक तरह से उसमें बैठने से मना करने या डरने जैसा होता। यह रास्ता सीता के लिए बन्द था। वे परीक्षा 'दे' नहीं रही थीं, उनसे यह परीक्षा 'दिलाई' जा रही थी—भले हम इसे जबरन कहें या 'आयोजित करने' जैसे नरम जुमले का प्रयोग करें।

यहाँ यह याद करना प्रासंगिक रहेगा कि आग के सन्दर्भ में स्त्री का परीक्षार्थी रूप हमारी सभ्यता के अन्य आख्यानों में इसी तरह की विवशता लिए उभरता है। सती हो या जौहर, स्त्री के सन्दर्भ में आग से जुड़े ये लोकाचार उसकी सहमति का मर्म लपेटे रहते हैं, पर उनमें सहमति या मति की गुंजाइश नहीं होती। स्त्री को विवश होता देखने की सामूहिक इच्छा का संस्कार उसे आग में झोंकने का दृश्य रचे या उसके कपड़े हटाने का (जैसा कि द्रौपदी के साथ हुआ), अन्तत: वह नारी को स्थायी और अनिवार्य रूप से निर्बल सिद्ध करने के प्राचीन अभियान का हिस्सा है। कोई स्त्री या बच्ची जब भी, छोटी से छोटी दैनिक पारिवारिक घटना में भी, सबल दिखने का प्रयास करती है तो वह एक पुरातन सामाजिक संस्कार को छेड़ने का ख़तरा मोल ले रही होती है। इस ख़तरे की गहराई में जाने का क्षण आ पहुँचा है और हम भाग्यशाली हैं कि इस दुर्गम, दर्दनाक यात्रा में जानकी जैसा महान चरित्र हमारे साथ है। मैं जानबूझ कर यहाँ सीता को उनके पैतृक नाम से याद कर रहा हूँ। जो विश्लेषण हम अब करने जा रहे हैं, उसका उद्देश्य सिर्फ़ उस सीता को समझना नहीं जो पत्नी की भूमिका निभा रही थीं, बल्कि उस बेटी को समझना भी है जिसे उसके पिता ने इस तरह बड़ा किया होगा कि वह पत्नी की भूमिका निभा सके।

कल्पना कीजिए कि सीता अग्निपरीक्षा का प्रस्ताव न रखतीं। इस सम्भावना के कम से कम तीन चरण हो सकते थे—एक, यह परीक्षा जिस सन्देह का निवारण करती है, वह अनुचित है; दूसरा, ऐसा सन्देह करने का अधिकार मैं किसी को नहीं दूँगी; तीसरा, परीक्षा मेरी ही क्यों ली जाए। इन तीन में से पहला कारण ही सम्भाविता के दायरे में आता है, शेष दो पात्र तार्किक कल्पनाएँ हैं क्योंकि सन्देह और उसकी पुष्टि या निर्मूलन का अधिकार सीता के पास होना सम्भाविता के दायरे में नहीं था, वरना वे अग्निपरीक्षा जैसी खतरनाक यातना भोगती ही क्यों। पहला कारण इसलिए भी विचारणीय है क्योंकि इसमें निहित प्रश्न एक संवाद है जो अग्निपरीक्षा के वैकल्पिक परिणामों को लेकर चलाया जा सकता है—

| विकल्प | परिणाम |
|---|---|
| 1. परीक्षा से गुजरना | जल जाना |
| 2. परीक्षा न देना | बच जाना |
| 3. परीक्षा से गुजरना | बच जाना |

परीक्षा से गुजरना अथवा न गुज़रना यदि सीता के हाथ में होता, तो भी ऊपर दी गई तालिका में विकल्प संख्या एक और दो के परिणाम समान रूप में गम्भीर होते। इतना तय है कि आग से किसी भी तरह का डर या उसमें प्रवेश करने से संकोच सीता को अग्निपरीक्षा लिए जाने योग्य सिद्ध करता। चुनौती शायद धधकती आग में प्रवेश करके बग़ैर जले निकल आने की नहीं थी; चुनौती तो आग से सामान्य मनुष्य को लगने वाले भय से मुक्त दिखने की थी। यदि ऐसी निडरता स्त्री के उस अमानवीय या देवी रूप का लक्षण है जिसकी चर्चा महादेवी वर्मा ने 'शृंखला की कड़ियाँ' में जगह-जगह की है, तो हम इस रूप के मनोवैज्ञानिक निहितार्थों की कल्पना कर सकते हैं। वाल्मीकि ने सीता के अग्निप्रवेश के समय उठे सामूहिक कोलाहल का चित्र खींचा है। आग की ओर बढ़कर उसमें प्रवेश कर जाने में निहित उनकी निडरता को देख कर अग्निपरीक्षा के साथ उठे कोलाहल के चलते आग से सीता को पहुँची स्वाभाविक शारीरिक क्षति की ओर शायद ही किसी का ध्यान गया हो। वाल्मीकि रामायण का विवरण भी यहाँ हमारा सांसारिक साथ नहीं देता। अग्निपरीक्षा में उत्तीर्ण सीता आख्यान के धरातल से उठकर मिथक की पूर्णता पा जाती हैं जहाँ समीक्षाकर्म आस्था का मोहताज हो जाता है, विश्लेषण की सम्भावना खो बैठता है—

*तरुणादित्यसंकाशां तप्तकाञ्चनभूषणाम्।*
*रक्ताम्बरधरां बालां नीलकुञ्चितमूर्धजाम्।*
*अक्लिष्टमाल्याभरणां तथारूपामनिन्दिताम्*
*ददौ रामाय वैदेहमिङ्के कृत्वा विभावसुः॥*

(सीता जी प्रातःकाल के सूर्य की भाँति अरुण पीत कान्ति से प्रकाशित हो रही थीं। तपाए हुए सोने के आभूषण उनकी शोभा बढ़ा रहे थे। उनके श्रीअङ्गों पर लाल रंग की रेशमी साड़ी लहरा रही थी। सिर पर काले-काले घुँघराले केश सुशोभित होते थे। उनकी अवस्था नई थी और उनके द्वारा धारण किए गए फूलों के हार कुम्हलाए तक नहीं थे। अनिन्द्य सुन्दरी सती साध्वी सीता का अग्नि में प्रवेश करते समय जैसा रूप और वेष था, वैसे ही रूप सौन्दर्य से प्रकाशित होती हुई उन वैदेही को गोद में लेकर अग्नि देव ने श्रीराम को समर्पित कर दिया।)

*अब्रवीत् तु तदा रामं साक्षी लोकस्य पावकः।*
*एषा ते राम वैदेही पापमस्यां न विद्यते।*

उस समय लोकसाक्षी अग्नि ने श्रीराम से कहा—श्रीराम! यह आपकी धर्मपत्नी विदेह राजकुमारी सीता है। इसमें कोई पाप या दोष नहीं है।

इस सार्वजनिक कोलाहल का मुख्य भाव सीता के प्रति व्यक्त की गई शंका के निर्मूल सिद्ध होने से उत्पन्न राहत और ख़ुशी का रहा होगा।

इस समूचे प्रसंग को अब यदि सीता के दृष्टिकोण से देखें तो अग्निपरीक्षा उनके लिए एक चुनौती नहीं, लाचारी रही होगी। वे कितने ही मनोबल की धनी रही हों, अग्निपरीक्षा का प्रस्ताव रखकर परीक्षा के दौरान जल जाने के डर का विचार उनके मन में जलने की यातना से भी ज़्यादा भयानक परिणाम की आशंका लाया होगा। डर या संकोच का कोई भी लक्षण दिखा कर वे परीक्षा के पहले ही अनुत्तीर्ण हो जातीं! आग का मानवोचित डर किसी प्रकार अपने चेहरे पर आने देना उन्हें महँगा पड़ता, यह बात उनके मन में उस दिन यकायक नहीं आई होगी, बचपन में हुए लम्बे समाजीकरण की पूर्वनिश्चित परिणति रही होगी। लड़कियों को बालसुलभ गोपनीयता की इच्छा से मुक्त कराने का प्रयास परिवारों में आज भी उतनी ही एकाग्रता से किया जाता है जितनी उन्हें बड़ों की पैनी निगाह से बिंधने के डर को दबा लेने का अभ्यास कराने में देखी जाती है। इस तरह के प्रसंग भी जानकी ने अवश्य सुन रखे होंगे जिनमें कोई भेद पता न चल पाने पर आग से परीक्षा ली जाती है। आग में प्रवेश करते समय यदि कोई मानवोचित डर उठा भी हो तो वह आग के क़रीब जाने से लगने वाले भय से कहीं ज़्यादा वास्तव में जल जाने का रहा होगा क्योंकि

जल जाने पर भी वे अपने चरित्र को लेकर उठ रहे प्रश्नों का औचित्य सिद्ध करतीं। सीता के सामने कोई विकल्प नहीं, एक स्थिति थी जिसकी सीमाएँ एकदम स्पष्ट थीं। आग में जल कर यानि क्षति—भले वह सांकेतिक ही हो—पाकर वे वही सिद्ध करतीं जो आग में प्रवेश करने से मना करके करतीं। वे एक ऐसे अर्थ में विवश कर दी गईं जो मनुष्य की मूलभूत स्वतंत्रता और गरिमा के खंडन से कम नहीं है। आख़िर वह एक परिस्थिति विशेष में उन पर थोपी गई लाचारी नहीं थी, ऐसी विवशता थी जो उनके स्त्री होने को चरितार्थ करती थी। इस निष्कर्ष की अतिरिक्त पुष्टि हभ एक साधारण-सा प्रश्न पूछ कर प्राप्त कर सकते हैं जिसका जवाब हर बच्ची भी जानती है। प्रश्न है कि सीता के स्त्री होने में वह क्या था जो उनके लंका में बिताए दिनों को प्रश्नों के घेरे में लाता था? यह एक बुनियादी प्रश्न है जिसके प्रकाश में हम लड़कियों के समाजीकरण का गहनतम अँधेरा देख सकेंगे। प्रश्न का उत्तर ढूँढ़ने का एक रास्ता सीता की परीक्षा के माध्यम को समझने का है।

आग विश्व की कई संस्कृतियों में मनुष्य की हिम्मत जाँचने, परखने का माध्यम मानी गई है। वैसे भी आग में कूद पड़ना एक मुहावरे के तौर पर निर्णय का बोध कराता है। मनुष्य के धैर्य का अन्त हो जाना कठिनतम काम करने का फैसला लेने का रूप बन जाता है। आग की मदद से स्वयं को दोषमुक्त सिद्ध करने का यह आख्यान स्त्री के नारी रूप की सबसे सहज सीमा का बोध कराता है। सहज यह इसलिए है क्योंकि नारी होने के नाते 'शुद्धता' के अविजेय संघर्ष में रत रहने की हर स्त्री की अनिवार्यता इस अभियान से सीधे-सीधे समझी जा सकती है। मेरा अनुमान है कि बालिका से किशोरी बनने की संक्षिप्त कथा में यह अभियान अवश्य एक विशेष भूमिका निभाता होगा। सीता के जीवन में और भी प्रसंग हैं जो बालिका को स्त्री बनाने में काम आते होंगे, पर नारी बनाने में अग्निपरीक्षा के अभियान जैसा सार्थक शायद ही कोई प्रसंग हो। 'स्त्री' और 'नारी' में फ़र्क़ करना उपयोगी है। यह प्रश्न किशोरावस्था के 'समाप्त' होने तक ज़्यादातर लड़कियों को 'समझ' में आ जाता है कि सामाजिक एजेंडा, अर्थात उन्हें 'नारी' बनाने का प्राचीन अभियान, इतना विस्तृत है कि व्यक्तिगत अभिलाषाओं के लिए अर्थात 'स्त्री' का जीवन जीने की, जगह बहुत तंग है। (पिछले दोनों वाक्यों में इतने शब्दों को उल्टे अर्धविरामों से घेरना पड़ा है क्योंकि हमारी भाषा का कोई स्वीकृत स्त्री संस्करण उपलब्ध नहीं है; हर बात को नए सिरे से देखे जाने की ज़रूरत है।) भारतीय अन्तर्मन में इस अभियान का स्थान बहुत गहरा है। निश्चय ही हम इस स्थान का निर्धारण अचेतन, यानि सामूहिक मानस के शक्तिकेन्द्र में कर सकते हैं। इस शक्तिशाली हैसियत का कारण सिर्फ़ यही नहीं है कि अभियान सीता से जुड़ा है, बल्कि यह भी है कि इस

अभियान के ज़रिए मनुष्य के नारी रूप को मानव होने के तहत मिली हैसियत नर के मुकाबले दोयम दर्जे की बन जाती है। आगे बढ़ने से पहले ज़रूरी है कि मैं अपनी एक दुविधा पाठकों के सामने रखूँ। सीता की कथा यद्यपि आस्था की परम्परा के अन्तर्गत साहित्य का विषय बनी रही है, उसके प्रभाजगत को एक धर्मविशेष की परिधि में रखना ठीक न होगा, भले प्रभाव जगत की दृष्टि से ऐसा करना उचित हो। प्रभा और प्रभाव में अन्तर यही है कि जहाँ प्रभा सामाजिक जगत के बाशिन्दों के मन में फैली रहती है, प्रभाव उनके व्यवहारों में प्रकट होता है। मन की गहराइयों में झाकें तो मेरा अनुमान है कि स्त्री को लेकर भारत के बहुधर्मी समाज में दृष्टि की विविधता इतनी नहीं है कि सीता की कहानी को सिर्फ़ उस समाज के लिए प्रासंगिक माना जाए जिसे हिन्दू कहते हैं।

सीता की परीक्षा के माध्यम अग्नि का मनुष्य के इतिहास में स्थान ज़मीन और जल तथा वायु से ज़्यादा नाटकीय रहा है और विभिन्न सभ्यताओं में अलग अलग ढंग से व्यक्त हुआ है। आग की नाटकीयता एक प्राकृतिक देन है क्योंकि हवा, ज़मीन और पानी की तरह आग हमेशा नहीं रहती, परिस्थिति विशेष के लिए आयोजित की जाती है। एक बार लग जाने पर वह अपने में पूर्णता लेकर ही अभिव्यक्त और शान्त होती है, अर्थात उसे कितना ही नियंत्रित किया जाए, उसका बुनियादी रूप नहीं बदलता। हम एक दियासलाई जलाएँ या लकड़ियों का विशाल ढेर, आग का स्वरूप वही होगा; दोनों की आग में वैसा अन्तर नहीं होगा जैसा कटोरी में रखे पानी और झील या सागर में होता है। कटोरी में रखे पानी से तालाब की लहरों या पारदर्शी गहराई की अनुभूति नहीं पाई जा सकती, लेकिन दियासलाई की ज्वाला में वही दीप्त गर्मी और अँधेरे के नाश की क्षमता होती है जो प्रेमचन्द की 'पूस की रात' की आग में है। आग के स्वरूप या चरित्र में भी हम वैसी विविधता नहीं देख सकते जैसी पानी, ज़मीन या हवा में देखते हैं। कम या ज़्यादा मात्रा में पानी और धीमी या तेज हवा का चरित्र व प्रभाव बहुत भिन्न होता है, मगर आग कितनी ही छोटी या बड़ी हो, उसका स्वभाव विनाशक ही होगा। जो भी उसके सम्पर्क में आएगा, जलेगा। ठंड से बचने के लिए आग का लाभ तभी तक मिलता है जब तक हम उसका ताप थोड़ी दूर बैठ कर लेते हैं। आग को छूने का अर्थ है जल जाना। यह बात एक बच्चा भी समझता है और यदि नहीं समझता तो एक बार के अनुभव से ही इतनी पूर्णता से समझ लेता है कि दुबारा स्पष्ट करने की ज़रूरत नहीं रह जाती। एक और बात आग के प्रकाश में छिपी है। आग छिपाई नहीं जा सकती; वह एक तरह की घोषणा है—विद्रोह और समर्पण की संयुक्त घोषणा—जो सांसारिक नैराश्य को नष्ट करने का वायदा करती है। घर के जिस हिस्से में आग

की नियमित उपस्थिति सुनिश्चित है, वही हिस्सा अर्थात रसोई स्त्री की पारम्परिक दैनिक कर्मभूमि है। अग्नि से प्रतिदिन का रिश्ता बनाने वाली नारी यदि अपनी अस्मिता पर प्रश्नचिह्न लगाए जाने के क्षण में आग की लपटों को समाज की निष्ठुरता के मुकाबले वरणीय पाए तो इसमें आश्चर्य कैसा?

इस संक्षिप्त विश्लेषण से हम अन्दाजा लगा सकते हैं कि अपनी परीक्षा अग्नि के माध्यम से दिखाने का लाक्षणिक अर्थ क्या है। अग्नि यदि निर्णय की नाटकीयता का प्रतीकार्थ लिए है तो उसे अपना परीक्षक नियुक्त करने वाली नारी स्वयं इस सत्य का लक्षण बन गई कि संसार में अँधेरा ही अँधेरा है। उसका निर्णय यह सन्देश है कि 'मैं स्वयं जल कर इस अँधेरे को, क्षण भर के लिए ही सही, दूर करूँगी।' जैसा यह संसार है, इसे पुरुष ने अपने को केन्द्र में रखकर बनाया है। नारी के साथ यहाँ, इसकी मौजूदा संरचना में न्याय असम्भव है। इस संरचना में नारी, महादेवी के शब्दों में, 'जन्म से अभिशप्त, जीवन से सन्तप्त' ही रहेगी। वह सती रूप में जीवित जला दी जाएगी या विधवा बनाकर तिल तिल गलाई जाएगी। ये विकल्प परिस्थिति की विविधता भर दिखाते हैं। वह जन्म के साथ ही अवगत हो जाएगी कि उसे बोझ की तरह देखा जाएगा। बालिका बन कर वह बाल्योचित स्वच्छन्दता का अनुभव नहीं कर सकेगी और थोड़ा भी करेगी तो आलोचना और अपमान के पहले सबक सीखेगी। वह किशोर बनने तक सीख लेगी कि उसे केवल इसलिए जीना है कि वह माँ बन सके और यदि कुछ सुख से जीना है तो उसे चाहिए कि पुत्र की माँ बने। माँ बनने में ही उसे अपनी जिजीविषा के विविध रूपों की इतिश्री देखनी होगी और माँ बन कर भी स्वयं को एक शख़्सियत देने की स्पृहा से बचना होगा। पुरुष की दुनिया में वह कभी एक सम्पूर्ण व्यक्ति नहीं बन सकती, मानसिक बल की ज़रूरत पूरी करने के लिए देवी भले बन जाए। अग्नि के सर्वनाशी बल के आगे स्वयं को अरक्षित प्रस्तुत कर देने में स्त्री जीवन की गहनतम दुविधा का समाधान छिपा है। यह दुविधा है एक ओर निरन्तर भय में जीने और दूसरी ओर पूर्ण उत्सर्ग करने की सामर्थ्य के बीच। दुविधा के इन दोनों पहलुओं को शब्दों में पहचानना पर्याप्त नहीं है। भय के साथ उत्सर्ग की निडरता की पहेली हम तब तक नहीं सुलझा सकते जब तक हम भय के दैहिक स्रोत को उसके सामाजिक आवरण से अलग करके पहचान नहीं लेते। ऐसा करने पर ही हमें पता लगेगा कि भय में जीती हुई स्त्री शहादत के अभय का चुनाव कैसे कर लेती है और स्त्री बनने के विकासक्रम में लड़कियों का मानस अपनी सामाजिक भूमिकाओं के निर्वाह की साहसी चेतना पाकर भी देह सीमा से घिरा क्यों रहता है।

छोटी बच्ची को यह संज्ञान कब होता है कि वह असुरक्षित है, इतनी असुरक्षित

कि उसे ख़ुद अपने स्वविवेक से सुरक्षा की ज़रूरत है, सिर्फ़ दूसरों की दृष्टि और ताकत से नहीं? आमतौर पर माना जाता रहा है कि यह संज्ञान किशोरावस्था के आगमन से जुड़ा है क्योंकि तभी बालिका को उसकी माँ बनाने की समझ की सूचना प्राकृतिक और पारिवारिक तथा सामाजिक स्रोतों से मिलती है। यह मान्यता एक बड़े प्रश्नचिह्न की मोहताज है। मनोवैज्ञानिकों ने छोटी बच्चियों के मानस का अध्ययन इस दृष्टि से नहीं किया है कि वे बड़ों की निगाह और प्रतिक्रियाओं में कब यह भाव पहली बार पढ़ती हैं कि उनकी सुरक्षा को लेकर बड़ों की चिन्ता छोटे लड़कों की तुलना में भिन्न है। ऐसे अध्ययनों के अभाव में हमें इस सामान्य अनुभव से काम चलाना होगा कि कम से कम आज की सामाजिक स्थिति में, पांच छः वर्ष की बच्ची को कुछ देर अपने आसपास न पाकर माँ, बाप की आँखों में घबराहट तैर जाती है। पहले या दूसरे दर्जे में पढ़ने वाली लड़कियाँ भी उस चौकसी की आदी हो गई दिखती हैं जो उनके दैनिक जीवन के क्षण क्षण के ब्यौरों की माँग करती है। यह चौकसी प्राइमरी स्कूल से गुजरने तक इतनी गहन हो जाती है कि थोड़ी देर के लिए भी गायब रही लड़की अपने भाई के मुकाबले कहीं ज़्यादा कठोर डाँट की शिकार बनने लगती है। स्त्रीत्व के प्रतीकों से घिरना भी शैशवकाल से शुरू हो जाता है। देश के लगभग किसी भी स्कूल में आप पहले दर्जे की लड़कियों को चूड़ी पहने देख सकते हैं। खेल के मैदान में नर्सरी के बच्चों का आधे घंटे अवलोकन करें तो आपको स्पष्ट हो जाएगा कि बालकों की शारीरिक स्वाधीनता और बालिका की शारीरिक पराधीनता का पाठ आरम्भ हो चुका है। किशोर वय की चौकसी का स्वरूप अभी तक बढ़ती चली आई चौकसी से इस बुनियादी अर्थ में भिन्न होता है कि अब लड़की सिर्फ़ दूसरों के कारण नहीं, स्वयं अपने कारण भी असुरक्षित मानी और देखी जाने लगती है। उसकी असुरक्षा में यह बदलाव और नाटकीय वृद्धि इस गम्भीर सांस्कृतिक पूर्वाग्रह के कारण होती है कि लड़की में स्वयं अपनी यौनकामना पर नियंत्रण रखने की समझ नहीं होती, न ही अपने हित की रक्षा का विवेक, इसलिए उसे सदा आशंकित रहना चाहिए, वरना वह हादसे की शिकार हो जाएगी। हादसा किसी लड़के या पुरुष के हाथों होगा पर उसका दोष उस तरह नहीं देखा जाएगा जिस तरह लड़की का देखा जाना अनिवार्य है क्योंकि लड़के की इच्छा और बेलगाम हो जाने की प्रवृत्ति स्वाभाविक है। युवक को ऐसे रूपकों से नवाजा गया है जो उसकी मस्ती और आक्रामकता को प्राकृतिक गुणों के रूप में चित्रित करते हैं। ये रूपक सिर्फ़ फिल्मी गानों या लोकगीतों में नहीं, 'जूही की कली' जैसी साहित्यिक रचनाओं में भी मिलते हैं। वे हमारे नज़रिए का अंग बन चुके हैं, अतः इतने सत्य लगते हैं कि अब उनका लैंगिक चरित्र हमें नजर नहीं आता।

भारतीय सिनेमा के इतिहास में लड़की की प्राकृतिक सुरक्षा का पाठ शायद ही किसी फिल्म में छूटा हो। इधर के दशकों में इस पाठ की इबारत उपभोक्तावादी संस्कृति की तरह फूहड़ होती चली गई है। हाल की फिल्म 'जब वी मेट' (पाठक ध्यान देंगे कि हिन्दी में लिखे जाने पर अंग्रेज़ी की क्रिया का अर्थ स्वयं कैसे बदल जाता है और फिल्म को अनिर्दिष्ट रूप से ललचाने वाले रूप में वल्गर बनाता है।) में अकेली पड़ गई नायिका के आत्मविश्वास से कुछ कुछ परेशान, सभ्य नायक उसे बाकायदा और निसंकोच 'रेप' किए जाने के डर की उपयोगिता बताते हुए समझाता है कि जवान लड़की खुली तिजोरी होती है। इस फिल्म को लोकप्रियता के अलावा प्रशंसा भी मिली।

स्त्री की इच्छाओं को अथाह और अपूरणीय मानने की दृष्टि के पीछे हमारे समाज में पुरुष की ताकतवर हैसियत और स्त्री संसर्ग से वीर्यनाश के भय का द्वन्द्व छिपा है। स्त्री की सामान्य कामना एक चुनौती ही नहीं, खतरे के रूप में देखी जाती है। लड़के से पुरुष बनने के विकासक्रम में कामचेतना को लेकर शायद सबसे महत्वपूर्ण सीख यही होती है कि स्त्री से बचकर रहो, वरना बर्बाद हो जाओगे। किशोरावस्था के वर्षों में लड़के स्त्री के कुछ निश्चित सामाजिक रूपों को देखने के आदी हो जाते हैं। इनमें से कुछ रूप तो पूर्णतः कामवासना के इर्द-गिर्द चित्रित होते हैं और इन रूपों में पुरुष की अनिवार्य भागीदारी को देख कर भी अनदेखा कर देना एक विशिष्ट प्रकार के सामाजिक प्रशिक्षण का परिणाम होता है जिसे लड़कियाँ समझ ही नहीं सकतीं। स्त्री का देह व्यवसाय रूप इस स्थिति का श्रेष्ठ उदाहरण है। देह व्यवसाय की विवशता में जी रही स्त्री पुरुषों की वासना की पूर्ति करती है, किन्तु युवक हो रहे किशोर को स्त्री के इस रूप में भी नारी की कामुकता का प्रमाण ही नज़र आता है, एक पुरुष केन्द्रित संसार की बर्बरता नहीं। युवक बनते बनते लड़के यह सीख लेते हैं कि स्त्री की कामाग्नि उन्हें भस्म कर देगी, अतः उसके निकट जाना खतरे से खाली नहीं है। बच्चन ने अपनी आत्मकथा में विवाह के पूर्व की यौन चिन्ता का जो थोड़ा बहुत विवरण दिया, उसे हल्के फुल्के ढंग से देखा जाना स्वाभाविक है, क्योंकि स्त्री से निपटने की फ़िक्र और तैयारी संस्कृति के इतने गहरे भय की तरह पुरुष में उतारी जाती है कि उसे किसी विकृति की तरह गम्भीरतापूर्वक देखना सम्भव नहीं रह जाता, और इस मान्यता के चलते ज़रूरी भी नहीं लगता कि धीरे धीरे सब ठीक हो जाता है। हाँ, कई लोगों के जीवन में धीरे धीरे सब 'ठीक' हो जाता होगा, मगर सभ्यता अपने ढर्रे पर चलती रहती है। महादेवी ने 'शृंखला की कड़ियाँ' में इसीलिए एक बड़ी परिधि चुनी जिसमें वर ढूँढ़ने की दैनिक असभ्यता से लेकर लाठियों से ठेल ठेल कर नगाड़ों की आवाज़ के बीच स्त्री को जिन्दा जलाए

जाने की रस्म शामिल है। उनकी इस पुस्तक का दूसरा अध्याय 'युद्ध और नारी' इस बात का पर्याप्त संकेत देता है कि महादेवी का विषय नारी की वेदना नहीं है, एक ऐसी सभ्यता की समीक्षा है जिसने नारी के सामने इन दो में से एक विकल्प चुनने की सीमा बना दी है कि वह या तो पुरुष का अनुकरण करती जाए या फिर पुरुष का अनुसरण करे। अनुकरण करने पर नारी उस युद्धोन्मुख संस्कृति में शामिल हो जाएगी जिसे पुरुष केन्द्रित समाज रोज जीता है। एक नई मानवीय संस्कृति के जन्म की सम्भावना बन्द रहेगी। इस सम्भावना को वैचारिक स्तर पर खोलने के लिए हमें पुरुष के भीतर रहने वाले स्त्री भाव और स्त्री के भीतर उपस्थित पुरुष भाव को स्वीकृति देनी होगी और स्त्री पुरुष युग्म को परस्पर विरोधी प्रवृतियों का समास मानना छोड़ना होगा। यह मनोव्याकरणिक क्रान्ति सिर्फ़ शब्दों या क़ानूनों से नहीं लाई जा सकती, हालाँकि वे थोड़ी बहुत मदद कर सकते हैं।

युवकों के स्वीकृत आचार व्यवहार से लगातार पोषण पाने वाले स्त्री विरोधी वातावरण में रात दिन साँस लेती लड़कियाँ अपनी कामचेतना की अभिव्यक्ति का संकेत पाते ही आत्मशंका से घिर जाती हों तो क्या आश्चर्य? अपराधबोध की वृत्ति लड़की के समाजीकरण का सामान्य पहलू है जिसके तहत किसी भी तरह की समस्या या कमी के लिए ख़ुद को ज़िम्मेदार मानना लड़कियों को निरन्तर एक असाध्य पूर्णता के लिए संघर्ष से पैदा होने वाली थकान दिए रहता है। तीसरी तरफ़ वे अपने शरीर को लेकर लड़कों की अपेक्षा कहीं अधिक सचेत बनाई जाती हैं। वे कितनी ही लगन से स्कूल या कॉलेज की पढ़ाई करें, उनकी अस्मिता में स्वयं की बौद्धिक छवि के मुकाबले शारीरिक छवि कहीं ज़्यादा मजबूत बनी रहती है। मैं सुन्दर हूँ या कुरूप, यह प्रश्न उन्हें लगातार स्वयं को दूसरों की निगाह से देखने के लिए विवश करता रहता है। सुन्दर दिखने पर अवांछितों को आकर्षित कर बैठने का डर और सुन्दर न माने जाने पर अविवाहित रह जाने का डर किशोरावस्था से बहुत पहले शुरू हो जाता है लेकिन किशोरावस्था के लक्षण प्रकट होने पर शरीर की सीमाओं में चेतना की गिरफ़्तारी पहले से कहीं ज़्यादा कठोर हो जाती है। बचपन में शिक्षा के ऐसे साधनों और अवसरों का अभाव, जो बुद्धि और कल्पना के दरवाजे खोल सकें, लड़कियों के जीवन की सामान्य कहानी है। इस कारण किशोर वय में देह को लेकर बनी रहने वाली बेचैनी लड़कियों को कहीं ज़्यादा सालती है। लड़कों के जीवन में इस समय तक रुझानों और रुचियों के कई आयाम खुल चुकते हैं और उनके व्यक्तित्व की बुनियादी पहचान मान लिए जाते हैं जबकि लड़कियों के लिए शरीर, और ख़ासकर चेहरे की, सँभाल रुचि की प्राकृतिक सामान्यता की तरह मन और मानस की दैनिक खुराक बन जाती है। उनकी ऊर्जा का एक बड़ा भाग देह

के हिस्सों की प्रचलित सामाजिक भाषा को अपने व्यवहार में उतारने और अपनी पहचान विकसित करने की स्वाभाविक इच्छा को पूरा करने के लिए शरीर को एक प्रकार की यांत्रिक एकता देने में ख़र्च हो जाता है।

देहकुंठित किशोरी को आत्मशंका की चक्की में पीसने वाला एक और आयाम मासिक स्राव को गन्दगी से जोड़ने का सांस्कृतिक आचार है। नृतत्वशास्त्री लीला दुबे ने स्त्री को स्थायी रूप से अशुद्ध मानने के जो दो आधार भारत के जाति व्यवस्थित समाज में पहचाने हैं, उनमें से एक है मासिक स्राव और दूसरा है शिशु जन्म। इस सम्बन्ध में प्रचलित प्राचीन मान्यताएँ विज्ञान की रोशनी में हटना शुरू हुईं हैं, पर उषा अभी बहुत दूर है। माहवारी का शुरू होना एक नाटकीय परिवर्तन लाता है—लड़की के प्रति किए जाने वाले व्यवहारों में भी और उनसे प्रभावित होने वाली उसकी आत्मछवि में भी। इस घटना की सामान्यता को रेखांकित करने वाला संवाद आज भी पारिवारिक जीवन में दुर्लभ है, यह बात हाल में अखिल भारतीय आयुर्विज्ञान संस्थान द्वारा किए गए सर्वेक्षण ने पुष्ट की है, वैसे तो सर्वविदित ही है। कुमारी पूजन के त्यौहार में घर घर से इकट्ठा की जाने वाली बच्चियाँ एक दिन जब इस अनुष्ठान के लिए अनुपयुक्त हो जाती हैं, तो उन्हें कैसा महसूस होता है, यह किसी की चिन्ता का विषय नहीं होता, एक नियति की तरह माना जाता है। नेपाल में तो बाकायदा देवी मानी गई बच्ची अपदस्थ की जाती है और नई बच्ची को तलाशा जाता है। मासिक धर्म की शुरुआत एक ऐसे गम्भीर पारिवारिक और सामाजिक नाट्य की तरह देखी जाती है जिसमें परिवार के सभी सम्बन्ध इस कारण बदल जाते हैं कि अब से लड़की की दैहिक असुरक्षा एक सुस्पष्ट और निर्णायक आयाम ले लेती है। वह माँ बन सकती है, इस बात का अर्थ एक असुरक्षित और अनिश्चित सामाजिक माहौल में यह होता है कि वह 'माँ बनाई जा सकती है।' सहमा देने वाला यह विचार सैकड़ों रास्तों से लड़की और उसके माँ, बाप व भाइयों तक पहुँचता है। टी.वी. और फिल्मों के वे आम दृश्य जिनमें लड़की को पहले खिलवाड़ी शैली में घेरा जाता है और घेर कर छोड़ दिया जाता है या यदि सन्दर्भ गवारा करे तो बलात्कार का खतरा उभार कर दर्शकों की साँस रोक ली जाती है, किसी लड़की के मन में गहरे उतरने से रह जाएँ, यह सम्भव नहीं लगता। हमें आश्चर्य इस बात पर नहीं हो सकता कि यह निर्दय खेल इतना खुलेआम और मनोरंजन बनाकर कैसे खेला जाता है; आश्चर्य यह है कि लड़कियाँ इसे झेल कैसे लेती हैं।

उत्तर यही है कि वे ऐसे अनुभवों को झेलने के सतत प्रयास में अपनी गरिमापूर्ण अस्मिता को, जो अभी तक तिल तिल करके छीली गई थी, अन्ततः बलि चढ़ा देती हैं। वे आतंक को आत्मा में उतार लेती हैं और अलग अलग ढंग से बदलती हैं।

यह कुछ उसी तरह की बात है जैसे आतंकवादी हिंसा के किसी प्रसंग में भीड़ भरे इलाकों में बम फटने पर बच जाने वाले लोग अलग अलग तरह से घायल होते हैं। मैंने अपने अध्यापक जीवन में हज़ारों लड़कियों को पढ़ाया है; उनमें से ऐसी बहुत कम देखी हैं जिन पर किशोरावस्था के नाटकीय मोड़ पर लगे घाव साफ़ साफ़ न दिखते हों। अपनी शख़्सियत को लेकर आश्वस्त लड़कियाँ सैकड़ों में एक मिलती हैं। उनमें निहित क्षमताएँ विभिन्न संस्थाओं के वातावरण में किस हद तक थोड़ा बहुत खिल पाती हैं, यह एक कठिन प्रश्न है। सामान्य तौर पर हम देखते हैं कि यदि ज्ञान के किसी क्षेत्रविशेष में एक लड़की विशेष सामर्थ्य व रुचि विकसित करने में सफल हो जाती है, तो भी एक लड़की होने के नाते उसे वही सब सन्देह, पूर्वाग्रह और अपमान झेलने पड़ते हैं जो किसी भी लड़की के सामाजिक भाग्य के अंग हैं। किशोरावस्था के दौरान अपनी सामाजिक भूमिका को लेकर पैदा हुआ यह विचार, कि वह कितनी ही शिक्षा पा ले, गृहिणी और माँ बने बग़ैर उसका जीवन सफल नहीं हो सकता, अन्ततः इस निष्कर्ष की ओर ले जाता है कि ज्ञान या कौशलों के क्षेत्र में ऊँची से ऊँची उपलब्धि भी अलंकारिक या आनुषंगिक ही है। यह एहसास आन्तरिक रूप से कितना निराशाजनक होता होगा, इसका अनुमान ही लगा सकता हूँ। इस अनुमान के पीछे शादी या मातृत्व से वंचित लड़कियों की पराजित आत्मा की कई व्यक्तिगत कहानियाँ मैंने अपने अध्यापकीय जीवन में जानी हैं। ऐसी भी कई ज़िन्दगियाँ मैंने क़रीब से देखी हैं जिनमें पढ़ाई अधूरी छोड़ देने का दर्द या फिर पढ़ाई मुश्किल से पूरी करने के बाद लगी नौकरी छुड़वा दिए जाने का दर्द कुछ वर्षों बाद दिखना बन्द हो जाता है, पर साथ में उन आँखों की चमक भी ले जाता है जो मैंने पढ़ाते समय देखी थी।

लड़कियाँ जिन अनुभवों से असुरक्षा का जीवनदर्शन सीखती हैं, उनके उदाहरण देना कठिन नहीं है, पर इस दर्शन की विषयवस्तु का वर्णन करना और समाज की व्यवस्था और संस्कृति पर उसके प्रभाव की मीमांसा करना एक कठिन चुनौती है। निश्चय ही अभी हमारे पास ऐसी भाषा और संवेदी समझ नहीं है जो एक साधारण लड़की के असुरक्षाबोध को शब्दों में उतार सके, ख़ासकर ऐसे शब्दों में जो उस जैसी लड़कियों को प्रामाणिक लगें एवं साधारण लड़कों को इतना संवेदित कर सकें कि वे अपने दिमाग़ व व्यवहार की समीक्षा करने के लिए भावनात्मक रूप से मजबूर महसूस करें। आज उपलब्ध भाषा और अवधारणाओं की सीमा का एक महत्वपूर्ण कारण लड़कियों की ऐतिहासिक चुप्पी है जिसे महादेवी वर्मा द्वारा चिह्नित स्त्री की संज्ञाहीनता से जोड़ कर समझा जा सकता है। लड़कियों की चुप्पी को स्त्री की संज्ञाहीनता का आरम्भिक चरण मानना ग़लत न होगा। महादेवी ने स्त्री

की संज्ञाहीनता को सभ्यता के हज़ारों वर्ष लम्बे इतिहास की देन बताया है। इस इतिहास में स्त्री की भयानक पीड़ा और चीखें दफन हैं। अपनी समझ की सुविधा के लिए हम इस इतिहास को सती के रूप में जबरन जलाई जाती हुई अथवा घेर कर बलात्कार की जाती स्त्री की आख़िरी चीखों की कर्णभेदी आवाज़ की मदद से रूपायित कर सकते हैं। 1988 में बागपत में माया त्यागी के साथ घटी घटना हमें इसी प्रकार की सहायता दे सकती है। यह कहना आवश्यक है कि ऐसी घटनाओं की तुलना किसी पुरुष के साथ की गई भयानक से भयानक जबर्दस्ती से नहीं की जा सकती। भागलपुर में कैदियों को अन्धा बनाने या अपराध कबूल कराने के लिए पुलिस द्वारा दी गई यातना के बर्बरतम प्रसंग पति की चिता पर जिन्दा जलाई जाती या सामूहिक रूप में बलात्कार किए जाने के प्रसंगों से एक बुनियादी अर्थ में भिन्न हैं। यह बुनियादी अर्थ बहुत गूढ़ नहीं है, इसलिए उसे विस्तार में जाकर समझने की ज़रूरत नहीं है। भिन्नता का कारण यह है कि बर्बर यातना दिए जाने का ऐसा एक भी प्रसंग नहीं ढूँढ़ा जा सकता जिसमें कष्ट सहने वाला पुरुष इसलिए भीषण कष्ट सह रहा हो कि वह पुरुष है। इसके विपरीत सती के रूप में जिन्दा जलाई गई या बलात्कार की जाने वाली स्त्री एक असह्य शारीरिक और मानसिक यातना मूलत: इस कारण सहती है क्योंकि वह स्त्री है। जो व्यथा द्रौपदी ने अनेक पुरुषों की उपस्थिति में दु:शासन के हाथों सही, उसे हम किसी पुरुष केन्द्रित आख्यान में नहीं खोज सकते। भरी सभा में द्रौपदी के कपड़े उतार कर उसे अपमानित और विवश महसूस कराना इसीलिए सम्भव था क्योंकि वह स्त्री थी। युधिष्ठिर या भीम के वस्त्र जबरन उतार कर वैसा अपमान नहीं किया जा सकता था। यह इतनी मोटी बात है कि इसे इस प्रकार बता कर लिखना अनेक पाठकों को व्यर्थ लग रहा होगा। लेकिन इसे लिखना इसलिए उपयोगी है कि इसे समझ कर हम शायद द्रौपदी को अपमान सहने के लिए विवश कर दिए जाने की स्मृति और आज तक जारी लड़की और लड़के के मानसिक विकासक्रमों की भिन्नता का सम्बन्ध जानने के लिए उत्सुक महसूस कर सकें।

# न रीति, न नीति

जिसके साथ हमारे सम्बन्धों में कड़वाहट चल रही हो, उसके सामान्य कष्टों की उपेक्षा करना रीतिसम्मत नहीं है। आम तौर पर इसे व्यवहार-कुशलता माना जाता है कि अपने प्रतिपक्षी का हालचाल पूछते रहना चाहिए। पूछना मामूली बात है, कई लोग बाकायदा हमदर्दी जताना जानते हैं और कुछ लोग एक क़दम आगे बढ़कर सम्बन्धों की खटास के बावजूद मदद करने के लिए तैयार हो जाते हैं। इस प्रवृत्ति को पारम्परिक मूल्यों के एक आम गुच्छे की तरह देखा जा सकता है। इस गुच्छे में अजनबी को सत्कार देना, दुश्मन यदि मेहमान बनकर आए तो उसके आराम का ध्यान रखना, प्रतिस्पर्धी के शारीरिक कष्ट का फायदा न उठाना सरीखे व्यवहार शामिल हैं। आज सुबह की भीषण ठंड में कोहरे के बीच दो-चार क़दम रखते हुए मन ने पूछा कि क्या ये मूल्य अब भारत में नहीं रहे?

इस गुच्छे में शामिल कई मूल्य अन्तर्राष्ट्रीय जगत में संस्थाबद्ध हो चुके हैं। 'जिनेवा कन्वेन्शन' के तहत युद्ध में बन्दी बनाए गए शत्रु सैनिकों के भोजन और स्वास्थ्य का इन्तज़ाम करना शामिल है। युद्ध के नियमों में कई बहुत पुराने हैं। उनकी अनदेखी करने और जानबूझकर उन्हें तोड़ने के बीच अन्तर के कई प्रसंग महाभारत में मिलते हैं। ज़रूर यह विषय मनुष्य के इतिहास से जुड़ा हुआ है और हर बड़ी सभ्यता में इसके चिह्न ढूँढ़े जा सकते हैं। बचपन में कई शिक्षक समझाते थे कि लड़ते समय दूसरे को चोट आ गई हो तो लड़ना रोककर पहले उस चोट का इलाज करो। कुछ लड़कों को यह बात स्वयं सूझ जाती थी, बाकी को बतानी पड़ती थी। खेल के दौरान सभी जानते थे और आज भी मानते हैं कि दूसरी टीम में किसी को शारीरिक कष्ट हो तो उसके साथ सावधानी से खेलो।

आपके सम्बन्ध जिससे ठीक न हों, उसके कष्ट की उपेक्षा मत करो।

आशय यह है कि कष्ट या तकलीफ़ दुश्मनी से ऊपर की चीज़ है। प्रकृति के

प्रकोप और मौसमवार चुनौतियों से जूझते हुए बड़े और छोटे या दोस्त और बैरी सभी सिर्फ़ मनुष्य रह जाते हैं। कोई जाड़े में ठिठुर रहा है या गर्मी में प्यासा है, उसकी फ़िक्र करने के लिए टैगोर का 'मानव-धर्म' पढ़ने की ज़रूरत नहीं है। ये बातें बचपन से गुज़रने तक किसी न किसी तरह सब तक पहुँच जाती हैं। तो फिर दिल्ली की सर्दी में खुले आकाश के नीचे बैठे हज़ारों किसानों का कष्ट शासकों को महसूस क्यों नहीं हो रहा? यह प्रश्न किसी भी तरह से राजनीति-प्रेरित नहीं है, पर एक गहन अर्थ में राजनैतिक और हमारे देश के सन्दर्भ में ऐतिहासिक भी है।

यह इतिहास और उससे उपजी राजनीति आधुनिक है। इस राजनीति के जन्मदाता गांधी थे। स्वयं को शारीरिक कष्ट देकर प्रतिपक्षी में मानवीयता जगाना ही उनकी राजनीति थी। इस विचार का आधार कुछ इस तरह रखा जा सकता है कि मनुष्यता हरेक में होती है, पर कई परिस्थितियों में वह सो जाती है। साम्राज्यवाद में कुछ ऐसी परिस्थितियाँ बनाईं कि ब्रिटेन की मानवीयता गहरे दब गई। मानवीयता में सामान्य मानव-बुद्धि भी शामिल है। गांधी ने पाया कि दबी हुई मानवीय चेतना को जगाना सम्भव है। जो अपनी मानवीय चेतना खोकर क्रूर बन बैठा हो, उस पर क्रूरता बरपाना बेकार है। यद्यपि ऐसा करने को मन ललचाता है। हिंसा के लालच की जगह अपने को तकलीफ़ देकर दुश्मन का मन जीत लेना ही महात्मापन है गांधी का। यदि चर्चा का दायरा सैद्धान्तिक रहता तो उनकी तरकीब ख़ारिज़ कर देना आसान हो जाता। चूँकि गांधी जी कई प्रसंगों में अंग्रेज़ों की सरकार की बुद्धि जागृत करने में कामयाब रहे, इसीलिए उन्हें आधुनिक राजनैतिक दर्शनशास्त्र के पाठ्यक्रम में रखा जाता है। भारत की आज़ादी को लम्बे समय तक अपना नेतृत्व देकर गांधी जी ने कई मूल्यों को जन्म दिया, कुछ को धो-पोंछकर सबके सामने पेश किया। ख़ुद को कष्ट देकर अपनी बात पर टिकना इनमें से एक मूल्य है। इस मूल्य का दर्शन करना हो तो कोई किताब पढ़ना या किसी विश्वविद्यालय में दाखिला लेना ज़रूरी नहीं है। भारत की राजधानी की सीमा पर दिखाई दे रहे नज़ारे इसी मूल्य की अभिव्यक्ति हैं। वे नज़ारे गांधी के राजनैतिक प्रयोग की आज तक बनी हुई प्रासंगिकता की अभिव्यक्ति भी हैं।

प्रासंगिकता सफलता की मोहताज नहीं होती। दूर-दूर के गाँवों से दिल्ली आए किसान और उनके संगठन वह सब कर रहे हैं जो गांधी करते, यही उनके दर्शन की प्रासंगिकता मापने का पैमाना है। वह मात्र संयोग नहीं है कि किसान ऐसा कर पा रहे हैं। अपनी बात की सचाई को लेकर समाज का कोई तबका ऐसा नहीं कर सका है। कम से कम इस पैमाने पर नहीं कर सका। अपने-अपने दु:खें का इज़हार सब करते हैं और जब करते हैं तो शेष समाज से अपनी दशा के प्रति सहानुभूति

या कम से कम जिज्ञासा की उम्मीद रखते हैं। बाकी रही सत्ता। वह लोकतंत्र में हस्तान्तरित होती रहती है। इसलिए जो भी पक्ष सत्ता में होता है, उससे यह न्यूनतम अपेक्षा रहती है कि अपनी तकलीफ़ और चिन्ताएँ बता रहे समूह के प्रति आदर दिखाए। आदर में उस शारीरिक और मानसिक कष्ट को लेकर उत्सुकता और फ़िक्र शामिल है जो अपनी दलील रखने वाले लोग परिस्थितिवश भोग रहे हैं। किसानों की तरफ़ से रखी जा रही दलीलों को खारिज करने से कहीं ज़्यादा बुरा है उस कष्ट की उपेक्षा करना जिसे वे आज सार्वजनिक रूप से दिल्ली की सीमाओं पर निडरता और निश्चय के साथ उठा रहे हैं। उन्हें प्रदर्शनकारी कहना उनके सत्याग्रह की अवमानना है।

उनके दैनिक कष्टों की अनदेखी शेष समाज आदतन करता आया है। सब्ज़ी-दाल-रोटी जैसी हर चीज़ की कीमत को लेकर मोलतोल करना शहरी मध्यमवर्ग का अनिवार्य स्वभाव है। वह किसान के जीवन की अर्थव्यवस्था से अपरिचित बना रहता है, स्वयं को चतुर मानता है। इस विशाल वर्ग को थोड़ी-सी असुविधा भी बर्दाश्त नहीं होती। आन्दोलनरत किसानों के लिए यह आसान नहीं है कि वे दिल्ली के नागरिकों को ज़्यादा असुविधा दिए बग़ैर सरकार पर दबाव बना सकें। इस सन्तुलन को बनाए रखने में भी वे गांधी की रीति पर चलते दिख रहे हैं। मगर सत्ता पक्ष किस रीति पर चल रहा है, यह कहना मुश्किल है। वह न तो परम्परागत रीति है जिसमें दूसरे का कष्ट महसूस करना एक बड़ा मूल्य है; न ही आधुनिकता की रीति है जो लोकतंत्र के मूल्यों पर चलती है और प्रतिपक्ष का सच स्वीकारने को हार नहीं मानती। रीति और नीति दोनों खो चुकी सत्ता को शिक्षा के लिए गाँव को शहर आना पड़ा है।

# अन्तरात्मा का मध्यपन्थ

ईराक में अमरीकी और ब्रिटिश फ़ौजों का बेशर्म प्रवेश मेरे मन में वही पुराना प्रश्न जगाता है कि क्या प्रशिक्षित सैनिकों में अन्तरात्मा जैसी कोई आवाज़ बची रहती है और क्या उसे पुकारा या उभारा जा सकता है। जयप्रकाश नारायण ने 25 जून, 1975 की शाम दिल्ली के रामलीला मैदान में पुलिस और सेना के लोगों से कहा था कि अपनी अन्तरात्मा का पालन करें, आदेशों का नहीं। उनके उस ऐतिहासिक भाषण में कही गई अन्य बातों के बीच यह बात उस रात आपातकाल की घोषणा का मुख्य घोषित आधार बनी। इस समूचे प्रसंग में आधुनिक भारत के इतिहास के अनेक बड़े प्रश्न मौजूद हैं जिनका सम्बन्ध इन्दिरा गांधी के रवैए, लोकतंत्र की संस्थायी हालत और पूँजीवादी विकास के अन्तर्विरोधों से है। उन तमाम प्रश्नों की पड़ताल की ज़रूरत स्वीकारते हुए मैं यहाँ उनकी जगह सिर्फ़ एक प्रश्न पर अपना ध्यान केन्द्रित करना चाहता हूँ जिसका सम्बन्ध जे.पी. की सोच से है। मेरे लिए यह उत्सुकता का विषय है कि सेना और पुलिस की अन्तरात्मा का आह्वान जे.पी. ने क्या सोचकर किया—एक तात्कालिक सम्भावना और परिवर्तनकारी ऊर्जास्रोत को टटोलने के राजनैतिक इरादों के तहत या महज एक सैद्धान्तिक कर्म की तहत जो एक बूढ़े नेता की आस्था के साथ-साथ उसकी अधीरता दिखाता था? इन विकल्पों में से अन्ततः जो भी हमें सच के क़रीब लगे, मेरा उद्देश्य कुछ और है। अन्तरात्मा के सन्दर्भ में मेरी वास्तविक उत्सुकता सेना या पुलिस की तरह ही किशोर चेतना का प्रशिक्षण करने वाले स्वयंसेवक संघ को लेकर है। रामलीला मैदान तो उस दौर का आख़िरी मोड़ बिन्दु था। वहाँ तक पहुँचते हुए जिस आश्चर्य से हम सबसे ज़्यादा चौंकते हैं, वह आर.एस.एस. को रैली में दिया गया जे.पी. का प्रशंसात्मक वक्तव्य था। उस वक्तव्य को समझना आज इतने वर्ष बाद भी मुझे कठिन लगता है।

शुरुआती तौर पर हम यह मानकर चल सकते हैं कि अन्तरात्मा की शक्ति में जे.पी. का विश्वास उनके गांधीवादी होने या कहे जाने का संकेत है। गांधीवाद ज़रूर

गांधी का सरलीकृत रूप है। वैसे तो कोई भी विचारधारा उस आदमी के विचारों का सरलीकरण होती है जिसके नाम के इर्द-गिर्द वह उभरती है, पर गांधीवाद गांधी के मुक़ाबले ज़्यादा ही सरलीकृत है। इसका एक कारण गांधी की सक्रियता का फैलाव है। तीन दशकों तक राजनीति का केन्द्र बना रहा व्यक्ति कितना जटिल होगा, यह कल्पना करना मुश्किल नहीं है; पर उसकी सक्रियता के मोर्चों में सामाजिक, शैक्षिक और मनोवैज्ञानिक या आध्यात्मिक सरोकार जोड़ दें, तब कल्पना करना थोड़ा और मुश्किल हो जाता है। इस वजह से एक विचारधारा के रूप में गांधीवाद का सरलीकृत रूप हमें विशेषत: अधूरा और असन्तोषजनक लगता है। जब उसका एक मुद्दा अन्तरात्मा के जागरण में आस्था और उसे जगाकर सामाजिक व राजनैतिक फल पाने की रणनति को बनाया जाए तो सरलीकरण की प्रवृत्ति और भी कष्टप्रद हो उठती है। पुलिस और सेना की अन्तरात्मा को जगाने का प्रयास या सैन्य प्रशिक्षण के ज़रिए चेतना का समाजीकरण करने वाले स्वयंसेवक संघ की प्रशंसा अवश्य एक सरलीकृत गांधीवादिता की तरफ़ इशारा करते हैं। बिहार आन्दोलन के दौरान चला नारा 'पुलिस हमारे भाई हैं, इनसे नहीं लड़ाई है' भी इसी दिशा में संकेत करता है। यह दिशा गांधी की राजनैतिक बुद्धि और आयोजन क्षमता को पोंछकर केवल उनके नीतिशास्त्री रूप की पूजा का रास्ता खोलती है। सर्वोदय का आन्दोलन इसी रास्ते पर चला और यद्यपि जे.पी. अपने जीवन के अन्तिम दौर में सर्वोदय के विनोबाई नक्शे से ज़ाहिराना तौर पर हट गए थे, उनकी सोच उस नक्शे के भीतर रही और शायद यह सम्भव भी नहीं था कि उस आयु में सोच के स्तर पर इतना बड़ा विक्षेप इतने कम समय में आता।

गांधी से प्रेरणा पाने वाले उन लोगों की संख्या देखकर आश्चर्य होता है जिन्होंने आज़ादी के बाद राजनीति का रास्ता छोड़ दिया और उसके विकल्प के तौर पर सामाजिक कर्म की राह अपनाई। यह घटना आज तक घटती जा रही है। भारत में आज सैकड़ों स्वैच्छिक संगठन और जन-आन्दोलन हैं और किसी अपवाद के लिए जगह रखे बग़ैर आप कह सकते हैं वे चुनावी राजनीति में कोई रुचि व दखल नहीं रखते। यह हमारे लिए गूढ़ मनन का विषय होना चाहिए कि गांधी की विरासत से राजनीति—मेरा आशय चुनावी यात्री संस्थायी राजनीति से है जो लोकतंत्र में सत्ता के निर्वाह को संचालित करती है—कैसे हट गई। जे.पी. के प्रौढ़ जीवन के अनेक मूल्यवान वर्ष इसी दुर्घटना का शिकार हो गए। अवश्य वे उनके लिए सार्थक रहे होंगे, मगर सत्तर के दशक के मध्य में जे.पी. के जीवन में अचानक लौटे राजनैतिक वसन्त को उन वर्षों से कोई ऐसी अन्तर्दृष्टि या ऊर्जा नहीं मिली जो जे.पी. की नई भूमिका को सार्थक बनाती। बिहार आन्दोलन एक सुन्दर घटना थी। उसकी सुन्दरता

का वर्णन मैंने एक प्रत्यक्षदर्शी की हैसियत से अन्यत्र (अब्दुल मजीद का छुरा, किताबघर) किया है। आज इतने वर्ष बाद उस ऊर्जा-सौन्दर्य का पुनरावलोकन करते समय मैं पिछले पच्चीस वर्षों का घटनाचक्र मद्देनज़र रखने के लिए विवश हूँ। इस घटनाचक्र से दो-तीन बातें उभरती हैं—एक, आपातकाल से पैदा हुआ सामाजिक व राजनैतिक बिखराव हम आज तक झेल रहे हैं; दो, बिहार आन्दोलन से उपजी राजनैतिक ऊर्जा उन मूल्यों का निर्वाह करने में एकदम नाकाम रही जिन्हें जे.पी. बिहार में उगाकर देश भर में फैलाना चाहते थे; तीन, समाजवादी लोकतंत्र और हिन्दू राष्ट्रवाद के बीच एक मध्यपन्थी राजनीति की तलाश पूरी तरह व्यर्थ साबित हुई है। हमें इन तीनों बातों को अलग-अलग खोलना होगा।

आपातकाल शुरू होने के महीने भर पहले मैं बिहार में था। इतनी बड़ी खलबली को निकट से देखने और उसके बारे में लिखने का यह मेरे लिए पहला अवसर था। इस अवसर के दायरे में सबसे बड़ी घटना जे.पी. से मुलाकात थी। उनका सरल, सहज स्वभाव, विशाल चेहरा और दुबला शरीर आज़ादी के आन्दोलन की गरिमा लिए था। उनकी बातों और भाषणों में भी आज़ादी के आन्दोलन की याद बसी थी। जैसा कि किसी भी याद के बारे में सच होता है, जे.पी. की बातों में आज़ादी के आन्दोलन की याद एक जैसी थी! जिसमें आकृति दिखाई देती है, विवरण नहीं। यही उसका आकर्षण था, यही उसकी कमजोरी थी। आज़ादी के आन्दोलन की राजनीति उस याद में शामिल नहीं थी बस, एक उमंग थी, गुस्सा था, निश्चय था। एक वयोवृद्ध नेता को जादुई बना देने के लिए ये चीज़ें काफ़ी थीं। घटनाएँ घट भी बहुत तेजी से रही थीं। इन्दिरा गांधी का चुनाव क़ानूनी चुनौती झेल रहा था। अणुबम से लैस होता भारत पाकिस्तान को तोड़कर बांग्लादेश को जन्म दे चुका था। हरित क्रान्ति देश के कुछ भागों में बड़े किसान को पूँजीपति बनाने की शुरुआत कर चुकी थी। शहरी मध्यम वर्ग सामाजिक न्याय के संवैधानिक चौखटे से तंग आकर अपनी आज़ादी के लिए मचलने लगा था। इन बहुमुखी परिस्थितियों में जे.पी. की सक्रियता एक नई राजनैतिक स्फूर्ति का वायदा दे रही थी, पर राजनीति करने का न तो उनका इरादा था, न उनके पास समय था। वे अपनी भूमिका एक उत्प्रेरक के रूप में देख रहे थे। उत्पीड़न, भ्रष्टाचार और भ्रमित नीति-निर्माण के ख़िलाफ़ एक नई रासायनिक प्रक्रिया समाज में चलाने का अरमान था। उसके परिणाम राजनीति में प्रकट होंगे, उसे सुधारेंगे, ऐसा विश्वास था।

बिहार आन्दोलन में निहित ये सम्भावनाएँ एक लम्बे संघर्ष से साकार हो सकती थीं, पर लम्बे संघर्ष की जगह एक तात्कालिक टकराव उभर आया। यह टकराव जे.पी. और इन्दिरा गांधी के बीच इतनी तेजी से उभरा कि उसे समझने-बूझने का

समय नहीं मिला। वैसे भी चीज़ों को समझने के औज़ार और इन औज़ारों के इस्तेमाल में दिलचस्पी व दक्षता रखने वाले व्यक्ति हमारे समाज में कम हैं। बिहार आन्दोलन को समझने की चेष्टा नगण्य लोगों ने की। जहाँ तक मेरा व्यक्तिगत अनुमान मुझे मदद देता है, उतने सीमित विश्वास के साथ मैं कह सकता हूँ कि लम्बे संघर्ष की जगह तात्कालिक संघर्ष की विवशता जे.पी. के इस अहसास से उपजी होगी कि उनके पास अब ज़्यादा समय नहीं है। एक बड़ी उथल-पुथल को नेतृत्व देने का विचार उनके जीवन में बहुत ही ज़्यादा देर से आया। लोहिया के रहते या उनकी मृत्यु के तुरन्त बाद के वर्षों में जे.पी. का नेतृत्व काफी अलग परिणाम लाता। इन्दिरा गांधी से उनका टकराव एक ऐसे नेता के रूप में प्रकट हुआ जो अकेला रह गया था और जिसकी शक्ति के पीछे सिर्फ़ लोकमानस था, कोई राजनैतिक रणनीति नहीं थी। लोकमानस स्वयं एक परिवर्तनकारी ताकत नहीं बन सकता क्योंकि वह एक बेलौस, लगभग अमूर्त चीज़ होता है। उसमें कोई कहानी, कोई कथानक, एक कथ्य होना चाहिए, तभी वह कुछ करके दिखा सकता है।

जे.पी. के मुँह से राष्ट्रीय स्वयंसेवक संघ की एक बड़े अनुशासित बल के बयान में प्रशंसा उनके इसी सहज अमूर्तन का अंग मानी जा सकती है। संघ को एक सांस्कृतिक ताकत की तरह देखने का और उसकी राजनैतिक विचारधारा को नज़रअन्दाज़ करने का रिवाज चला आया है। आज ही नहीं, पहले भी संघ को एक रचनात्मक भूमिका के तहत स्वीकारना धर्मनिरपेक्ष लोगों की विवशता थी। धर्मनिरपेक्षता के दर्शन का भारतीय संस्करण इतना ख़ाली-ख़ाली और वैचारिक रूप से बड़बोला रहा है कि उसमें विश्वास करने वाले अपनी ताकत को किसी सुदूर अन्तरिक्ष में आई मानकर सन्तुष्ट होते रहे हैं। आम जीवन में, मीडिया में, शिक्षा में, साहित्य में धर्मनिरपेक्षता के दर्शन की व्यापकता सुनिश्चित करने वाली मुहिम कभी चलाई ही नहीं गई। इस अकर्म के बरक्स स्वयंसेवक संघ और उससे जुड़े अन्य अभियानों की सामाजिक उपस्थिति में चौंकाने वाली मूर्तता रही है। जे.पी. के मुँह से उसकी प्रशंसा का राज यही है। सत्तर के दशक का मध्य आते-आते वह दाग भी संघ की परिणयधारा पर से लगभग पूँछ गया था जो जे.पी. को गांधी की हत्या के बाद वाले वर्षों में दिखाई देता होगा। दरअसल साठ के दशक का उत्तरार्ध आते-आते गांधी की ज़रूरत समाप्त हो चली थी और पाकिस्तान से हुए युद्ध ने उनके अहिंसक, सहिष्णु राजनैतिक दर्शन को भारतीय समाज के ताकतवर वर्गों और सरकार के लिए अप्रासंगिक बना दिया था। उनकी व्यक्ति-पूजा जारी थी, पर भारत के भविष्य को लेकर उनकी कल्पना को खारिज किया जा चुका था। गांधी का वैचारिक निष्कासन नेहरू के मत्थे मढ़ना हमारे वैचारिकक आलस्य की

हास्यास्पद उपलब्धि है जिसका सबसे ज़्यादा लाभ हिन्दू राष्ट्रवाद की विचारधारा को मिला है। बीसवीं सदी का विहंगम मुआयना करें तो दो ही बड़ी विचारधाराएँ नज़र आती हैं—गांधी का लोकातंत्रिक समाजवाद जिसकी परिधि में नेहरू शामिल हैं, और हिन्दू राष्ट्रवाद। कोई आश्चर्य नहीं कि पहली के पराभव से उत्पन्न शून्य को दूसरी भर रही है।

हिन्दू राष्ट्रवाद की भयंकर चुनौती को पूरी तरह न समझने या कमतर करके आँकने के मामले में जे.पी. अकेले नहीं थे। सत्तर के दशक की शुरुआत होने तक यह प्रवृत्ति आम हो चली थी। सन् 1971 के बाद के भारत को समझने की सिलसिलेवार कोशिश शुरू नहीं हुई हैं, इसलिए फिलहाल हम सिर्फ़ अनुमान लगा सकते हैं कि एक बड़ी सामरिक शक्ति के रूप में उभरते हुए भारत की आन्तरिक मूल्य-रचना किस तरह बदल रही होगी। एक दशक में तीन युद्ध (1962, 1965, 1971) लड़ चुके देश का शासक वर्ग इतना फैसला तो कर ही चुका था कि आधुनिक होने का सबसे बड़ा अर्थ हथियारों से लैस होना है। इस प्रक्रिया का भावपक्ष सामरिक राष्ट्रवाद की तैयारी कहा जा सकता है। प्रश्न जो शेष था वह इस भावपक्ष को विचारधारा की शक्ल देने वाले विचार का था। गांधी और नेहरू द्वारा सिंचित लोकतांत्रिक समाजवाद की ज़मीन सूखने लगी थी यद्यपि इस तथ्य पर परदा डालने वाले लोक लुभावन कार्यक्रम और नारे देने में इन्दिरा गांधी ने कोई कसर नहीं छोड़ी थी। बांग्लादेश के जन्म का श्रेय लेकर इन्दिरा गांधी ने सत्ता पर जैसी पकड़ बनाई, उसने निर्णय और अमल की प्रक्रियाओं में पहले से चली आ रही केन्द्राभिमुख प्रवृत्ति को शक्ति दी। उस नई उग्रता और अधीरता के बीज इन्दिरा गांधी के व्यक्तित्व में ढूँढ़ना बहुत लाभप्रद नहीं है जिसे पुराने और नए, उदीयमान अभिजन वर्ग महसूस कर रहे थे। वे देश की तरक्की को अपनी तरक्की का पर्याय मानते आए थे और अब उन्हें लगा था कि दोनों तरक्कियाँ एक-सी हैं। ये ऐसे सशक्त बहाने खोज रहे थे जिनकी मदद से एक नई आक्रामक राष्ट्रीयता पैदा की जा सके। इन्दिरा गांधी ने अभिजनों की इसी व्यापक सहमति के भरोसे आपातकाल की घोषणा की थी।

इस सहमति से लड़ने के लिए जे.पी. की नैतिक मुहिम बहुत उत्साहवर्धक थी, पर इस मुहिम के पीछे किसी राजनैतिक दृष्टि और रणनीति का अभाव उसे न केवल कमज़ोर, बल्कि कालान्तर में दुरुपयोग का शिकार बनाने के लिए पर्याप्त था। मार्क्सवादी कम्युनिस्ट पार्टी को हमें इस बात का श्रेय देना चाहिए कि उसने जे.पी. के नेतृत्व और अभियान का महत्त्व आँककर उसमें सहयोग देने की कोशिश की और इस तरह उसमें राजनैतिक सोच सा स्पष्टता के पैदा होने के लिए व्यक्तिगत दबाव बनाया। अभियान के आकार को देखते हुए यह साफ़ कहा जा सकता है

कि ऐसे दबाव की मात्रा बहुत कम थी, इसीलिए जे.पी. के आन्दोलन को बेलौस होने से वह बचा नहीं सका। समाजवादी लोग, जो आन्दोलन में अग्रणी भूमिकाएँ निभा रहे थे, पहले ही वैचारिक बिखराव और अस्पष्टता से ग्रस्त थे। कम्युनिस्टों से उनकी एलर्जी इतनी अधिक थी कि वे मार्क्सवादी कम्युनिस्ट पार्टी के साथ मिलकर कोई साफ-सुथरी रणनीति बनाने की सोच भी नहीं सकते थे। मार्क्सवादी-लेनिनवादी संगठन अधिक कल्पनाशील अवश्य थे, पर जे.पी. के नेतृत्व से उभरी सम्भावनाओं को समझकर उन्हें एक कुशल राजनैतिक प्रक्रिया में बदल देने लायक सोच उनके पास न थी। भारतीय कम्युनिस्ट पार्टी कांग्रेस की भक्त थी और जे.पी. को सीधे-सीधे फासिस्ट कहने से नहीं कतराई। बचे गांधीवादी, तो वे सचमुच ही किसी घायल पक्षी से ज़्यादा कुछ नहीं कर सकते थे जिसे वर्षों की प्रतीक्षा के बाद गांधी के एक अवतार की गोद जी भर सुबकने के लिए मिल गई हो।

इन परिस्थितियों में जे.पी. की राजनीति एक उजाड़ मध्यपन्थ से ज़्यादा कुछ रच नहीं सकती थी। लोकतांत्रिक समाजवाद और हिन्दू राष्ट्रवाद के बीच मध्यपन्थ की खोज का स्वरूप स्पष्ट नहीं था, पर प्रक्रिया स्पष्ट थी—और उसकी आसन्न विफलता भी। आपातकाल के बाद से आज तक की घटनाएँ यह दिखाने के लिए काफी हैं कि बिहार आन्दोलन से उपजी राष्ट्रीय ऊर्जा और उथल-पुथल का सर्वाधिक लाभ हिन्दू राष्ट्रवादिता को मिला। यह प्रतीत सिर्फ़ पुनरावलोकन की सुविधा पर निर्भर नहीं है, सामाजिक और राजनैतिक समीकरणों को देखकर भी पुष्ट होती है। स्वयं इन्दिरा गांधी 1980 में दोबारा आकर बहुसंख्यकवादी सोच में ढलने लगी थी। पंजाब के आतंकवाद का समाहार, इन्दिरा गांधी की हत्या से उपजे दंगे और राजीव गांधी द्वारा रामजन्म भूमि मन्दिर का दरवाज़ा खुलवाने की घटनाएँ एक ही दिशा में इशारा करती हैं। यह दिशा है हिन्दू बहुसंख्यकवाद की आक्रामक राष्ट्रवादिता के बढ़ते प्रभाव और वर्चस्व की विचारधारा बनने की। आज की गठबन्धन सरकार में शरीक विविध क्षेत्रीय दलों, दक्षिण की उन पार्टियों की मोटे तौर पर मिली हुई सहमति जो कल तक निचली जातियों के संघर्ष की प्रतिनिधि मानी जाती थी, और बड़े समाजवादी चेहरों की उपस्थिति यही दिखाती है कि गांधी नेहरू की विरासत कितनी क्षीण हो गई है और उसके विरोध में उभरी विचारधारा कितनी मज़बूत। पर कहानी यहीं ख़त्म नहीं हो सकती। आख़िर इन दो विचारधाराओं का संघर्ष भारत के समाज का संघर्ष है महज़ कोई वैचारिक मुक़दमा नहीं। देर-सवेर परिस्थितियों पर से आवेगों और सन्देशों की गर्दिश हटेगी और जे.पी. की सम्पूर्ण क्रान्ति की प्रेरणा-शक्ति दोबारा महसूस की जाएगी—अन्तरात्मा की पुकार की तरह नहीं, एक राजनैतिक ज़रूरत की तरह।

# सागर का बाहर नहीं होता

भौतिक कष्टों को यदि विद्यार्थी जीवन का अनिवार्य और स्वाभाविक हिस्सा मान लिया जाए तो सागर विश्वविद्यालय के वे दो वर्ष (1968 की जुलाई से 1970 की जुलाई) मेरे लिए सुखद कहे जा सकेंगे। कष्टों की सूची लम्बी थी और चालीस साल से ज़्यादा समय बीत जाने के बाद भी स्मृति में उतनी ही लम्बी बनी हुई है। सूची के बीच कई जगह छेद हैं जिनमें से सुख और साहित्यिक कोटि के संस्मरण झाँकते हैं। इन चन्द दमकती यादों से वे तमाम कब गल जाते तो सागर उस झील जैसा शीतल बन जाता जिसके किनारे वह बसा है। कष्ट इसलिए ज़्यादा कष्ट देते थे क्योंकि उनका इलाज किए जाने की कोई उम्मीद किसी को नहीं थी। कमरा छोटा और तंग था क्योंकि एक-एक विद्यार्थी के रहने के लिए बनाए गए कमरों में दो-दो रखे गए थे। इमारत नई और उनका प्राकृतिक परिवेश सुन्दर था, इस कारण सँकरे कमरे की क़ैद और मच्छरों से विशेष दुःख पहुँचता था। नलों की व्यवस्था हर मंज़िल की शोभा थी, पर उनमें पानी किसी वी.आई.पी. की तरह बहुत थोड़े समय के लिए आता था। उसके आते ही कोलाहल मच जाता था। बाल्टी, ब्रश, तौलिया, साबुन उठाकर हर छात्र भागता था। पानी की उपस्थिति में दाँतों की सफ़ाई, स्नान, टट्टी...भी क्रम से कर लेना उस काल की सबसे बड़ी सफलता मानी जाती थी। इस सफलता से वंचित होने की भारी कीमत चुकानी पड़ती थी—स्नान के लिए छत पर बनी टंकी से पानी खींचकर लाना, संडास के लिए बाल्टी भर पानी पूरे बेग से फेंककर नियत स्थान को बैठने योग्य बनाना, आदि।

भोजन की हालत और खराब थी। टैगोर और विवेक दोनों छात्रावासों में खाने की व्यवस्था ठेकेदारों के हाथ में थी। आम मान्यता थी कि सभी ठेकेदार लुटेरे हैं, अत: विद्यार्थी पैसे का भुगतान करने में कोताही और कंजूसी बरतना विवेकपूर्ण और नैतिक क़दम मानते थे। पैसे के अभाव में ठेकेदार दाल में अतिरिक्त पानी मिलाते

थे। सुबह के नाश्ते की व्यवस्था थी ही नहीं, अत: कमरे पर जुगाड़ करना होता था जो काननून निषिद्ध था। कुछ लड़के मीलों दूर स्थित शहर के किसी होटल से खाना मँगाते थे और उसे नंगे नारंगी तार वाले हीटर पर गर्म करके एकान्त में खाते थे। पनीली दाल में घर का घी गर्म कराके डालना मैस के भोजन को खाद्य बनाने का लोकप्रिय उपाय था। सुबह बाल्टी और दिन या रात में कटोरी-चम्मच के साथ गलियों में चलते हुए दोस्तों से मिलना और वार्तालाप हो जाया करता था।

इस पूरी परिस्थिति पर वह क्षणिका बखूबी लागू होती है जो नवीन सागर ने फ़िल्मों पर लिखी थी। 'माधुरी' तब नई-नई निकली थी। उसमें छपी वह कविता गलियारे की पट्टी पर बैठकर पढ़ी तो मैं अनावश्यक रूप से ख़ुश हो गया था। शब्द लगभग यही थे, पर कुछ भूल भी हो सकती है—

*यदि कोई और रोग होता*
*तो बात और थी*
*जब फ़िल्मों को हो गया है कैंसर*
*तो क्या करेगा सैंसर?*

नवीन की प्रतिभा हरिशंकर परसाई ने पहचानी। 'धर्मयुग' के अनुत्तर देश की पहली लेखन-प्रयोगशाला चलाने वे सागर आए। लिखने-सिखाने के लिए उन्होंने 'शिकमी किराएदार' विषय तय किया। नवीन सागर की कहानी परसाई ने पहले पुरस्कार के लिए चुनी और जल्दी ही वह 'धर्मयुग' में प्रकाशित हुई। 'धर्मयुग' की हैसियत विश्वविद्यालय की किसी भी डिग्री से ऊपर थी। नवीन ने आगे चलकर कई श्रेष्ठ कहानियाँ लिखीं जिनमें से एक 'उसका स्कूल' मैं अपने विद्यार्थियों को पढ़ाना चाहता हूँ, पर लाऊँ कहाँ से? हिन्दी प्रकाशन उद्योग बच्चन का कहा मानता है—'जो बीत गई सो बात गई।' नवीन स्वयं बहुत जल्दी कूच कर गए, पर उसकी बाल-कविताओं का एक नायाब संग्रह जीवित और उपलब्ध बना हुआ है। उसी की एक कविता है :

*मानव का झूला इस बार*
*इतना बड़ा डालना जिसमें समा जाए संसार*
*इतनी लम्बी रस्सी लेना*
*जिसका कोई न पारावार*
*एक पेंग में मंगल ग्रह के द्वार*
*और दूसरी में एकदम से अन्तरिक्ष के पार*

मुझे लगता है, नवीन की इस कल्पना के पीछे विवेक छात्रावास के तंग कमरे का योगदान है।

उतने ही तंग मेरे कमरे में अमृतराय का आना और लोहे की चारपाई पर बैठना इस कारण हुआ कि सागर रहते मेरी कहानी 'एक गिलास अनुभव' उनकी पत्रिका 'नई कहानियाँ' में जगह पा सकी। विजय चौहान उन्हें लेकर मेरे कमरे की ओर बढ़ रहे हैं, यह सुनकर पहले तो कतई विश्वास न हुआ। कमरे की हालत को उनके स्वागतार्थ दुरुस्त करने के लिए चन्द पलों में जो सम्भव था, किया। बिस्तर पर पड़ी किताबों को चारपाई के नीचे फेंका, गन्दे पड़े चाय के दो गिलास माल्टोवा के डिब्बे के पीछे स्थापित किए, वे कुछ ही देर बैठे मगर यह एहसास कि वे प्रेमचन्द के बेटे हैं, मेरे लिए अपने कमरे का इतिहास बनकर सागर के शेष महीनों में लगातार वहीं रहा।

कुछ ऐसा ही आभास आचार्य हजारी प्रसाद द्विवेदी का व्याख्यान लाया जो छात्रावास के सामने आयोजित हुआ था। वे विश्वविद्यालय दीक्षान्त समारोह में आए थे, पर हॉस्टल आकर बोलना भी उन्होंने स्वीकारा। उनके भाषण में गुँथा एक रूपक जीवन-दीप की तरह आज तक अलग से चमकता है। ज़िक्र प्राचीन युग की शव-साधना का था। दो नदियों के संगम पर लाश की पीठ पर बैठकर साधक ध्यान करता था। साधना कुछ सघन होने पर शव की गर्दन मुड़कर पूछती—'बोलो क्या चाहिए?' उस क्षण में अपनी साधना की सफलता से मुग्ध साधक के मुँह से जो भी निकलता, तत्काल उसे प्राप्त हो जाता और साधना समाप्त हो जाती। हजारी प्रसाद द्विवेदी ने समझाया कि असली साधक वही है जो वरदान की माँग को टालता जाए। ज़्यादातर साधकों की इच्छा तो बैंगन या कोई मणि पाकर ही ख़त्म हो जाती थी। आज भी कोई उपलब्धि हाथ लगती है तो हजारी प्रसाद द्विवेदी का देदीप्यपान चेहरा आँखों के आगे आ जाता है। उनके गद्य की गहराइयाँ से मेरा परिचय मेरे प्रिय शिक्षक प्रोफ़ेसर चन्द्रभानधर द्विवेदी ने बी.ए. के वर्ष में करा दिया था, इसलिए मैं इस सम्भावना के लिए तैयार था कि छात्रावास के अहाते में उस दोपहरी में कुछ विशिष्ट घटेगा। हजारी प्रसाद द्विवेदी के व्याख्यान का अर्थ बाद में कितना ही फैलता गया हो, तात्कालिक सान्त्वना उसने यही दी कि सागर में रहना है तो इच्छाओं का स्थगन करना सीखो।

छोटी इच्छाएँ भी वहाँ धैर्य और सांकेतिक पूर्ति से सन्तोष करने की क्षमता माँगती थीं। मिठाई खाने का मन हुआ तो ढलती दोपहरी में घंटी बजाकर आने वाला एक डिब्बाधारी ठंडी जलेबी लिए उपलब्ध था। अच्छी बंगाली मिठाई खाने के लिए तीन बत्ती पर दास बाबू की दुकान थी जिसकी शख़्सियत की यही निशानी थी कि

कार्यक्रम बनाकर, टैम्पो का किराया चुकाकर पहुँचो तो बन्द मिलती थी। पर ये इच्छाएँ लगातार पेट की तकलीफों के कारण दबी रहती थीं जो स्वयं दैनिक भोजन के घटिया स्तर और पानी के रखरखाव की व्यवस्था ठीक न होने के कारण पूरी तरह कभी नहीं जाती थीं। लाचारी के इस दुष्चक्र का नतीजा हजारी प्रसाद द्विवेदी के भाषण के एक अन्य चमकीले बिन्दु की मदद से समझा जा सकता है। उन्होंने 'स्वस्थ' शब्द की व्याख्या इस तरह की थी कि जो व्यक्ति 'स्व' यानि अपने में स्थित हो, वही स्वस्थ कहला सकता है। जिसे पैर में या पेट में कोई तकलीफ़ है, वह पैर या पेट में ही 'स्थित' रहेगा।

बावजूद तमाम कष्टों के, उन पहाड़ियों की एक मधुर स्मृति गाय की घंटी से जुड़कर आज तक जब चाहे मन की ढलान पर बज उठती है। जिस दिन कक्षा सिर्फ़ सुबह की हुई या फिर इतवार के दिन थरमस में चाय भरकर, बगल में दरी और दो-तीन किताबें दबाकर ढलानों पर फैले विरल जंगल में इतनी दूर उतर जाना कि हॉस्टल की इमारत दिखना बन्द हो जाए, किसी रोमांस से कम नहीं होता था। पूरी दोपहरी पढ़ते-पढ़ते निकल जाती थी। सूरज ढलने को होता, पास से गुज़रती हुई गायों के गले की घंटियाँ सुनाई देतीं, तो ध्यान वापस उस यथार्थ में लौटता जो उन खूबसूरत पहाड़ियों पर सर हरीसिंह गौर के बनाए विश्वविद्यालय का उन वर्षों में बदलता हुआ सच था। छुटभैयापन पहले से सक्रिय था, प्रदेश की राजनीति भी विश्वविद्यालय में प्रवेश कर चुकी थी। उच्च शिक्षा की आम संस्थाई बीमारियाँ विश्वविद्यालय की देह में फैल चुकी थीं, पर उसका मानस अभी सक्रिय और संघर्षशील था। पुस्तकालय पूरी तरह स्वस्थ और समृद्ध था और आजकल प्रचलित शब्दावली में कहें तो विश्वस्तरीय था।

अलग से थिएटर के लिए कोई उपयुक्त जगह नहीं थी, इसलिए पुस्तकालय की दूसरी मंज़िल के विशाल फैलाव में यदाकदा रंगमंच का उदय होता था। विजय चौहान ने 'प्रयोग' नाम से एक समूह बनाकर नाटकों के आयोजन का सिलसिला बनाकर रखा था। उसी क्रम में 'अँधेर नगरी' देखकर मैं महीनों चमत्कृत रहा था। विनोद और व्यंग्य को भारतेन्दु के शब्दों और कथानक से मीलों आगे ले जाकर, पता नहीं किस-किस कलात्मक युक्ति से दर्शक के समूचे अनुभव में घोल दिया गया था। नाटक देखकर सीढ़ियों से उतरती हुई भीड़ में मेरा पहला परिचय प्रोफ़ेसर श्यामाचरण दुबे और उनकी पत्नी शीला जी से हुआ। बाद में उसी जगह अमृत राय का नाटक 'चिंदियों की एक झालर' हुआ जिसे देखने वे स्वयं इलाहाबाद से आए। शेक्सपियर का 'ए मिडसमर नाइट्स ड्रीम' और सैमुअल बैकेट का 'वेटिंग फॉर गोडो' मेंने पहली बार इसी जगह देखे थे। आज सागर विश्वविद्यालय का नाम

बदलकर उसके संस्थान के नाम पर रखा जा चुका है, उसे केन्द्रीय विश्वविद्यालय का दर्ज़ा मिल चुका है, मगर उसकी स्थानीयता इतनी आक्रामक हो चुकी है कि बाहर वाले वहाँ नौकरी करने से डरते हैं। भाषा की दृष्टि से ठीक ही है कि 'सागर' शब्द हटा दिया गया है। सागर के लिए 'बहर' का कोई अर्थ नहीं होता। जिन शिक्षकों ने उन वर्षों की शिक्षा को मेरे लिए सोना बनाया, वे सब बाहरी थे। ख़ासकर मल्लिकार्जुन साहब की इकहरी काया और चमकती आँखें मेरे मानस में हमेशा सागर का पर्याय बनी रहेंगी। रात नौ या दस बजे भी कोई बात समझने में परेशानी महसूस हो तो मैं जूते पहनकर उनके घर की तरफ़ चल पड़ता था। हॉस्टल से चार-पाँच किलोमीटर की दूरी मैंने कई बार जाड़े में तय की। वे सोने के लिए तैयार होते हों, तो भी दरवाजे पर मुझे देखकर पढ़ाने-समझाने के लिए एकदम तैयार और ख़ुश हो जाते थे। उनकी पत्नी काफ़ी बनाकर लातीं और पैदल चलने की थकान और ठंड दूर हो जाती। वह असली दक्षिण भारतीय कॉफ़ी होती थी, नैस्कैफ़े नहीं।

# नया डाकख़ाना

डाकख़ाना और कोतवाली आमने-सामने थे, पर दोनों का वास्तुशिल्प एकदम अलग था। डाकख़ाने का एक कमरा, जहाँ तारबाबू बैठते थे, सड़क से सटा हुआ था और बाक़ी इमारत भी राह चलते आदमी की पकड़ में थी। लोहे की दुबली छड़ों से बना एक नाटा जँगला था। उसमें लगा फाटक हमेशा खुला रहता था। उधर कोतवाली एक मजबूत बाड़, एक सदाबन्द फाटक, एक आँगन, उसमें लगे पेड़ों की छाया और आँगन के पार एक गेरुआ बरामदे तक दिखाई देती थी; उसका कारोबार आम आदमी की निगाह से ओझल था, आम औरत की बात ही क्या। हालाँकि 'आम आदमी' और 'आम औरत' की व्यंजना में भारी फ़र्क़ है—और मेरे जीवन काल में इस फ़र्क़ के मिटने की कोई आशा नहीं है—पर डाकखाने ने इस फ़र्क़ को घटाना शुरू कर दिया था। इसे ऐतिहासिक अफ़सोस की संज्ञा दी जानी चाहिए कि लोकतंत्र और समता के सपने को सचाई में बदलने का प्रयास कर रही सर्वव्यापी किन्तु विनम्र संस्था के रूप में डाकख़ाना अपनी इस भूमिका की सम्पूर्ण अभिव्यक्ति से बहुत पहले ही कमज़ोर पड़ने लगा है। सम्भव है वह हमारे देखते-देखते मर जाए और एक नई क़िस्म का डाकखाना उसकी जगह ले ले। विस्मय के अन्दाज़ में पूछा जाता है कि नियति को कौन टाल सकता है। प्रश्न यहाँ अप्रासंगिक है क्योंकि डाकख़ाना नियति की देन नहीं है। कोई डेढ़ सदी पहले उसे मनुष्यों ने बनाया था और अब मनुष्य चाहेंगे तो वह मर जाएगा। नया डाकख़ाना भी मनुष्य ही बना रहा है और शायद नई कोतवाली भी, हालाँकि कोतवाली इतनी नई नहीं है। डाक और पुलिस में फ़र्क़ है—इतना कि इतिहास की मरोड़ से एक घट रही है, दूसरी बढ़ रही है। दोनों में नियति की बात करना बेमानी है। मनुष्य इतिहास का कीड़ा है : इतिहास के पन्नों के बाहर न उसका वजूद है, न जीवन।

डाकख़ाने का लोकतंत्र चुपचाप मगर शान से चला। क्षेत्रीय विविधता के चलते

आँकड़ों में घटबढ़ हो सकती है पर औसतन यह बात सही है कि डाक के लोकतंत्र में भाग लेने की शर्त बीसवीं सदी के शुरू में पाँच प्रतिशत के क़रीब लोग निभाते थे जिनमें औरतें नाममात्र को थीं। ये साक्षर लोग थे और निरक्षर के नाम आई चिट्ठी भी सुना देते थे। आज़ादी के उषाकाल में लगभग एक चौथाई लोग इस दायरे में आ पहुँचे थे और बीसवीं सदी की शाम के समय दो तिहाई। मगर इस तरह का हिसाबी गणित डाक के लोकतंत्र की लौ नहीं दिखा सकता। जीवन का पहला पार्सल मुझे ख़ुद अपने नाम से दस साल की उम्र में मिला। जब डाकिए ने पावती के काग़ज़ पर मेरे हस्ताक्षर माँगे तो मुझे यह भी नहीं मालूम था कि हस्ताक्षर और नाम में क्या फ़र्क़ होता है। पार्सल की मज़बूत डोरी काटने का धैर्य नहीं था। संयुक्त राष्ट्र संघ के बाल अधिकार घोषणा-पत्र पर भारत यानी उसकी विधिवत चुनी गई सरकार के हस्ताक्षर अभी दशकों दूर थे यद्यपि एक ख्यात बालप्रेमी उस समय प्रधानमंत्री था। आज की तरह उस समय भी घोषणाओं की कमी न थी, पर लोकतंत्र किसी की घोषणा का मोहताज़ न था। वह सुबह की धूप की तरह हर किवाड़ की दरारों में घुसने की कोशिश कर रहा था। आज उसकी भरी दुपहरी की तपिश में हर दिन अवसाद से शुरू होकर आतंक में पूरा होता है। बच्चे बड़ों जैसी हड़बड़ी में रहते हैं। डाकिए का आना और आकर चले जाना पता नहीं चलता। बच्चे ट्यूशन पढ़ने गए होते हैं या कोई वीडियो गेम खेल रहे होते हैं।

तार का अर्थ या आपातकाल, पत्र का सन्देश मन्थर जीवन। कई बार पूरा-पूरा दिन कैरम या ताश खेलने, तितलियाँ पकड़ने या चिकने पत्थर ढूँढ़ने में निकल जाता था। मैं अलग-अलग दिनों की बात कर रहा हूँ। कोई जल्दी नहीं थी। नहाने और खाने के लिए माताएँ ज़ोर देती रहती थीं, पर कुछ ख़ास नहीं कर पाती थीं। ज़ाहिर है, यह स्थिति वेतनभोगी या व्यापारी परिवारों में, और मुख्यतः लड़कों के लिए थी, उनकी बहनों के लिए नहीं। शादी और बड़ों की नज़र का दबाव बहनों पर आज जैसा रहा होगा, मगर धूप में बाल सुखाने के लिए समय था। छोटा-सा पत्र भी बार-बार पढ़ा जाता था; लिखा भी मेहनत और फ़ुरसत से जाता था और लिखकर मोड़ने और लिफ़ाफ़े को गोंद से बन्द करके टिकट चिपकाकर डाक के डिब्बे में गिराने की ज़िम्मेदारी ज़हमत नहीं लगती थी। चिट्ठी भले काग़ज़ पर हो, अन्तर्देशीय पर या पोस्टकार्ड पर, ईमेल या एसएमएस की तरह जल्दी-जल्दी लिखने का चलन नहीं था। नए डाकख़ाने की तासीर है कि कोई सुख ज़्यादा देर न चले; सुख और सनसनी में गठजोड़ मज़बूत रहे। पुराना डाकख़ाना सुख को दुःख की तरह घूँट-घूँट पीकर जीने की शैली का प्रचार-प्रसार करता था। कई पत्रिकाएँ सिर्फ़ डाक से उपलब्ध थीं : उनके ग्राहक जगत में महानगर और क़स्बे में अन्तर

नहीं था। ऐसी कई पत्रिकाएँ हमारे घर आती थीं। पिताजी ने 'शंकर्स वीकली' और 'प्वाइंट ऑफ़ व्यू' उनके अन्तिम अंक तक पढ़ीं और आपातकाल में जेल भेजे जाने पर इन पत्रिकाओं का ग्राहक होने का क़ानूनी आरोप झेला। सप्ताह के जिस दिन 'शंकर्स वीकली' आती थी, केवल उसी दिन पिताजी कचहरी से लौटकर आराम नहीं करते थे, न सरदर्द की गोली खाते थे। मेरी बहन और मेरे लिए 'बालसखा' डाक से आती थी। अपने सान्ध्यकाल में पत्रिकाएँ मनुष्य की तरह ढलने लगती हैं, फिर भी 1967 में 'बालसखा' का अन्तिम अंक खोलते हुए ऐसा लगा था जैसे कोई निजी चीज़ मुझसे छीनी जा रही है। उसके बाद अंग्रेज़ी सुधारने के इरादे से मँगवाई गई 'सनशाइन' भी डाक से आई और, जब तक मैं घर रहा, आती रही।

डाक की संस्कृति में शख़्सियत का स्पर्श देने की ताक़त थी। बन्द लिफ़ाफ़े पर लिखे नाम या मनीऑर्डर की पावती की रसीद पर ज़रूरी माने गए हस्ताक्षर में साधारण को महिमा देने का वायदा था जिसका प्रबन्धन आसान नहीं था। ऐसे पिता कम ही थे जो बेटी के नाम आया लिफ़ाफ़ा खोलना अपना अधिकार और इस अधिकार के नि:संकोच इस्तेमाल में बेटी का हित न मानते हों। जाति से संचालित समाज में व्यक्ति का जन्म हो रहा था। निजी और सार्वजनिक के बीच की सीमाएँ और उन पर सेतुओं का निर्माण हो रहा था। गोपनीयता का मूल्य जनसामान्य और परिवार के बीच अपने लिए जगह बना रहा था—नुकीले पत्थरों के बीच। अपनी बात अपनों या किसी निहायत अपने तक ही पहुँचे, और यदि किसी दूसरे को देख लेने में हर्ज़ न हो तो पोस्टकार्ड का विकल्प रहे, पुराने डाकखाने का यह उदार चरित्र आज के इंटरनेट से तुलना करने पर कई यादें, कई आशंकाएँ, कई प्रश्न जगाता है। ईमेल चाहे याहू पर लिखा जाए या जीमेल पर, उसकी गोपनीयता और गरिमा की सुरक्षा की ज़िम्मेदारी कम्पनी पर है। अपना ईमेल भेजने या उसका उत्तर पढ़ने के क्षण में यह संज्ञान थोड़ी मुश्किल से होता है कि विश्वव्यापी उपभोग जगत के दसियों हज़ार स्वामी अपनी यांत्रिक आँखें फाड़े बैठे हैं। सन्देश की विषयवस्तु के अनुरूप विज्ञापन हाशिए पर प्रकट होने लगते हैं। यदि पहाड़ की यात्रा का ज़िक्र है तो होटलों और एजेंटों का, यदि किसी की शादी की चिन्ता जताई गई है तो जोड़ा बनवाने वाली वेबसाइट का विज्ञापन देखकर एहसास हो जाता है कि नए डाकखाने के भूमंडली संचरण की धुरी हर क्षण उपजती चाहों का प्रबन्धन है ताकि मुनाफ़ा बढ़े और लोकमानस पर कम्पनी मालिकों की पकड़ बनी रहे।

जवाब के इन्तज़ार का सुख डाक की स्मृतियों में विपुल मात्रा में छिपा है। इन्तज़ार एक ऐसी अनुभूति है जिसे पूरी तरह ग्रहण करने के लिए संचार और यातायात के साधनों की कमी ज़रूरी है। डाक के पहले के युग में इन्तज़ार अकारण

था और उसका प्रतिफल आकस्मिक। डाक ने स्वयं अपनी प्रतीक्षा का प्रचलन किया और इन्तज़ार को प्रतिदिन की लय में शामिल कर दिया। टेलीफोन का विस्तार होने के बाद इन्तज़ार का मायना बदल गया है; और अब ईमेल व मोबाइल के बाद इन्तज़ार का शब्दिक अर्थ समझाना भी मुश्किल हो गया है, व्यंजना व कौन कहे। बस या ट्रेन के लिए निर्धारित समय पर पहुँचकर थोड़ी देर प्रतीक्षा कर लेना एक बात है, किसी की चिट्ठी की बाट दिनों, हफ़्तो महीनों देखना एकदम अलग बात है। चिट्ठी का लिखा जाना, फिर एक जगह से सैकड़ों मील दूर दूसरी जगह पहुँचना, वहाँ रहने वाले के पते पर डाकिए के हाथों छोड़ा जाना और अन्ततः खोली जाकर इत्मीनान से पढ़ा जाना एक घटनावली है जो अब तेज़ी से शिथिल पड़ती जा रही है। डाक में अब पत्रों की संख्या घट गई है, विज्ञापनों और बिलों व रसीदों की संख्या बढ़ गई है। पत्र लिखने वालों की उम्र बढ़ी है अर्थात युवतर लोग हॉयर सैकेंडरी की परीक्षा में नम्बर पाने के लिए लिखते हैं—शेष पत्रोचित कामों के लिए मोबाइल फोन या ईमेल का प्रयोग करते हैं।

डाक विभाग का वित्तीय घाटा बढ़ता जा रहा है और डाकियों की भर्ती लम्बे समय से बन्द पड़ी है। बैंकों की तरह डाकखानों में खिड़की पर बैठने वाले क्लर्कों की संख्या भी घटा दी गई है क्योंकि हाथ और हिसाब के तमाम काम कम्प्यूटर ने हथिया लिए हैं। तार का हाल चिट्ठी से कहीं ज़्यादा बुरा है क्योंकि अब तार की ज़रूरत औपचारिकता पूरी करने के लिए महसूस की जाती है, रफ़्तार की खातिर नहीं। तार, रजिस्ट्री, पार्सल और पत्र लाने-ले जाने का उद्योग निजी कम्पनियों ने अपना लिया है जिनमें से कई बहुराष्ट्रीय हैं। डाकिया दिन में एक या दो बार निश्चित समय पर आता था; उसकी जगह अब कूरियर दिन-भर आते रहते हैं और वे चुपचाप नहीं आते। घंटी बजाकर सोते को जगाते हैं, दो जगह दस्तख़त लेते हैं और चार पिनों से भेदी गई चिट्ठी पकड़ाकर जाते हैं। पिन खोलने में सावधानी बरतनी पड़ती है; कई बार छिपे हुए पिन से ख़ून निकल आता है। अकसर चिट्ठी की जगह किसी गोष्ठी, लोकार्पण, प्रदर्शनी या विवाह का कार्ड निकलता है। उचित ही है कि इसे डाक नहीं कहा जाता और हज़ार-पन्द्रह सौ महीना पाने वाले बेरोज़गार युवक को डाकिया नहीं, कूरियर कहते हैं।

ईमेल में काग़ज़ और लिफ़ाफ़ा नहीं होता, इसलिए स्याही और हाथ से लिखे गए शब्द नहीं होते। ईमेल भेजते समय गोंद की चिपकन किसी उँगली पर महसूस नहीं होती। कूरियर से आने वाली चीज़ों में काग़ज़ के बने लिफ़ाफ़े अवश्य होते हैं, मगर उन पर टिकट नहीं होते। टिकट के बग़ैर आया लिफ़ाफ़ा ख़ाली-ख़ाली-सा शायद इसीलिए लगता है क्योंकि डाक की दुनिया टिकटों से आबाद दिखती

थी। टिकट आज भी छपते और बिकते हैं, पर उनके इस्तेमाल का दायरा तंग हो गया है और बच्चों के जीवन में उनकी जगह व पैठ घट गई है। लिफ़ाफ़े पर गांधी और अम्बेडकर के चेहरे पास-पास चिपकाते हुए मेरा मन कई बार स्वतंत्रता के उस आन्दोलन की कल्पना करके रोमांचित हो उठता है जिसने इन दो हस्तियों को एक-दूसरे से बहुत दूर जा पहुँचाया था। चेहरे वाले टिकट मेरे बचपन में भी छपते थे। मगर उन्हें जमा करने या उनकी ख़ातिर बहन से झगड़ने या चोरी करने का कोई प्रसंग याद नहीं पड़ता। मैडम कामा और तिलक के टिकट उजले रंग की वजह से भाए थे, फिर भी उतने मूल्यवान नहीं लगे थे जितने वायुसेना के जहाज़ों के बहुत बड़े आकार के टिकट या जानवरों की सीरीज़ में सम्भवत: पहली बार दुरंगे—तिरंगे टिकट जिनमें मेरा प्रिय जंगली भैंसा था। उसका चेहरा देखकर ही मैं पड़ोस की भैंसों को विशेष ध्यान से देखने के लिए प्रेरित हुआ था। इसमें शक नहीं कि डाक टिकटों की गिनती मेरे क़स्बाई बचपन को सजाने-महकाने वाली उन चीज़ों में थी जिन्हें याद करके मुझे गुलज़ार की लिखी 'बंटी और बबली' की पंक्ति 'छोटे-छोटे शहरों से, ख़ाली बोर दोपहरों से, ग़लत और अपमानजनक लगती है।

क़स्बे अब शहर बन गए हैं पर महानगरों के पास आने की जगह और दूर चले गए हैं, भले नई संचार व्यवस्था यह दावा करते नहीं थकती कि उसने भौगोलिक और सामाजिक दूरियाँ मिटा दी हैं। सुनने में यह दावा अवश्य अच्छा लगता है क्योंकि दूरी का घटना या मिट जाना प्रेम की व्यंजना पैदा करता है। विश्वग्राम का रूपक थमाकर मैक्लुहन अपने अनुसन्धान में हैरल्ड इनिस के विचारों का दुरुपयोग करते पकड़े जाने की सम्भावना से लम्बे समय के लिए निश्चिन्त हो गए। कौन जाने कब उच्च शिक्षा दुबारा अँगड़ाई लेकर ऐसे मेहनती छात्रों को जन्म और वज़ीफ़ा देगी जो इनिस को स्वयं अपनी आँखों से पूरा पढ़कर समझेंगे। शब्द और क्षणिक तस्वीरें बिजली के ज़रिए फैला देने से दूरियाँ घटती नहीं, केवल ऐसा लगता है। सत्ता, समय और दूरी का जटिल समीकरण इनिस ने आर्थिक इतिहास के मन्थन से ढूँढ़ा था। मैक्लुहन ने उसका इस्तेमाल अपना उल्लू सीधा करने के अन्दाज़ में किया और टेलिविजन का भ्रमशास्त्र रच डाला। आज के बाइटप्रिय युग में कौन इस अन्तर को समझेगा? जगहों की दूरी आदिकाल से मानव को चिढ़ाती आई है। दूर-दूर जाने की इच्छा उतनी ही बलवती रही है जितनी दूरियों को घटाने की कोशिश। भूगोल पर विजय पाने की ख़ातिर क्या नहीं किया मनुष्य ने? नदी पर पुल बनाया, पहाड़ में सुरंग, पैरों के नीचे पहिया लगाया, फिर पहियों में इंजन, फिर पंखा मगर इन प्रयोगों से उपजे साधन यात्रा को द्रुत बनाते थे, सूचना को नहीं। नाव और पहिए के आविष्कारों के हज़ारों साल बाद भी सन्देश का सम्प्रेषण यात्रा पर

निर्भर रहा। किसी न किसी को सशरीर जाकर मुहरबन्द लिफ़ाफ़ा पहुँचाना पड़ता था या फिर याद की हुई बात सुनानी पड़ती थी। आसपास के इलाक़े में मुनादी का विकल्प राजा को उपलब्ध था; पर मुनादी में सन्देश नहीं, आदेश रहता है। वह तो जब बेतार के तार और टेलीफोन का आविष्कार हुआ, तब जाकर बात की स्वतंत्र यात्रा सम्भव हुई। इन आविष्कारों की बुनियाद पर हुए विकास के इन सौ-डेढ़ सौ सालों में आज इतनी गति आ गई है कि अमेरिका में बैठे अपने बेटे की ख़बर बिहार में सो रहे पिता को विचलित करने के लिए क्षण-भर में पहुँच जाती है। साथ में पहुँचती है असहायता की अनुभूति, क्योंकि दूर बैठे के दर्द को जान लेने मात्र से उसे दूर नहीं किया जा सकता। उसे जानकर कुछ न कर सकने का एहसास शायद कहीं आसपास के जगत में अपनी सक्रिय भूमिका निभाने से भी हतोत्साह करता है। वह नेक ऊर्जा जो हमारे सहकार से एक सीमित परिधि में फैलती, दूर-दूर बिखरी दुनिया की ख़बरें सुनकर निष्क्रिय और निरुपाय बने रहने की लाचारी में डूब जाती है।

देश-दुनिया में सर्वत्र छितरे व्यक्ति के निरुपायता—बोध की संचार की गति का प्रच्छन्न योगदान है। उसके इस अनिर्दिष्ट दुष्प्रभाव का ही एक पहलू निर्णय कर सकने वालों की संख्या में भारी कमी आ जाना है। कहने को सत्ता विकेन्द्रित हुई है, निर्णयों में भागीदारी की व्यवस्था आई है, पर नीचे वालों की बारी आने तक कोई लेने योग्य निर्णय नहीं बचता। हर क्षेत्र में थोड़े से लोगों का जीवन ही महत्त्वपूर्ण और जीने लायक़ दिखता है, शेष उनकी नक़ल करते रहने के लिए भाँति-भाँति के साधनों से रात-दिन प्रेरित किए जाते हैं। डाकख़ाना जिस लोकतंत्र का दूतावास था, वह अब बहुत विस्तृत और विकसित होते-होते अन्दर से बदल गया है। अन्दर का जगत इरादों और सपनों का निवास-स्थान होता है—उनमें होने वाले बदलाव न अपनी आँखों को दिखाई देते हैं, न दूसरों की; न वे छूकर पता चलते हैं, मगर होते महत्त्वपूर्ण हैं और अकसर निर्णायक भी। कुछ ऐसा ही लोकतंत्र के साथ हो गया लगता है। हर आदमी और औरत के पास एक मत है, यही लोकतंत्र की महिमा बताई जाती है, मगर इस मूल्यवान मत का स्वामी दो पाटों के बीच फँसा पिसता रहता है। एक तरफ़ संस्कृति है जो जाति और कुल का हिसाब रखती है; कहीं कोई व्यक्ति होने की कोशिश करता, व्यक्तित्व बनता दिखा तो फ़ौरन दबोचने निकल पड़ती है। अपने भीतर संशय पैदा कर देती है या बिरादरी को हरक़त में आने का इशारा कर देती है।

औरत पर संस्कृति का आतंक हज़ारों साल पहले अग्नि-परीक्षा और चीरहरण जैसे प्रसंगों से स्थापित हो गया था। हर पीढ़ी में औरत अपनी बाल्यावस्था में उस आतंक को आत्मसात कर लेती है। दूसरी तरफ़ बाबू का बल है। कुछ लोग मानते

हैं कि बाबू एक वर्ग का नाम है, पर कुछ लोग ऐसा नहीं मानते। वे कहते हैं कि बाबू पहले यानी अंग्रेज़ों के समय में जनविरोधी होता होगा, अब तो वह लोकतंत्र का पुरज़ा है। इस बहस की कितनी ही थाह ली जाए, बाबू और ग़ैरबाबू का फ़र्क़ बना रहेगा। जिसके पास भी थोड़ी-बहुत प्रत्यक्ष ताकत है, वह डंडे की हो या कलम और फ़ाइल की, वह सता सकता है, चक्कर लगवा सकता है, यह बात समझे बग़ैर कोई बच्चा बड़ा नहीं हो सकता। यदि आपके पास केवल वोट की ताक़त है तो आपकी हैसियत सिर्फ़ पूछते रहने वाले की होगी। दहला देने वाली सूचना पाकर या देकर भी हम कुछ कर पाने या स्वयं अपने लिए कुछ राहत जुटाने की स्थिति में नहीं होते। अकसर यही अपने में सन्तोषजनक बात लगती है कि हम एक भयानक ख़बर सुन या पढ़कर दहल गए या किसी अन्य को, जो कुछ धीमा या सीमित जीवन जीता है, ऐसी ख़बर देकर दहला सके। किसी को दहला सकना और उसे दहले जाते हुए देखना अपनी संवेदनशीलता का पैमाना बन गया है।

सूचना का अधिकार एक बड़ी लोकतांत्रिक लड़ाई में आम आदमी की क़ानूनी विजय का प्रतीक बनकर उभरा है। इसके ज़रिए, कहते हैं, अब कोई भी दस रुपये में पता लगा सकता है कि कहाँ, कौन-सा घपला हो रहा है। पोस्टल आर्डर पहले सिर्फ़ नौकरी के लिए आवेदन-पत्र मँगाने के काम आता था। अब उसकी बिक्री अचानक बढ़ गई है और वह स्वयं सूचना के मूलभूत अधिकार का चिह्न बन गया है। उसे अपने प्रश्न के साथ पाँच रुपये के टिकट वाले लिफ़ाफ़े में भेजना होता है, इस कारण लिफ़ाफ़ों की माँग भी बढ़ गई है। प्रश्न पैना हो या भोथरा, उसका उत्तर सरकारी अधिकारी को तीस दिन में देना होता है। इस बाध्यता के ज़रिए सरकार को पारदर्शी बनाने की तैयारी है। पारदर्शी सरकार जवाबदेह होगी, निर्णय प्रक्रिया का ख़ुलासा होगा तो फैसले ज़्यादा न्यायसंगत और तर्कसंगत होंगे क्योंकि उन्हें करने वालों को डर लगेगा, ये मान्यताएँ सूचना से क्रान्ति के नारे को सच्चाई में बदलने के दावे की नींव का काम दे रही हैं। 'सूचना के अधिकार' को एक तरह की विजय का प्रतीक मानना सम्भव है, भले यह स्पष्ट नहीं है कि किसने किस पर विजय पाई है। वैसे भी विजय एक घटना होती है, जय की तरह सिर्फ़ एक भाव नहीं जो बना रह सके। यह अधिकार एक चमत्कार की तरह भारत की जनता के जनमानस में चमका है। उससे उत्पन्न आशा बिजली सरीखी है। उसका जलना-बुझना भी समाचार हो गया है। जलने पर यकायक किसी घपले को देख पाना एक उपलब्धि हो गया है। अधिकार के दम पर सूचना पाने की सस्ती क़ीमत और सुगमता से न्याय और ज्ञान की प्राप्ति का संघर्ष एक खेल में बदल गया है—शस्त्रों से लड़े जाने वाले मैदानी या पहाड़ी युद्ध की तरह, जो अब कम्प्यूटर के पर्दे पर वीडियो गेम के तहत लड़ा

जाता है। उस युद्ध में मारकाट, बलात्कार, लूटपाट जैसी परिचित घटनाएँ रोचक ढंग से होती जाती हैं, पसीने और ख़ून की चिपचिपाहट अथवा घायलों की चीख़ें खेलने वाले को तंग नहीं करतीं।

कम्प्यूटर अब क़स्बों के बाज़ारों और गाँवों के स्कूलों में दिखने लगा है। महानगर में उसकी उपस्थिति गहराती जा रही है। अपने चतुर्भुज चेहरे में पूरा संसार समेटे मेज़ पर बैठा कम्प्यूटर सभ्यता के इतिहास में जादू का अब तक का सबसे परिपक्व रूप कहा जा सकता है। इसका वायदा है कि जादू वह करेगा, मगर जादूगर हम स्वयं होंगे। पुराने जादूगरों की तरह हमारी उँगलियाँ इशारा करेंगी और पलभर में उम्दा भोजन, नौकरी, गाना और मुजरा हमारी आँखों के सामने आ पहुँचेंगे। हमें जादूगर बनाकर वह स्वयं राजा बन गया है। कई तरह के रोज़गार और उनसे जुड़े कौशलों, माध्यमों और शैलियों को लीलता वह एक चक्रवर्ती राजा की एकछत्र ताक़त का शान्तिपूर्ण अहसास कराता मेरी मेज़ पर बैठा है। इंटरनेट के ज़रिए वह मुझे दुनियाभर की करोड़ों वेबसाइटों को लपकने का न्यौता दे रहा है। उसकी आलोचना करने वालों को आज उसी श्रेणी में रखा जाना लाज़िमी है जिसमें कभी रेलगाड़ी और कार के आलोचकों या उनसे डरने वालों को रखा जाता था। समय के साथ चलना प्रगतिशील होने की निशानी है। यह जानते हुए भी मेरा मन, और मन ही नहीं, मानस भी कम्प्यूटर की प्रभुसत्ता से बग़ावत करने को कहता है। मुझे इस नए डाकख़ाने में पुराने के लोकतंत्र का अभाव ही नहीं, अभाव को ढाँपकर एक नए, ज़्यादा चतुर लोकतंत्र के निर्माण का छली दावा भी दिखता है। कम्प्यूटर से नफ़रत करना भी सम्भव नहीं है और असहयोग काफ़ी कठिन है। वह विश्वव्यापी स्वामीतंत्र का बेजुबान चौखटा है जिसमें हर पल उभरने वाली नई छवियाँ और सूचनाएँ हवाई जहाज़ के सफर की सफ़ाई और शान लिए रहती हैं। डाक के ज़रिए भेजी जाने वाली चिट्ठियाँ और पत्रिकाएँ आम सवारियों की तरह और उनके साथ शोर-पसीने वाली बसों और रेलों का सफर करती थीं। डाक ले जाने वाली रेलगाड़ी को इसीलिए 'मेल' कहा जाता था और बसों में डाक बस की अलग शान थी। 'पंजाब मेल' मेरे शहर को रेलतंत्र से जोड़ने वाले ललितपुर में तीन मिनट रुकती थी। उसमें वह ख़ास डिब्बा मुझे पिताजी ने दिखाया था जिसमें डाक का पतेवार विश्लेषण होता रहता था। चलती हुई ट्रेन में डाक की छँटाई रास्ते के स्टेशनों और उनसे जुड़े क़स्बों व गाँवों को आज के मुक़ाबले ज़्यादा जल्दी पत्र पहुँचवाती थी। 'रेलवे मेल सर्विस' यानी आर.एम.एस. नाम के इस डिब्बे के हटाए जाने का इतिहास ज़्यादा पुराना नहीं, मगर बुद्धिवर्धक है।

आज से कोई पच्चीस साल पूर्व, अर्थात अस्सी के दशक के मध्य में, देश की

अर्थव्यवस्था का नियोजित रूपान्तरण शुरू हुआ। नई विचारधारा राज्य को किसी व्यापारी की तरह मुनाफ़ा समर्पित बनाने की पक्षधर थी। कल्याण का सवाल बुझने लगा था। चुस्ती का मतलब मुनाफ़ा हो चला था। ऐसे में रेलवे ने डाक-विभाग से कहा कि आर.एम.एस. का असली भाड़ा दो। एक समूचा डिब्बा मुफ़्त ढोए जाने का सौ साल से आदी डाक विभाग अब अचानक असली भाड़ा देने से सकुचा गया और डिब्बा काट दिया गया। डाक की छँटाई अब गाड़ी चलने से पूर्व हो जाना अनिवार्य हो गया। चलती रेल में छँटाई और पतेवार थैलाबन्दी रात-रात चलती थी, अब यह काम दिन के घंटों में सिमट गया। महानगरों की डाक हवाई जहाज़ से जाने लगी, मगर नगर और छोटे शहर या गाँव के बीच आने-जाने वाली डाक सुस्त पड़ गई। उन पतों पर चिट्ठी पहुँचने में दो-तीन दिन अतिरिक्त लगना एक लक्षण था, एक महापरिवर्तन का इतना मामूली परिणाम कि किसी बड़े आदमी की नज़र में भी न आ सके। कारण के स्तर पर हो रहे बदलाव जटिल और गहरे होने के अलावा इतने स्वाभाविक थे कि अलग से दिखाई नहीं देते थे। बदलाव बड़े-बड़े थे, प्रभाव की दृष्टि से देखें तो नाटकीय भी थे, पर उन्हें अंजाम इतने आहिस्ते और इत्मीनान से दिया जा रहा था कि वे ख़बर बनने की पात्रता खो बैठते थे। रेलगाड़ी में आरक्षण के लिए कम्प्यूटर का प्रयोग शुरू होने से पहले सारा काम हाथ से होता था और क़स्बाई स्टेशनों के लिए निर्धारित संख्या के अनुसार तय सीटें काँच की खिड़की के पीछे बैठा आदमी रजिस्टर पर लिखकर देता जाता था। यही काम कम्प्यूटर से होने लगा तो छोटे स्टेशनों के लिए किनारे वाली बर्थ दी जाने लगी। क्या किसी ने सोचकर तय किया होगा कि किनारे वाली बर्थ लम्बाई और चौड़ाई दोनों में थोड़ा कम होती है, अतः क़स्बों और छोटे शहरों के मुसाफ़िरों के लिए उपयुक्त रहेगी? गाड़ियों के छूटने और पहुँचने का समय पहले ही महानगरवासियों की सुविधा देखकर तय किया गया था। छोटे स्टेशन रात के गहरे घंटों में पड़ते थे; उस वक़्त बड़े शहर से चढ़े नर-नारी की नींद में ख़लल की सम्भावना घटाने के लिए वे अन्दर वाली लम्बी बर्थों पर लेटे हों। कम्प्यूटर का सॉफ़्टवेयर बनाने वालों ने सुनिश्चित कर दिया कि रास्ते के स्टेशनों पर चढ़ने-उतरने वाले किनारे वाली सँकरी नाटी बर्थों पर उथली नींद लें, ताकि समय पर उतर सकें और उतरते समय अन्दर वालों की नींद न तोड़ें। नई व्यवस्था में अगर कोई ऊँचा-मोटा क़स्बाई लम्बी बर्थ के लिए ज़िद करे तो क्लर्क बग़ैर झल्लाए जवाब दे सकता था, 'जिस बर्थ की प्रोग्रामिंग है आपके स्टेशन के लिए, वही न मिलेगी?'

इसी तरह जब महानगरों में हवा के प्रदूषण की बात ने ज़ोर पकड़ा और न्यायपालिका ने हुँकार भरा तो पेट्रोल का बेहतर पाचन करने वाली नई बसें ख़रीदी

गईं और धुआँ उगलने वाली खटारा बसें रातोंरात छोटे शहरों, क़स्बों और गाँवों में जा पहुँची। राष्ट्रीय स्तर के सम्पादकों ने लिखा कि लोकतंत्र की जड़ें गाँव के स्तर पर जमने लगी हैं। पंचायती राज और प्राथमिक शिक्षा का स्थानीय प्रबन्धन विकेन्द्रीकरण के अन्तरराष्ट्रीय प्रतीक बन गए। लोकतांत्रिक चेतना की जड़ें शोर करती हुई बसों पर सवार होकर गाँव पहुँची थीं, उनके सम्मान में पेड़ों से लाउडस्पीकर लटकाए गए, रतजगों और जागरणों का आयोजन होने लगा। किसी विद्यार्थी की क्या मज़ाल कि गहरी नींद लेकर तड़के उठे, गहरा-गहरा पढ़े और उस त्रिघंटा परीक्षा में बड़े शहर वाले को दिन-दहाड़े पछाड़ दे, जिसकी व्यवस्था अंग्रेज़ कर गए थे?

बड़े शहर में क़स्बों और गाँवों से आए लोग चिट्ठी लिखकर अपनी ख़बर घर भेजते थे। पत्र लिखना एक तरह की दस्तकारी थी जो मौखिक और मानक भाषा के बीच की बुनावट को ज़िन्दा रखती थी। ख़त भेजते समय एक प्रकार का योगासन हो लेता था जिसमें गाँव में अटकी आत्मा और भावना तथा शहर में भटकती देह की संगोष्ठी हो जाती थी। भारत संचार निगम की मोबाइल सेवा ने हर शहर, हर गाँव को अन्तरिक्ष का गोचर बना दिया है। बात लगातार होती रहती है, इसलिए पत्र की ज़रूरत नहीं रही। होते-होते बात इतनी खिंच जाती है कि कहने को कुछ नहीं सूझता, फिर भी पूछने वाला छोड़ता नहीं, "तो और क्या चल रहा है?" चिट्ठी में इस तरह अपने प्रिय को दूर से खुरचने की ज़रूरत नहीं रहती थी। अब ऐसा लगता है कि चिट्ठी जा रही है। चिट्ठी ही नहीं, कई और जगहें, जहाँ हमारी भाषा साँस लेती थी, जा रही हैं। कुछ जगहों से वह धक्के मारकर निकाली जा रही है। हिन्दी के बड़े अख़बार उसकी आत्मा को नोचने में जुटे हैं। हिन्दी के विशाल प्रान्तों में बड़ी हो रही अभी-अभी शिक्षा के दरवाज़े पहुँची नई पीढ़ी के सामने भाषा के मूल्य और सम्मान का आदर्श रखने-रचने वाले लोग अंग्रेज़ी के व्यापारियों और मालिकों के सामने समर्पण करने टोलियों में हाज़िर हो रहे हैं। उनकी दलील है कि हिन्दी का भूमंडलीकरण अब और इन्तज़ार नहीं कर सकता। हमने अपनी शब्द-सामर्थ्य गढ़ने-बढ़ाने में बहुत समय लगा लिया; अब समय नहीं बचा।

मगर समय अभी ख़त्म नहीं होता। जीवन व्यक्ति का हो या भाषा का, अनन्त की उधारी से चलता है। लिखना समय से संवाद करना है। उँगलियों और अँगूठे की आत्मीय पकड़ में घूम रही निब काग़ज़ पर मातृभाषा की लिपि के चिह्न बनाती है तो लगता है जैसे त्रिकाल ने मेरी जिजीविषा और लिखने की ज़िद को मंजूरी दी। कम्प्यूटर पर लिखना लिखना नहीं है, न ही ईमेल चिट्ठी का पर्याय हो सकती है। स्याही और गोंद, काग़ज़ और लिफ़ाफ़ा और उस पर लगे टिकट मेरी स्मृतियों में उतने ही ज़िन्दा हैं जितना हमारे मोहल्ले का डाकिया। उस ऐन्द्रिक संसार की

तुलना कम्प्यूटर पर उभरने, मिटने और बचा लिए जाने के बाद तीर के क्षणिक स्पर्श से भेज दिए जाने वाले सन्देश से करना कोशिश और वक़्त दोनों की बर्बादी है। इसी तरह लिफ़ाफ़ा खोलकर चिट्‌ठी पढ़ने की तुलना कम्प्यूटर खोलकर ईमेल पढ़ने से करना बेमानी है।

पर्दे पर ईमेल पढ़ना या लिखना खुले में नहाने जैसा है। वैसे भी ईमेल के संवाहक विश्व स्तर के व्यापारी हैं; उन्हें किसी की निजता की फ़िक्र नहीं। वे जब चाहें, हर किसी का चिट्‌ठा खोल दें। पर उस ख़तरे से पहले टाइप करते या आई हुई ईमेल पढ़ते समय कौन-सी निजता बनी रह सकती है? पत्र लिखते और उसे लिफ़ाफ़े में बन्द करके डाक के डिब्बे में छोड़ आने का काम हर स्तर पर और हर तरह से आज की ईमेल व्यवस्था से कितना भिन्न है, यह थोड़ा सोचकर और बहुत-सी निजी व ऐतिहासिक यानी सार्वजनिक स्मृतियाँ उभारकर ही बताया जा सकता है। चिट्‌ठी लिखने की तैयारी के आयाम भी अलग हैं। काग़ज़ या डाक-सामग्री के चुनाव की तुलना फोंट के चुनाव से नहीं की जा सकती और काग़ज़ पर अपनी लिखाई से पैदा होने वाला रूपाकार सॉफ्टवेयर में उपलब्ध फॉरमेट से हर मायने में भिन्न है। लिखकर लिफ़ाफ़े में डालने या अन्तर्देशीय पत्र को दोनों तरफ़ से मोड़कर गोंद या जीभ के स्पर्श से चिपकाने में एक छोटा-सा आत्मीय कौशल काम में आता है। बन्द चिट्‌ठी लेकर, धूप हुई तो छाता लेकर अथवा साइकिल पर डाक के डिब्बे तक जाने में पत्र की लम्बी यात्रा का पहला हिस्सा उसके साथ तय करने का भाव रहता है। प्राचीन समय से अभी हाल तक, बाहर जाने वाले को बस्ती के पार विदा करने की परम्परा थी। चिट्‌ठी को डिब्बे तक, उसके भीतर छोड़ना कहीं उसी परम्परा से जुड़ता था। ईमेल भेजते वक़्त 'सेंड' के चौखटे में कर्सर का तीर पहुँचाने से मन की कोई चाहत करवट नहीं लेती।

ईमेल आने का कोई समय नहीं होता। जैसे अब अनेक घरों में टीवी लगातार खुला रहता है, पर्दे पर तसवीरें और कमरे में आवाज़ें आती-जाती रहती हैं, उसी तरह कई लोग कम्प्यूटर खोलकर अपना ईमेल दिन-भर चालू रखते हैं। सन्देशों और जवाबों की छिटपुट आवाजाही लगी रहती है, बीच-बीच में 'चैट' सुविधा के ज़रिए बातें भी होती रहती हैं। समय और स्थान की मर्यादा से मुक्त इस व्यवस्था की तुलना रोज़ लम्बा इन्तज़ार कराने वाली डाक से करना शायद बेमानी हो, किन्तु प्रसंगवश कर लेगा आनन्द ही देगा। डाक की प्रतीक्षा मेरे बचपन में दैनिक जीवन की रीति क्यों बन गई थी, यह समझा सकना मुझे काफ़ी मुश्किल जान पड़ता है। दरअसल वह डाक नहीं, डाकिए का इन्तज़ार होता था। हमारे शहर में जिसे आज के पैमाने पर क़स्बा कहना चाहिए, कुल तीन या शायद चार डाकिए थे। हमारे

मोहल्ले का डाकिया धीरे-धीरे क्यों चलता था—तेज़ ढाल की चढ़ाई के कारण या उम्र के कारण?—यह कहना बचपन की स्मृतियों को गहरे से गहरा टटोलकर भी सम्भव नहीं है। यदि वह पैदल की जगह साइकिल से चलता, तो भी उसकी रफ़्तार में कोई फ़र्क़ न आता क्योंकि हमारे मोहल्ले और शेष शहर के बीच एक तेज़ ढलान थी जिस पर साइकिल से बिना उतरे चढ़ते हुए मुझे जाड़े में भी पसीना आ जाता था। आज के नए समय में जब कारों, जीपों और मोटरसाइकिलों की संख्या इतनी बढ़ गई है कि पैदल चलना अपनी हैसियत को क़दम-दर-क़दम गँवाने जैसा हो गया है, इस ढलान की चुनौती समाप्त हो गई है। अब उस पर चढ़ रहे पैदल सिर्फ़ इस कारण धीरे चलते हैं कि सँकरी सड़क पर चिंघाड़कर लपकती गाड़ियों से बच सकें। आज धीरे चलने वालों में वह इत्मीनान और आत्मविश्वास कहाँ जो डाकिए से क़दमों से अभिव्यक्त होता था? वह सचमुच बहुत ही धीरे चलता था और मेरे धीरज की निर्मम परीक्षा लेता था। विंध्य के पठार वैसे ही इतने जीर्ण हैं कि कोई पहाड़ी अपनी ढलान में शान महसूस नहीं कर सकती। ये सिर्फ़ भारत नहीं, पूरी दुनिया के सबसे पुराने पहाड़ हैं जो विंध्य के आँचल में आज, कटे हुए जंगलों और भीड़ से घसकते क़स्बों और ख़ाली होते गाँवों के आसपास खड़े हैं। इन्हीं में से एक पहाड़ी उस क़स्बे की पीठ है जो मुझे बचपन में शहर लगता था और अब सचमुच एक शहर हो गया है। उसकी पीठ पर बने मुँडेर पर उचक-उचककर मैं नीचे फैली ढलान पर अपने सुस्त, आश्वस्त क़दम रखकर आगे बढ़ते डाकिए का इन्तज़ार करता था।

उसे दूर से आता देखकर लगता था कि वह चन्द मिनटों में पुल के ऊपर हमारे घर के सामने आ पहुँचेगा। बचपन में प्रतीक्षा का हर पल घंटों जैसा लगता है, और प्रतीक्षा की दीक्षा ही मेरे इस दैनिक अनुभव का सार थी। ठीक जिस क्षण मुझे लगता कि डाकिया ऊपर की तरफ़ देख रहा है, शायद मुझे देख पा रहा है, ठीक उसी क्षण वह पंडित जी के घर की ओट में बनी भगवती प्रसाद की खुली दुकान पर पकौड़ी खाने बैठ जाता था। यह दुकान देखने में दुकान नहीं लगती थी, न ही भगवती प्रसाद दुकान चलाने वाला आदमी नज़र आता था। कुछ साल पहले उसने मुझे गणित पढ़ाई थी, अपने ईदगिर्द दौड़ा-दौड़ाकर पहाड़े रटवाए थे। उस समय शायद वह किसी सरकारी आफ़िस में नौकरी करता था। रिटायर हो जाने के बाद अपनी पेंशन में मामूली-सी वृद्धि करने के इरादे से उसने शाम के समय पंडित जी के घर के सामने वाले चबूतरे के कोने में ईंटों का चूल्हा बनाकर वह पकौड़ी सेंकने लगा था। मोतियाबन्द के ऑपरेशन के बाद लगे मोटे-मोटे शीशों से झाँकती उसकी आँखें कढ़ाई में खौलते तेल पर तैरती पकौड़ियों पर जमी होतीं और कान

चूल्हे से थोड़ा हटकर बैठे डाकिए की बातों पर। लकड़ियों के आग पकड़ने, तेल के खौलने, इधर बेसन के औंटे जाने, फिर पकौड़ियों के तले जाने और अन्ततः खाए जाने के दीर्घ क्रम में सूरज ढलने को आ जाता और मैं ऊपर, पुल की मुँडेर में बनी घाइयों में आँखें जमाए नीचे, चूल्हे से कुछ दूर पड़े डाक के थैले पर किसी चील की तरह देख रहा होता।

ख़ास मेरे लिए उस बस्ते में कोई चिट्ठी या पत्रिका महीने में एक या दो शाम ही रहती थी। यह जानते हुए कि मेरे लिए शायद ही कुछ होगा, इतनी उत्कंठा और एकाग्रता का यत्किंचित कारण पिताजी और मम्मी की डाक में टिकट की सम्भावना रहा होगा। पर उत्कंठा का मुख्य आधार उस समय के जीवन में अकारणता का बोलबाला होना था। उस ज़माने में बच्चों का कौतूहल और बड़ों का स्नेह अधिकांशतः अकारण होता था। ज़िन्दगी के चौखटे में ऐसी बातें बहुत कम होती थीं जिनका कोई निश्चित कारण हो। न जीने का कोई कारण था, न धीरे-धीरे चलने का, न कहीं बैठे रहने का और बैठकर चल पड़ने का। आज के नज़रिए से कह सकते हैं कि रोज़मर्रा की चर्चा वजहों के विमर्श में फँसे बिना सम्भव थी। मेरा अनुमान है कि डाकिया पकौड़ियों के सिंकने का इन्तज़ार यह सोचे बग़ैर करता होगा कि लोग अपने घरों में डाक की आशा लगाते बैठे होंगे। डाकिया अवश्य जानता था कि डाक जैसी चीज़ की प्रतीक्षा हफ़्तों चल सकती थी। पकौड़ी खाकर वह अन्ततः उठता, पैसे देकर डाक का ख़ाकी थैला कन्धे पर रखता और मेरे घर की सड़क को नीचे की सड़क से जोड़ने वाली पैंतीस सीढ़ियों की चढ़ाई शुरू करता। उसकी आकृति सीढ़ियों में छिपते देख मैं पुल की घाई से आँख हटाकर सीढ़ी के पास बनी बैठने की पट्टी पर आ खड़ा होता।

वह मेरे बाल-धीरज का सरकारी शिक्षक था जिसे वेतन डाक-विभाग से मिलता था। लम्बे इन्तज़ार के बाद यह सुनकर, कि आज कोई डाक नहीं है, डूबते सूरज की सीमित रोशनी में बग़ैर निराश या उदास हुए घर जाना या थोड़ी देर और खेलते रहना उसी ने मुझे सिखाया। सिखाने से आशय बैठकर पढ़ाने या सामने खड़ा करके सीख देने से नहीं है। जीवन के रोज़ाना के व्यापार में, अपने स्वभाव की छाप सहित, लगे रहना तब इसी तरह सीखा जाता था। कहीं कोई बड़बोली चेतना या उसके जागरण की मुहिम नहीं थी। सीखना तब जीने से अलग, एक अभियान नहीं बना था; वह बचपन में समाया हुआ था। सिखाने वाले भी पेशेवर शिक्षक मात्र नहीं थे, अपना-अपना काम करने वाले लोग थे जो अलग से इस बात को लेकर सचेत नहीं रहते थे कि बच्चे उन्हें देख रहे हैं। बच्चे सभी कुछ देखते थे और सभी कुछ सीखते थे—अच्छे भी बुरा भी।

डाक में सभी कुछ आता था, पर वह उतना विधि नहीं था जितना इंटरनेट है। जब मैं कम्प्यूटर चलाकर उसके सामने बैठता हूँ और परदे पर उभर आए रंगीन चिह्नों में 'इंटरनेट एक्सप्लोरर' का चिह्न ढूँढ़कर, नन्हा तीर उस पर ले जाकर तर्जनी के दो कोमल प्रहार माउस की चिकनी सतह पर करता हूँ, तो कई दफ़ा यह सोचकर सिहर उठता हूँ कि मैं पूरी दुनिया के सदर बाज़ार में दाख़िल हो रहा हूँ। यहाँ हर ज़रूरत और हर लालसा की पूर्ति, और नई लालसाओं की पैदाइश का इन्तज़ाम है। बाज़ार इतना बड़ा है कि उसकी तसवीर मन में बनाना असम्भव है। शहर का नाम कुछ भी रहा हो—दमोह, लखनऊ या दिल्ली—उसके हर बाज़ार का ओर-छोर होता था और आज भी है। क़स्बे के बाज़ार में घूमना कभी-कभी ही होता था, वरना बाज़ार जाने का अर्थ ज़रूरत की चीज़ें ख़रीदकर लाने से था। घर से निकलते वक़्त तय होता था कि क्या लाने जा रहे हैं। घर से निकलते समय कहा अवश्य जाता था कि 'बाज़ार जा रहा हूँ', पर जाया सीधे उन्हीं दुकानों में जाता था जहाँ वे चीज़ें मिलती थीं जिन्हें लाने निकला जाता था। बाज़ार उस जगह का नाम था जहाँ तरह-तरह की छोटी और बड़ी दुकानें थीं, पर शहर में रहने वाले लगभग हर परिवार का कुछ निश्चित दुकानों से सम्बन्ध था। रोज़ाना के अर्थ में बाज़ार जाने का आशय इन्हीं दो-चार दुकानों पर जाना था। सब्जी मंडी भी बाजार का अंश थी और वहाँ भी ख़रीददार और बेचने वालों के बीच जान-पहचान के चिह्न साफ़ दिखाई देते थे। सब्जी मंडी सुबह के समय एकाएक व्यस्त हो उठती थी। सीधे गाँव से टोकरा सर पर लादे पैदल आने वाले स्त्री-पुरुष भी झोला लिए पत्ती-पत्ती टटोलते और पैसे-पैसे के लिए मोल-तोल करते क़स्बाइयों के लिए अपरिचित नहीं थे। सब्ज़ी मंडी हो या नजाई, पूरा बाज़ार एक जगह थी, एक भौतिक जगह जहाँ पैदल या साइकिल से जाया जाता था और फिर लौटकर घर आया जाता था। बाज़ार और घर में भौगोलिक दूरी ज़्यादा नहीं थी—कई लोगों के घर बाज़ार में ही थे—पर व्यंजना का फासला इतना था मानो वे दो देश हों; परस्पर व्यापार भले करते हों, पर शान्त स्वभाव के दुश्मन हों। घर और बाज़ार की तरल शत्रुता खाने की चीज़ों को लेकर होने वाली बातचीत में लगभग रोज़ाना प्रकट होती थी। जब मम्मी कहती थी कि बाज़ार की चीज़ें नहीं खानी चाहिए तो उनका मतलब बाज़ार में पकाई गई चीज़ों से होता था। होटल का खाना उन्हें आजीवन चरित्रपतन की दिशा में पहला क़दम लगता रहा। मिठाई और चाट की श्रेणी अलग थी, पर इनके सन्दर्भ में भी मम्मी हमें बाज़ार से बचने की सलाह देती थीं। उन्हें पता था कि हम बाज़ार की मिठाई और चाट के लिए लालायित रहते हैं और वे यह भी जानती थीं कि घर में बनी मिठाई और चाट में हमें बाज़ार वाली बात नहीं दिखती। फिर भी

मम्मी को आशा थी कि हम अपनी लालसा को दबाकर रख सकते हैं। बाज़ार की अवांछनीयता मेरी बहन के लिए कुछ अलग व्यंजना लेकर उभरी होगी। दस-ग्यारह साल की आयु पार करते-करते उसे कुछ भी लाने के लिए बाज़ार भेजने पर पिताजी ऐतराज़ करने लगे थे। जो समझ मुझे बहुत बाद में सिनेमा और साहित्य ने दी, वह बड़ी बहन को बचपन में ही मिल गई होगी। बाज़ार की व्यंजना स्त्री के सन्दर्भ में सोचें, तभी हम इंटरनेट को पुरुष-केन्द्रित सभ्यता के वृहत्तर सन्दर्भ में रख सकेंगे। इंटरनेट ऐसा सदर बाज़ार है जहाँ दुनिया की हर सभ्यता में शामिल सीमाओं को तोड़कर स्त्री को बड़े पैमाने पर बिकने के लिए बाज़ार में लाने की व्यवस्था है। शिक्षा, रक्षा और समाचारों की अनगिनत वेबसाइटों से कई गुना अधिक वेबसाइटों पर स्त्री-देह का व्यापार किया जाता है। इस व्यापार के लम्बे विश्व-इतिहास में इंटरनेट एक अभूतपूर्व परिघटना है।

अपना ई-मेल खाता खोलते ही मैं इंटरनेट के सदर बाज़ार में दाखिल हो जाता हूँ। न मुझे कहीं साइकिल टिकाने की ज़रूरत है, न कन्धे से झोला लटकाए घूमने की। इस बाज़ार में दुकानें चौबीसों घंटे खुली रहती हैं, इसलिए घर लौटने की भी कोई व्यग्रता नहीं है। कहने को मेरा ई-मेल खाता व्यक्तिगत है, पर मेरे शब्द जैसे ही परदे पर उभरना शुरू होते हैं, विश्व भर में फैली हुई दुकानें मेरी तरफ़ लपकने लगती हैं। जिस दिन मैंने ई-मेल के लिए अपना पता दर्ज़ कराया था, उसी दिन मेरी शख़्सियत के नाना पहलू व्यापारियों के हाथ पड़ गए थे। अब यह ख़बर पूरी दुनिया में उपलब्ध है कि मेरी उम्र क्या है, मैं पुरुष हूँ या स्त्री मैं किस देश में और कहाँ रहता हूँ। जैसे-जैसे मैं ई-मेल पर चिट्ठियाँ लिखता गया, मेरे बारे में अन्य जानकारियाँ विश्व-मंडी में फैलने लगीं। कम्प्यूटर की मशीनरी में सदा सक्रिय नन्हें सन्देशवाहकों के ज़रिए ई-मेल सुविधा देने वाली कम्पनी मेरे हर शब्द पर नज़र रखती है। वह मुझे ई-मेल भेजने वालों के शब्दों को भी उतनी ही रुचि से पढ़ती है। पढ़ने से आशय हर शब्द में मौजूद उस जगह को सधे हुए हाथों से टटोलने से है जहाँ इच्छाओं, रुचियों और लालसाओं के बीच ढूँढ़े जा सकते हैं। मेरे हर सन्देश की छानबीन आनन-फानन में हो जाती है और लिखे जाते पत्र के इदगिर्द ऐसे साइनबोर्ड खड़े हो जाते हैं जो मेरे मन्तव्य से मिलती-जुलती चीज़ें बेचने का दावा करते हैं। यदि मैं लिखूँ कि मुझे बम्बई जाना है तो सस्ते हवाई टिकट बेचने को आतुर दो-चार एजेंटों का विज्ञापन आ खड़ा होता है। यदि मैं किसी के बेटे की शादी के बारे में पूछूँ तो लड़कियों के चेहरे आ खड़े होते हैं जो विवाह कराने वाली कम्पनी के रजिस्टर में सारी जानकारियों सहित दर्ज़ हैं। एक तरह की नुमाइश है जो ई-मेल के परदे के ऊपर लगी रहती है। मेरे पत्र अब लिफ़ाफ़े में बन्द नहीं

किए जाते, न उन पर टिकट लगता है। जब मैं किसी की भेजी ई-मेल पढ़ता हूँ तो लगता है जैसे कुएँ पर नहा रहा हूँ। मेरे आसपास खड़ा कोई भी पढ़ सकता है कि मुझे क्या सन्देश आया है। जब रहना ही बाज़ार में है तो परदा कैसा? इस तर्क की ताकत से आश्वस्त होकर अब मैं पुस्तकालय, साइबर कैफ़े और हवाई अड्डे में बैठकर अपने निजी पत्र पढ़ और लिख सकता हूँ। मेरी भाषा और शैली भी इस नए साहस की झपट से बदलती जा रही है। आत्मा को जैसी गोपनीयता चाहिए, अब उसकी इच्छा भी नाजायज़ लगने लगी है और कभी मन में पैदा हो जाए तो डरा देती है। यह डर भी शायद स्मृतियों के दबाव से पैदा होता है, वरना अभी तक ख़त्म हो जाना चाहिए था। डाक में मेरे नाम कोई पत्र या पत्रिका आते ही मैं उसे सीने से लगा लेता था और ग़ायब हो जाता था। घर की विशाल छत, जो पिताजी ने गर्मियों में सोने की खुली जगह के तौर पर बनवाई थी, मुझे वह छिपने लायक एकान्त देती थी जिसके चारों तरफ़ एक लम्बी मुँडेर थी और ऊपर आसमान की ओट। छत पर एक कोना था जहाँ से पूरा शहर दिखता था पर कोई मुझे अपने नाम आई चिट्ठी या पत्रिका पढ़ते नहीं देख सकता था।

# ख़ुद सोचने वाला अफ़सर

अमेरिका की मशहूर संस्था मैसाचुसेट्स इंस्टीट्यूट ऑफ टेक्नॉलाजी (एम आई टी) के प्रोफ़ेसर नेग्रोपोंटी ने काफी परिश्रम और विविध निवेशकों के सहयोग से एक ऐसे लैपटॉप का आविष्कार किया है जिसे प्राइमरी स्कूल के बच्चे भी इस्तेमाल कर सकते हैं। जिन सात देशों के विशेषज्ञों को एम.आई.टी. बुलाकर इस कम्प्यूटर का प्रचार करने की आरम्भिक कोशिश की गई, उनमें भारत शामिल था। बैठक के बाद इस कम्प्यूटर को सरकारों के ज़रिए ग़रीब बच्चों तक पहुँचाने का अभियान शुरू हुआ और आज तक चल रहा है। इस अभियान का नाम है (ओएलपीसी) अर्थात वन लैपटॉप पर चाइल्ड या हर बच्चे के लिए एक लैपटॉप। अभियान के तहत शुरू में प्रति लैपटॉप सौ डॉलर का ख़र्च तय किया गया था जो कुछ बढ़ा दिया गया है। मूल योजना थी कि सौ लैपटॉप मुफ्त दिए जाएँगे और शेष हज़ारों या लाखों प्राप्त करने के लिए ब्राजील और भारत जैसे देशों की सरकारें ख़ुद ख़र्चा करेंगी। पिछले चार वर्षों में यह योजना तीसरी दुनिया के कई देशों में पहुँच चुकी है और भारत के कुछ प्रदेशों में भी प्रान्तीय सरकारों के ज़रिए इसके पहुँचने के लक्षण दिखाई देने लगे हैं। केन्द्र सरकार के माध्यम से यह बात क्यों सम्भव नहीं हुई, इस प्रश्न के पीछे सुदीप बनर्जी की चिन्ताओं और कुछ न कुछ करने की सतत बनी रहने वाली इच्छा की याद आती है। ओएलपीसी योजना की बात सुनते ही उन्हें लगा था कि इसके पीछे इरादे और शक्तियाँ जो भी हों, भारत के ग्रामीण बच्चों का भला इस योजना से नहीं होने जा रहा, अतः इसे मंजूरी नहीं मिलनी चाहिए। पिछले दो दशकों में बनी आर्थिक जलवायु के परिप्रेक्ष्य में देखें तो उनका यह विचार अनोखा, यहाँ तक कि अटपटा, कहा जा सकता है। सुदीप बनर्जी से अपरिचित कोई व्यक्ति यह भी कह सकता है कि वे नवगांधीवादी थे, इसलिए एक ताज़ी टैक्नॉलोजी का विरोध कर रहे थे।

उन्होंने ओएलपीसी का प्रस्ताव मेरे दफ़्तर भेज दिया। साथ में नत्थी नोटशीट में लिखा कि हम छोटे बच्चों पर कम्प्यूटर के विविध प्रभावों की जानकारी प्राप्त करें और मंत्रालय को भेजें। इस तरह के विषय पर जानकारी के स्रोतों में आम सहमति मुश्किल से दिखती है और कोई नादान व्यक्ति ही ऐसा सोच सकता है कि मुद्दा पूर्णतः वैज्ञानिक आधारों पर निपटाया जाना चाहिए। अनेक पुस्तकें बहस के दोनों पक्षों पर उपलब्ध हैं। कुछ कहती हैं कि कम्प्यूटर बच्चों को कल्पनाशील बनाता है और कुछ कहती हैं कि वह उनके विकसित होते हुए मानस को छिन्न-भिन्न करता है। राष्ट्रीय पाठ्यचर्या की रूपरेखा (2005) के नज़रिए से देखें तो प्राथमिक शिक्षा के वर्ष अपने हाथों से चीज़ें बनाने, मुक्त भागादौड़ी और प्रकृति के सम्पर्क का समय होते हैं, इन वर्षों का उपयोग एक बक्से के सामने बैठकर, उसमें बन्द सनसनी में खोकर किया जाए तो यह दुरुपयोग होगा—वह बक्सा लैपटॉप हो या टी.वी.। सुदीप बनर्जी ने एक ठोस निर्णय लिया और योजना के उस प्रस्ताव को, जो योजना आयोग से आया था, मानव संसाधन मंत्रालय की लाल झंडी दिखा दी। अपने निर्णय की चर्चा करते हुए सुदीप कह रहे थे कि हमारे बच्चे खतरे में हैं, उन्हें 'मोरोन' बनाने का मामला है। सुदीप की दृष्टि में इस तरह की योजनाएँ उस नई आर्थिक व्यवस्था का अंग है जो भूमंडलीकरण और उदारीकरण के प्रचलित नामों के तहत तेज़ी से पसर रही है। यदि इन योजनाओं को वे सिर्फ़ एक सरकारी अधिकारी की दृष्टि से देखते तो शायद ही कुछ करने की सोचते या कर पाते। लेकिन सुदीप बनर्जी सिर्फ़ सरकारी अधिकारी नहीं थे; वे सरकारी अधिकारी भी थे, यह कहना ज़्यादा उचित होगा।

कोई व्यक्ति मूलतः क्या होता है, ऐसा प्रश्न सुदीप जैसे समग्र इन्सान के लिए पूछना व्यर्थ होगा। चूँकि कविता का स्थान रचनाशीलता के संसार में बहुत ऊँचा माना गया है, इसलिए शायद सुदीप को लेकर बहुत से लोग कहना चाहेंगे कि वे मूलतः कवि थे। मूलतः कवि होना किसे कहते हैं, यह बात मैं व्यक्तिगत रूप से नहीं जानता, लेकिन इतना अवश्य है कि सुदीप से परिचय के दो-ढाई दशकों के दौरान मैंने उन्हें कभी अपनी कविता का ज़िक्र करते या उसे मेरे द्वारा पढ़े जाने की अपेक्षा व्यक्त करते नहीं पाया। बल्कि एक बार जब मैंने 'आउटलुक' में छपी उनकी एक कविता का ज़िक्र किया तो उन्होंने आश्चर्य भरी हलकी-सी मुस्कान के साथ कोई अगला प्रश्न पूछ लिया जिससे मुलाकात का समय बर्बाद न हो। जीवन के अन्तिम महीनों में भी, जब वे कैंसर से जूझ रहे थे, हर बार मिलने पर वह किसी न किसी विचार या योजना की चर्चा में समय लगाते थे। बीमारी की बात करने का मौका नहीं देते थे। ऐसा नहीं है कि सुदीप अपने को देश या समाज के लिए

बलिदान कर देने जैसी प्रगल्भ और चालू मनोदशा में रखने में सुख पाते हों। नहीं, वे न ऐसी बातें स्वयं करते थे, न किसी को करने देते थे। राष्ट्रीय साक्षरता मिशन के महासचिव रहने के वर्षों में ऐसी बातों का सिलसिला उन्होंने अवश्य झेला होगा क्योंकि हमारे देश में प्रौढ़ साक्षरता इसी तरह के पिटे-पिटाए विमर्श की मोहताज रही है। सुदीप ने उसे थोथे आदर्शों से आज़ाद किया और कल्पना व संघर्ष की ज़मीन पर खड़ा किया। ऐसी ज़मीन सरकारी कार्यक्रमों के भीतर उतनी ही दुर्लभ थी जितनी ग़ैर-सरकारी कहे जाने वाले ज़्यादातर संगठनों की कार्यशैली में थी। बड़बोलेपन और थोथे जुमलों का तिलस्म था जिसे सुदीप बनर्जी ने बग़ैर विशेष निर्ममता दिखाए, अपने सहज और याराना स्नेह के अन्दाज़ में तोड़ा।

उनके इस ज़बरदस्त क़दम का सबसे बढ़िया उदाहरण तालकटोरा स्टेडियम में विश्व साक्षरता दिवस पर आयोजित कार्यक्रम था। आमतौर पर इस अवसर पर घोर औपचारिक कार्यक्रम ही होते हैं जिनमें निरक्षरता के उन्मूलन की बात इस तरह की जाती है मानो वह कोई महामारी हो जिसका इलाज करने वाली साक्षरता एक टीके की तरह लगाई जानी हो। सुदीप ने इस अवसर पर हबीब तनवीर का 'सड़क' शीर्षक नाटक आयोजित किया था जिसमें साक्षरता का प्रसंग आर्थिक विकास की वृहत्तर विसंगतियों के सन्दर्भ में छेड़ा गया था। 'सड़क' बन जाने के बाद एक गाँव शहर से जुड़कर किस तरह अपनी खनिज, वन और श्रम सम्पदा गँवा देता है और बदले में फूहड़ संगीत, शराब और तरह-तरह की उपभोग सामग्री पाता है, इस विषयवस्तु को लेकर नाटक में साक्षरता की ज़रूरत और ताकत का ऐसा संश्लिष्ट विवेचन था जिसे जानकर हम निरक्षरों की लाचारी पर आँसू बहाना छोड़ देते हैं। हमें समझ में आता है कि मामला अलग से साक्षरता का नहीं है, सम्पूर्ण व्यवस्था और उसमें निहित शोषणतंत्र का है। साक्षरता और शिक्षा की तमाम बहसों में सुदीप बनर्जी हमेशा इसी तरह का एक बड़ा तर्क लेकर भाग लेते थे।

धार्मिक अलगाववाद, जिसे चालू शब्दावली में साम्प्रदायिकता कहते हैं, सुदीप की चिन्ताओं के केन्द्र में था। वामपन्थी रुझान के कई बुद्धिजीवी जो शिक्षा से सरोकार रखते हैं, साम्प्रदायिकता को निरक्षरता की तरह एक बीमारी के रूप में देखने के आदी रहे हैं। साम्प्रदायिकता से लड़ने का एक ख़ास तरीक़ा उन्होंने बहुत पहले से तैयार कर रखा है। उनमें से कुछ बड़े नाम उस समय एकदम मुखर हो उठे जब राष्ट्रीय पाठ्यचर्या की रूपरेखा (2005) तैयार हो रही थी और उसके आधार पर राष्ट्रीय परिषद् नई पाठ्य पुस्तकें बनाने जा रही थी। नई पाठ्यचर्या की ज़रूरत और उसके जन्म से लेकर केन्द्रीय शिक्षा सलाहकार बोर्ड (केब) में उसकी स्वीकृति तक सुदीप लगातार एन.सी.ई.आर.टी. के साथ रहे। इस दौर में मैंने उनकी

बौद्धिक उदारता, कल्पनाशीलता और सामाजिक क्षमताओं का निजी अनुभव पाया। 'सहमत' द्वारा आयोजित पाठ्चर्या की निन्दा के कार्यक्रम में शामिल अनेक लोग सुदीप के मित्र थे, मगर इस मैत्री के बल पर वे सुदीप की यह मान्यता नहीं बदल सके कि एन. सी.ई.आर.टी. जो भी कर रही है, अच्छा कर रही है और इस काम से शिक्षा व्यवस्था में एक बड़ा परिवर्तन होने जा रहा है।

बात 'सहमत' के कार्यक्रम तक सीमित नहीं रही, 'सोशल साइंटिस्ट' का पूरा विशेषांक नई पाठ्यचर्या के मनोवैज्ञानिक और शिक्षणशास्त्रीय रवैए की आलोचना पर केन्द्रित रखकर निकाला गया। आश्चर्य की बात यह थी कि पश्चिम बंगाल की सरकार ने पाठ्यचर्या की विशेषताओं को समझा और उसके पक्ष में अपनी राष्ट्रीय सहमति में भागीदारी निभाई। उन दिनों शायद ही कोई दोपहर जाती हो जब सुदीप से टेलीफोन पर या मिलकर बात न हुई हो। हर बातचीत में वे मेरा हौसला बढ़ाते हुए परिस्थिति के अर्न्तविरोधों की विचित्रता पर एक दार्शनिक मित्र की तरह टिप्पणी करते थे। आगे चलकर अन्य विषयों के साथ जब इतिहास की नई पुस्तकें आ गईं और उन पर विवाद खड़ा करना न दक्षिणपन्थ के लिए सम्भव हुआ, न उत्तरपन्थ के लिए, तब अचानक हिन्दी की कुछ पुस्तकों पर राज्यसभा में एक अंधड़-सा उठा और उसमें दोनों राजनैतिक ध्रुव मिल-जुलकर सामने आए। सुदीप इस बार भी अपनी मान्यता पर टिके रहे कि शैक्षिक सुधार की पूरी प्रक्रिया सही दिशा में आगे बढ़ी है और उसकी रक्षा की जानी चाहिए। उन दिनों की याद करके सुदीप बनर्जी का चेहरा और व्यक्तित्व मुझे एक ऐसी दोपहरी जैसा लगता है जिसमें आश्वस्त करने वाली ऊष्मा और अँधेरे को दूर रखने वाला भरपूर प्रकाश हो।

सरकारी व्यवस्था में काम करने वाले लोग ताक़त के ऊँचे पदों तक पहुँचने से बहुत पहले ही मान लेते हैं कि कोई बड़ा परिवर्तन करना सम्भव नहीं है। सुदीप की एक विशेषता लगातार ऐसे छोटे परिवर्तनकारी कामों को शुरू करते रहना थी जो विचार के दिन छोटे लगते हैं, मगर समय बीतने के साथ-साथ बड़े होते जाते हैं। ऐसे प्रसंगों में विचार और अमल के बीच वे संकोच या समय का अन्तराल नहीं आने देते थे। मुझे वह दोपहर याद है जब सचिव के पद से सेवानिवृत्त होने के एकदम आख़िरी सप्ताह में उन्होंने अपने कमरे में दिल्ली में स्थित सभी विश्वविद्यालयों के कुलपतियों को बुलाया। शायद वह बैठक अनौपचारिक ही कही जाएगी, मगर उसमें लिए गए निर्णय आने वाले वर्षों में बड़े नतीजे पैदा करेंगे। विषय यह था कि 11वीं और 12वीं कक्षा में पढ़ाए जाने वाले पारम्परिक ऐच्छिक विषयों से हटकर कुछ नए विषय सोचे और लागू किए जाएँ। सुदीप के मन में मीडिया अध्ययन और अनुवाद से लेकर आदिवासी भाषाओं जैसे उन तमाम क्षेत्रों की कल्पना थी जो फिलहाल

हमारी गतानुगतिक व्यवस्था में 'विषय या अनुशासन' कहे जाने से कोसों दूर है। सुदीप ने कुलपतियों को मनाया कि जब बच्चे इस तरह के नए विषय पढकर निकलें तो विश्वविद्यालयों में उनके प्रवेश में आने वाली बाधाएँ दूर की जाएँ। उस बैठक में लिए गए निर्णय के अनुसार इस वर्ष एन.सी.ई.आर.टी. ने सृजनात्मक लेखन और अनुवाद, कम्प्यूटर विज्ञान और संचार, और धरोहर कलाएँ जैसे विषयों पर नई तरह की पाठ्यपुस्तकें बनाई हैं और कुछ स्कूल इन विषयों को पढ़ाना शुरू कर चुके हैं। अगले वर्ष राष्ट्रीय परिषद् मीडिया अध्ययन पर एक पाठ्यपुस्तक लाएगी और सुदीप का सोचा हुआ यह विषय कुछ स्कूलों में उपलब्ध हो सकेगा। आदिवासी भाषाओं को हायर सैकेंडरी कक्षाओं में उपलब्ध ऐच्छिक विषय बनाने की मंज़िल समय लेगी, मगर कोई बात या योजना कितना समय लेती है, इससे निराश होने से बचकर अरमानों की दिशा में काम करते हुए धीरे-धीरे छोटे क़दम बढ़ाते रहना ही सुदीप बनर्जी के जीवन का सार था।

# घर पर कौन रहेगा

ब्रिटेन जाने के लिए वीज़ा ज़रूरी है और वीज़ा प्राप्त करने के लिए बचा-खुचा आत्मसम्मान त्यागना ज़रूरी है। बचा-खुचा इसलिए कह रहा हूँ क्योंकि आत्मसम्मान का ज़्यादातर हिस्सा पश्चिमी देशों की पिछली यात्राओं के लिए वीज़ा पाने की खातिर बलि हो चुका है। हर बार इस प्रक्रिया से गुज़रना नए सिरे से पुराने ज़ख्म खोल देता है। कई जख्म निजी हैं, पर कई सामाजिक और राष्ट्रीय भी हैं। कुछ ज़ख्म ऐसे भी हैं जिन्हें निजी और राष्ट्रीय दोनों श्रेणियों में रखा जा सकता है अथवा किसी ऐसी श्रेणी में जो इन दो के बीच बनाई जाए।

वीज़ा का फ़ार्म भरते समय साफ़ हो जाता है कि आत्म-गौरव पाने के संघर्ष में भारत की सफ़लता का कोई अंश अब ब्रिटेन नहीं मानता। भारत की आज़ादी के समय ब्रिटेन को जैसा भी झटका लगा हो, अब उस झटके का कोई लक्षण नहीं बचा है। वह उन तमाम कटाक्षों को भूल चुका है जो गांधी ने 'हिन्द स्वराज' में उस पर किए थे। यह पुस्तक 1909 में लिखी गई थी। पर उसके बाद भी गांधी ब्रिटेन और पश्चिमी सभ्यता पर व्यंग्य-बाण चलाते रहे और कई बार उन्होंने ब्रिटेन की दशा पर दया भी दिखाई। भारतवासियों को गांधी ने सबसे बड़ा सन्देश यही दिया कि वे किसी से कम नहीं। पर यह सन्देश अब घिस गया है। ब्रिटेन की यात्रा करने के लिए जो फ़ार्म हर भारतीय नागरिक को भरना पड़ता है, उसमें माँगा गया हर विवरण और दस्तावेज़ इस बात का सबूत देता है कि ब्रिटेन की निगाह में भारत झूठे, धोखेबाज़ और अपना देश छोड़कर कहीं और बस जाने के लिए छटपटाते लोगों का देश है। वीज़ा का फ़ार्म क्या है, शक और अग्रिम आरोपों की झड़ी है। माँगे गए हर विवरण और सबूत का मिज़ाज़ बताता है कि मुझ पर इस कारण विश्वास नहीं किया जा सकता क्योंकि मैं भारतीय हूँ।

दिलचस्प बात यह है कि विजय माल्या और ललित मोदी सरीखों को ब्रिटेन

वर्षों रखने को तैयार है। उसे फ़िक्र है आम भारतीय की नैतिकता की। तभी वह आपका बैंक खाता देखना चाहता है और आपको आमंत्रित करने वाले का भी। यदि आप नौकरी करते हैं तो वह आपके मालिक का प्रमाण-पत्र चाहता है। यदि आप किराए से रहते हैं तो किराएनामे की प्रति दीजिए और यदि सम्पत्ति के मालिक हैं तो अपनी सम्पत्ति का प्रमाण-पत्र लगाइए। पिछले दस वर्षों में आपने जितने देशों की यात्रा की है, उनकी सूची दीजिए और हर यात्रा की तारीख़ें बताइए। आप कहाँ ठहरेंगे और किस-किस से मिलेंगे? आपका ख़र्चा कौन उठाएगा? इस तरह के तमाम सवालों के बाद एक मर्मस्पर्शी सवाल भी है कि जिस समय आप ब्रिटेन की यात्रा पर होंगे, उस समय आपके परिवार के कौन-से सदस्य पीछे यानी भारत में आपके घर में रहेंगे। इस आख़िरी प्रश्न का उत्तर है कि घर में ताला पड़ा होगा। इस उत्तर से मेरी अर्ज़ी किस तरह प्रभावित होगी यह तो भविष्य ही बताएगा, पर प्रश्न अपने आपमें काफ़ी गहन है और आधुनिक जीवन की गहराइयों में ले जाता है।

इस सवाल के पीछे यह आशंका है कि मैं ब्रिटेन पहुँचकर वहीं रह जाऊँगा। उस देश की भीड़ में एक ग़ैरक़ानूनी आप्रवासी बनकर खो जाऊँगा। ऐसे सन्देह तो पूरे वीज़ा-फ़ार्म में है, पर इस प्रश्न की चुभन कुछ अलग है क्योंकि इसमें सन्देह के अलावा यह मानवीय आशा भी है कि शायद अपने परिवार के सदस्यों की याद वापस भारत खींच लाएगी। पता नहीं कितनों के घर में आज ऐसे सदस्य बचे हैं। आधुनिक भारत का विकास घरों के खाली हो जाने की, परिवार के सिकुड़कर सूख जाने की कहानी है। यदि मैं विदेश जाकर नहीं लौटता तो किसे फ़र्क़ पड़ेगा? पत्नी को पड़ता, पर वह तो साथ जा रही है। शायद अंग्रेज़ों के मन में अभी यह स्टीरियोटाइप बना हुआ है कि भारत में रिश्ते अटूट होते हैं और माँ-बाप कभी सन्तान से अलग नहीं रहते। प्राच्यवादी विचारधारा ने संसार की सभ्यताओं के गोलार्धों में बाँटने में कोई कसर नहीं छोड़ी। यह सोच औपनिवेशिकता का ज़रूरी अंग थी। आज़ादी के संघर्ष और उसकी सफलता ने ऐसा माहौल बना दिया जिसमें औपनिवेशिकता के अन्त को सचाई मान लेना स्वाभाविक लगता था। स्वतंत्रता के ढाई-तीन दशक बीतने तक कई लोग महसूस करने लगे थे कि औपनिवेशिकता की जकड़ लौटेगी। यह आशंका भी कि उसके लौटने का तरीक़ा इतना सहज और सूक्ष्म होगा कि हमें पता भी नहीं चलेगा। यही हुआ, हालाँकि सूक्ष्मता वाली बात कुछ अटपटी लगती है। जिन्हें 'आर्थिक सुधार' कहा जाता है, उनमें भला कौन सी सूक्ष्मता है? वे भारत की अर्थव्यवस्था को विश्व-बाज़ार में धँसाने के खुले हथकंडे हैं। पर उनकी छाया धीरे-धीरे बढ़ी है, इसमें शक नहीं, और इसे हम सूक्ष्म बदलाव की संज्ञा दे सकते हैं। ब्रितानी वीज़ा का फ़ार्म जब मुझसे पूछता है कि यात्रा के दौरान मेरी वापसी

का इन्तज़ार कौन करेगा, तो मुझे लगता है कि इतिहास-प्रक्रिया को भाँपने में मेरी असमर्थता का मज़ाक उड़ाया जा रहा है। सांत्वना मैं इस बात से ले सकता हूँ कि मज़ाक सिर्फ़ मेरा नहीं है।

मन को इस या उस क्रूर प्रश्न में अटकने देना भी तो नादानी का ही लक्षण है। वीज़ा फ़ार्म में पूछे गए प्रश्न उस ताबूत में छुपी हुई मामूली कीलें हैं जिनमें उपनिवेश रह चुके समाजों की जिजीविषा को क़ैद कर दिया गया है। इसे विडम्बना कहें या श्लेष कि ताबूत में रहते-रहते हमारी जिजीविषा को वहाँ रहने की आदत हो गई है। इस आदत का एक विचित्र परिणाम है कि जिजीविषा में स्वतंत्रता और बराबरी की चाह शामिल नहीं रह गई है। हम ज़िन्दा रहना चाहते हैं पर नौकर की कमीज़ पहने रखना हमें मंज़ूर है। मालिक और गुलाम के रिश्ते की जटिलताएँ समझाते वक़्त हेगल ने लचीलेपन की गुंजाइश रखी थी। जब गुलाम इतना सयाना और समझदार हो जाए कि बग़ावत पर आमादा हो जाए तो मालिक को नए सिरे से कल्पनाशील बनना पड़ता है। मालिक समझ जाता है कि गुलाम को भी कुछ सुख मिलना चाहिए। उसके लिए विशेष उपभोग और इच्छापूर्ति के स्वप्नों की व्यवस्था करनी होगी। गुलाम को लगना चाहिए कि वह मालिक जैसा जीवन कई अंशों में जीने लगा है और बचे हुए अंश वक़्त बीतने की स्वाभाविक प्रक्रिया में मिल जाएँगे। अब संघर्ष करते रहने की ज़रूरत नहीं, आज़ादी और समता की राह खुल गई है; उस पर डटे रहो, वह अपने-आप खुलती जाएगी। मालिक ने कई ऐसे औजारों का आविष्कार कर लिया है जो पूर्ण बराबरी का भाव पैदा करते हैं। जय हिन्द कहते-कहते हिन्द की जय डिजिटल हो जाती है। बत्तियाँ इस तरह चमकती हैं मानो दिवाली की लड़ी स्थायी रूप से द्वार पर लटका दी गई हैं। अन्दर रहने वाला गुलाम हल्के-से अँधेरे में ख़ुश रहता है। पत्नी और बच्चों समेत वह कई बार मालिक के घर घूम और खा-पी आता है। बच्चों में से एक की प्रतिभा पहचानकर मालिक गूगल की नौकरी दिला देता है। उस नौक़री पर जाने के वास्ते वीज़ा दिलाना मालिक की ज़िम्मेदारी है जिसे वह ख़ुशी-ख़ुशी निभाता है। गुलाम को यकीन हो जाता है कि मालिक ने अपना स्वभाव बदल लिया है।

मगर भाषा के मामले में मालिकानापन जारी है और अब वह प्रतिरोध से मुक्त हो गया है। वीज़ा की अर्जी लगाने की नियमावली साफ़ कहती है कि तथ्यों के प्रमाणस्वरूप नत्थी किए गए सभी दस्तावेज़ अंग्रेज़ी में होने चाहिए। गनीमत है कि नियमों में ऐसा कोई दस्तावेज़ शामिल नहीं था जो पहले से अंग्रेज़ी में न हो, वरना पता नहीं मैं क्या करता। नर्मदा को बचाने के आन्दोलन के दौरान मुझे कई बार अदालत की कार्रवाई सुनने का मौका मिला। एक दिन न्यायाधीश इस बात पर

ग़ुस्सा हो गया कि आदिवासियों की तरफ़ से पेश किया गया एक दस्तावेज़ हिन्दी में था। ब्रितानी वीज़ा फ़ार्म में जन्म-तिथि के प्रमाणन की ज़रूरत नहीं लिखी है, वरना मेरी दशा भी आदिवासियों जैसी होती। मेरी युवावस्था में स्कूल की अन्तिम कक्षा ग्यारहवीं हुआ करती थी और उसमें उत्तीर्ण होने का प्रमाण-पत्र सिर्फ़ हिन्दी में छपा होता था। जन्म की तारीख भी उसी में लिखी होती थी। उस युग में केन्द्रीय बोर्ड इतना महत्त्वपूर्ण नहीं बना था। राज्यों के अपने बोर्ड बड़ों और छोटों सबके बच्चों की परीक्षा लेते थे। राज्य और केन्द्र के बीच भाषा को लेकर तनाव तीक्ष्ण दौर में था और कभी-कभी लगता था कि अंग्रेज़ी की जकड़ ढीली पड़ जाएगी भले इसमें कुछ समय लगे। मगर 1967 के राजभाषा संशोधन विधेयक ने यह आशा घटा दी और एक टिकाऊ समझौता मालिकों और दास मालिकों के बीच हो गया। यह रूपक हेगल का नहीं, रघुवीर सहाय का है। जो अँधेरा उस समझौते के तहत उद्घाटित हुआ, वह अबाध बढ़ता ही गया। उसमें आँखें गड़ाऊँ तो कई अजीब आकृतियाँ मैं आज भी देख सकता हूँ। इनमें आने वाली पीढ़ियों की आकृतियाँ शामिल हैं जिनकी ज़ुबान पर जगह-जगह चुइंगम चिपक गए हैं जो साफ़-सुथरा बोलने में बाधा बनते हैं। कुछ आकृतियाँ कोचिंग सेंटरों में क़ैद किशोरों की हैं जो अफ़सर बनकर रहेंगे।

फिर भी कोई स्वप्न है जो चुका नहीं है या संस्मरण बनकर ज़िन्दा है। यह स्वप्न व्यवस्था है या अवाम का? वीज़ा फ़ार्म जमा करने के लिए स्थापित वातानुकूलित कक्ष में बैठकर उस स्वप्न की छानबीन के लिए पर्याप्त समय मिलता है। पहले फ़ार्म की जाँच के लिए टोकन नम्बर के क्रम से बुलाए जाने की प्रतीक्षा रहती है, फिर फ़ार्म जमा हो जाने के बाद आँख की पुतली और अँगूठों समेत दोनों हाथों की सारी उँगलियों के निशान देने के लिए प्रतीक्षा की बारी आती है। आरज़ू और इन्तज़ार में कई हज़ार क्षण कट जाते हैं और इस बात का यक़ीन दिला जाते हैं कि व्यवस्था कुछेक थपेड़े खाने के बाद सँभल गई है। दुनिया के अरबों लोग अब कम्प्यूटर कम्पनियों के सहारे चलते राष्ट्र-राज्यों में सुरक्षित रह सकते हैं भले उन्हें रह-रहकर असुरक्षा का डर सताता रहे। हर नागरिक अब एक नम्बर का मालिक है और बड़े मालिकों के पास नागरिकों की पुतलियों और उँगलियों के सूक्ष्म अंकन हैं। मानव जाति का अभिलेखागार समृद्ध भी है, पूर्ण भी। कोई हरकत अप्रत्याशित नहीं रहेगी। विरोध छोड़िए, प्रतिरोध का भाव भी पैदा होते ही ताड़ लिया जाएगा। विश्व स्तर पर ज़ुकरबर्ग और राष्ट्रीय स्तर पर नीलेकणी ने पूरी तैयारी कर दी है। एक ने फ़ेसबुक और दूजे ने आधार का आविष्कार किया है। दोनों मानव-प्रेमी और राष्ट्रप्रेमी हैं। दोनों इस आस्था से लैस हैं कि वे मानवता को तमाम किस्म के संकटों

से बचा रहे हैं। उनके इरादों या कर्म पर सन्देह करने वाले पिछड़ी हुई मानसिकता और पीछे की ओर देखने की प्रवृत्ति के शिकार हैं। प्राचीन भारत में विज्ञान और टैक्नालॉजी के चमत्कार देखने वाले भी ज़करबग-नीलेकर्णी की अग्रगामी, प्रगतिशील दृष्टि के कायल हैं।

वीज़ा की अर्ज़ी-प्रक्रिया सँभालने वाली प्राइवेट एजेंसी के कार्यालय से निकला तो देखा सड़क पर जगह-जगह सब्ज़ियाँ बिखरी पड़ी थीं। कारें उन्हें कुचलकर आगे बढ़ रही थीं। आगे दूध सड़क को चिपचिपा बना रहा था। किसानों का आन्दोलन सप्ताह भर चलने के बाद कहीं शिथिलता, कहीं ग़ुस्से का शिकार हो गया था। तीस साल में तीन लाख किसानों की आत्महत्या का दस्तावेज़ एक पोस्टर की शक्ल में कुछ दीवारों पर चिपका था। स्वयं कृषि मंत्री उनकी माँगों को कृत्रिम और अनावश्यक बता चुके थे। मैं किसी तरह सब्ज़ी मंडी पहुँचा तो यह देखकर कुछ अच्छा लगा कि वहाँ ट्रकों की भीड़ नहीं थी। ग्राहक इस कारण कम आए थे क्योंकि कीमतें कुछ बढ़ गई थीं। एक औरत दूसरों से बीस रुपये कम भाव पर लीची बेच रही थी। मैंने पूछा कि उसकी लीची सस्ती क्यों हैं तो बोली कि वह जल्दी घर जाना चाहती है। मैंने कहा कि तुम मुरादाबाद से आई लगती हो तो ख़ुश हो गई और बोली—'आपने मेरी बोली से पहचान लिया। क्या आप भी उधर के हो?' तेज़ धूप थी। मुझे लगा कि वीज़ा की अर्ज़ी के निशान पसीने से धुल गए हैं। वे पुतलियाँ और उँगलियाँ जिनका डेटा मैं निर्मम लोगों के सुपुर्द कर आया हूँ, अभी मेरे पास सुरक्षित हैं। प्रश्न यही बचा था कि अपनी पुतलियों को मैं अपना मानता रह पाता हूँ या नहीं। इस प्रश्न के उत्तर पर निर्भर होगा कि मुझे इन पुतलियों से क्या दिखेगा, क्या नहीं। उँगलियों के निशान का दाम भी कुछ ऐसा ही प्रश्न छोड़ गया है। निशान देकर भी उँगलियाँ मेरी बनी रहेंगी और वह लिखेंगी जो मैं चाहता और सोचता हूँ या दूसरों का बताया सत्य कुछ सँवारकर बताने लगेंगी?

# छटपटाते राष्ट्र की नदी

आख़िरकार सरदार सरोवर राष्ट्र को समर्पित कर दिया गया। इस समर्पण के बारे में मेधा पाटकर ने दो प्रश्न पूछे हैं। एक प्रश्न है कि समर्पण किसका हुआ। दूसरा प्रश्न है कि सरदार सरोवर किस राष्ट्र को समर्पित किया गया है। दोनों प्रश्न वाजिब हैं। पहला प्रश्न इस कारण वाजिब ठहरता है कि सरदार सरोवर नाम की परियोजना सिर्फ़ एक ऊँची दीवार बना देने की नहीं थी। दीवार से पानी तो रुक गया, पर जिन लहरों के ज़रिए उसे खेतों तक पहुँचाया जाना था, उनमें से कुल एक-तिहाई का निर्माण हो पाया है। दूसरा प्रश्न वाजिब होने के अलावा कुछ पेचीदा भी है। जिस राष्ट्र को सरदार सरोवर सौंपा गया है, वह किनका है? क्या उसमें वे गाँव शामिल हैं जो डूब चुके हैं? क्या उस राष्ट्र में वे लाखों लोग शामिल हैं जो उजड़ चुके हैं?

उजड़ने वाले को इस बात का आभार दिए जाने की परिपाटी रही है कि उन्होंने देश के विकास की ख़ातिर अपने आराम और हित की बलि दे दी। यह परिपाटी इस कदर शाब्दिक है कि आप इसकी तुलना किसी प्राचीन मंत्र से कर सकते हैं जो बलि दिए जाने के समय दोहराया जाता था। आधुनिक युग में इस परम्परा का जारी रहना दिखावा है कि राष्ट्र और उसके विकास की अवधारणाओं में बहस और संवाद की गुंजाइश बहुत कम है। कुछ लोग सोचते हैं कि यह गुंजाइश इन दिनों अचानक कम हो गई है। कई सामाजिक और सांस्कृतिक सन्दर्भों में उनकी बात सही हो सकती है, पर विकास के मामले में बहस की जगह शासकीय ऐलानों के बाद का सन्नाटा ही ज़्यादा आम रहा है। आख़िरकार सरदार सरोवर राष्ट्र को समर्पित कर दिया गया।

इस परिदृश्य में मेधा पाटकर की आवाज़ कुछ अलग इसीलिए लगती है क्योंकि विकास के मायने और उसके तौर-तरीक़ों पर राजनीति में शामिल विचारधाराएँ मतभेद से परे रही हैं। भारत को एक राष्ट्र के रूप में वैसा ही बनना और दिखना है

जैसे पश्चिम के औद्योगिक रूप से विकसित देश दिखते हैं—यह मान्यता राजनैतिक प्रतिस्पर्धाओं का विषय नहीं है। मेधा पाटकर के नेतृत्व में चला नर्मदा बचाओ आन्दोलन इसीलिए राजनीति का विषय नहीं बना और मेधा स्वयं भी राजनीति से बाहर बनी रहीं। यहाँ मैं 'राजनीति' शब्द का प्रयोग उसके आम या स्वीकृत अर्थ में कर रहा हूँ, जिसके तहत राजनैतिक रूप से सक्रिय होना सत्ता पर काबिज़ होने की होड़ में शामिल हो जाना है। पर यदि समाज में ताकत के स्थापित बँटवारे को चुनौती देना भी राजनीति माना जाए तो इस वृहत्तर अथवा दार्शनिक अर्थ में मेधा पाटकर और उनके आन्दोलन को राजनैतिक कहना उचित और शायद ज़रूरी होगा। हम चाहें तो इसे दूरगामी या भविष्य की राजनीति कह सकते हैं जिसके लिए आज उपलब्ध संस्थानिक ढाँचे में कोई वैधानिक जगह नहीं है।

जो दो सवाल सरदार सरोवर के उद्‌घाटन और राष्ट्र के प्रति समर्पण को लेकर मेधा पाटकर ने पूछे हैं, उनकी प्रासंगिकता भी भविष्य के सन्दर्भ में ही समझी जानी चाहिए। इस तरह की समझ में अतीत के प्रति कैसा दृष्टिकोण निहित है, यह सवाल भी अवश्य उठाया जाना चाहिए। यदि हमें आज के विकिसत देशों जैसा ही दिखना और बनना था तो आज़ादी की क्या ज़रूरत थी? शायद आज़ाद होकर हमारी गुलाम हसरतों को वैधता प्राप्त हो गई और वे आधुनिक कहलाने लगीं। सरदार सरोवर के विरुद्ध संघर्ष में मेधा पाटकर ने दो बड़े पहलू उजागर किए। एक पहलू प्रकृति और मनुष्य के सम्बन्ध का है और दूसरा समाज में न्याय के स्थान का है। नर्मदा के विकास की समूची परियोजना प्रकृति के दोहन के औचित्य पर आधारित है। योजना के पक्षधर हमेशा यही तर्क देते थे कि यदि बाँध नहीं बनाया जाएगा तो नर्मदा का पानी समुद्र में मिलकर बर्बाद होता रहेगा। आशय था कि प्रकृति की जो भी वस्तु या शक्ति मानव के काम नहीं लाई जा रही, बर्बाद हो रही है। इस तर्क की बुनियाद पर पैर रखकर आराम से खड़े हों तो वह दूसरा पहलू आप को साफ़ और पूरा दिखाई देगा जिसे नर्मदा बचाओ आन्दोलन ने प्रकाशित किया है। इस दूसरे पहलू में न्याय की संस्थानिक तैयारी छिपी हुई है। इसका तर्क कुछ इस प्रकार है कि यदि प्रकृति का दोहन मानवधर्म है तो यह न्याय की कसौटी भी दे सकता है। सरदार सरोवर बनाने में लाखों आदिवासियों का उजाड़ा जाना आवश्यक था। इस आवश्यकता में निहित कष्ट और अन्याय को सँवारा जा सकता है। मुआवजा देना न्याय की प्रक्रिया है, अत: इसके ज़रिए आधुनिक राष्ट्र का निर्माण न्यायसंगत हो जाता है। इस तर्क के खिलाफ़ मेधा पाटकर ने मुआवज़े के स्वरूप का सवाल उठाया और इस बात की सचाई ज़ाहिर कर दी कि सरकार उजड़ने वालों को समुचित मुआवज़ा देने में असमर्थ सिद्ध हुई है। यह बात नर्मदा के उन बाँधों के सन्दर्भ में और ज़्यादा

सच थी जिनसे उजड़ने वाले मध्य प्रदेश की सबसे उपजाऊ भूमि पर खेती करने वाले किसान थे। वे आदिवासियों की तुलना में राजनैतिक प्रतिनिधित्व के मोहताज भी कम थे, पर विकास की लपेट में वे भी आए और न्याय की लड़ाई हार गए।

प्रकृति के दोहन और किसानों व आदिवासियों पर अन्याय बरपाकर बनने वाला राष्ट्र यदि भारत ही है तो यही कहना और मानना पड़ेगा कि उसकी औपनिवेशिकता में कोई कमी नहीं आई है। इन दिनों हम उसके सत्तरवें संस्करण की लिखावट पढ़ रहे हैं। पढ़ते हुए ऐसा लगना स्वाभाविक है कि राष्ट्र महज़ एक भौगोलिक देह रह गया है। मध्य प्रदेश के पूर्व मुख्यमंत्री दिग्विजय सिंह नर्मदा की परिक्रमा करने जा रहे हैं। जगह-जगह बँधी पड़ी नर्मदा अब एक अविरल नदी नहीं रही, अत: परिक्रमा के दायरे में कई झीलें और दीवारें ही आएँगी जिनकी तली में हारे हुए गाँव दबे-डूबे पड़े हैं। नर्मदा-परिक्रमा व्यक्तिगत शान्ति पाने का उपक्रम मानी गई है, पर क्या वह राजनैतिक मन को भी शान्ति दे सकती है? इस प्रश्न की आड़ में हम यह सवाल भी उठा सकते हैं कि दोहन और अन्याय के विमर्श में शान्ति के लिए जगह कैसे हो सकती है। सरदार सरोवर सरीखी परियोजनाओं से होने वाला विकास अशान्ति का अजस्र स्रोत बना रहेगा और जिसे हम भारत मानते हैं, उसे इस अशान्ति से जूझते रहना होगा।

जगह-जगह रोक दी गई नर्मदा की धारा भी छटपटाती रहेगी और अपनी परिक्रमा करने वालों को कोई विशेष शान्ति नहीं दे सकेगी, वे कोई मंत्री रह चुके हों या कोई साधारण जन हों। नर्मदा की विवशता का अन्दाज़ा लगाकर अनुपम मिश्र ने लिखा था, इक्कीसवीं के बाद भी सदियाँ हैं।

# अनुपम की दुनिया

सातवीं कक्षा में हिन्दी की वार्षिक परीक्षा के दिन मुझे तेज बुखार था। गर्मी के बावजूद मम्मी ने शॉल उढ़ाकर, ताँगे में परीक्षा देने पहुँचाया था। पर्चा देखा तो यकायक कमजोरी महसूस हुई। निबन्ध के विषयों में पहला था : 'एक बरसाती नदी।' थोड़ी देर सोचता रहा कि इस विषय पर क्या लिखा जा सकता है? कुछ भी न सूझा तो बाकी दो में से एक पर पहले से तैयार निबन्ध का जितना हिस्सा याद था, लिख डाला। आज यदि मुझे सातवीं की परीक्षा में दोबारा बैठने का मौका दिया जाए तो मैं इन दो पिटे-पिटाए विषयों की जगह 'एक बरसाती नदी' को चुनना चाहूँगा। इस विषय पर लिखने के लिए आज मेरे पास बहुत कुछ है और उनमें से ज़्यादातर अनुपम मिश्र का दिया हुआ है। सिर्फ़ बरसाती नदी ही क्यों, पानी के हर रूप पर। अनुपम की रोशनी पड़ चुकी है।

मुझे नहीं पता कि पानी अनुपम की साधना का केन्द्र कैसे बना, पर यह सर्वविदित है कि पानी ने अपनी विलक्षण अवरिल ऊर्जा अनुपम को उदारता से दी। वे पानी के पुरोधा बने, प्रतिनिधि भी, प्रतीक भी। संकटों से डरती, डर के मारे सिकुड़ती, सूखती दुनिया में अनुपम मिश्र पूरी तरलता से जिए और सरसता के स्रोत बने रहे।

विशेषज्ञ और पुरोधा में अन्तर होता है। विशेषज्ञ अपने शोध की दमक, से एक सँकरी-सी जगह को प्रकाशित करता है; विशेषज्ञता दृष्टि से ज़्यादा ज्ञान देती है, जो कई बार दृष्टि के दरिद्र लोगों के हाथ में पड़कर दुरुपयोग का शिकार हो जाती है। पुरोधा की कल्पना करने के लिए हमें ज्ञान और दृष्टि के साथ आगे चलने वाले की प्रेरक भूमिका को समझना होगा। पानी पर शोध करके अनुपम ने सोच का ऐसा प्रान्त खोला और आलोकित किया, जो ज्ञान-विज्ञान के कई विषयों की पारम्परिक सीमाएँ तोड़कर ही देखा जा सकता था। पानी की कमी का राष्ट्रीय रुदन अनुपम ने झूठा सिद्ध करके दिखाया। पानी बहता हो या ठहरा, घड़े में हो या

आकाश और बादलों में, अनुपम मिश्र ने उसे जीवन-शैली का विराट प्रतीक बनाकर आधुनिक समाज और राजतंत्र की आलोचना का औज़ार बनाया। पानी के इस्तेमाल की वैकल्पिक सभ्यता की खोज और रचना का मार्ग पहचान कर वे उस पर कई क़दम स्वयं चले। इसलिए उन्हें विशेषज्ञ की जगह पुरोधा कहना ज़्यादा ठीक है। उन्होंने ऐसे सैकड़ों लोगों को पहचाना, जो उनकी तरह झूठ के विकल्प को तलाश रहे थे। नेतृत्व देने की जगह अनुपम मिश्र ने उन तमाम लोगों और संगठनों और संस्थाओं को सम्बल दिया, जो पर्यावरण की समस्याओं के जंजाल में स्वयं को नाचीज़ और खोया हुआ महसूस कर रहे थे।

पर्यावरण संरक्षण, जल प्रबन्धन, भूमि-संवर्धन जैसे सामासिक जुमलों से अनुपम को चिढ़ थी और इनका इस्तेमाल करने वालों को वे अहिंसक ढंग से चिढ़ाते भी थे। मैंने अनुपम को पहली बार 70 के दशक में 'दिनमान' में पढ़ा था। बाढ़ पर उनके तर्क पहली ही नजर में आश्वस्त कर देते थे कि हम इस विषय पर जो भी जानते हैं, अधूरा है। 'मैला आँचल' और 'परती परिकथा' मैंने उन्हीं दिनों पढ़े थे। अनुपम मिश्र को पढ़कर एकदम स्पष्ट हो गया कि बाढ़ कोई प्राकृतिक आपदा नहीं है। समय बीता और मेरे मन में 'रेणु' के खींचे ग्रामीण समाज के चित्र, अनुपम के लेखन से मिले पानी के ज्ञान से जुड़ते चले गए। 90 का दशक आने तक मैं अनुपम को व्यक्तिगत रूप से जानने लगा था। मुझे यक़ीन हो गया था कि वे एक अलग और बड़ी बात कह रहे हैं।

बात रखने, करने और लिखने में भी अनुपम का अन्दाज़ अलग था। सहजता से दीप्त हिन्दी का संस्कार उन्हें अपने पिता से मिला होगा, ऐसा मान लेने से यह समस्या हल हो जाती है कि राष्ट्रीय विकास, हरित क्रान्ति और अकाल की राजनीति सरीखे जटिल प्रश्नों पर कोई इतने बोधगम्य तरीक़े से, वह भी अविरल, कैसे लिख लेता है! मुलाकात, व्याख्यान, अनुसन्धान—सभी में अनुपम की प्रांजल शैली मुझे हमेशा चकित करती थी और करती रहेगी। कहना कठिन है कि क्या अनुपम मिश्र का व्यक्तित्व उनके गद्य जितना पारदर्शी था! पारदर्शिता यदि कोई मूल्य हो तो भी मानक नहीं हो सकता। अनुपम के काम और व्यक्तित्व को आने वाली पीढ़ियाँ यदि उनकी प्रशान्त दृढ़ता के सहारे समझें तो बेहतर होगा। कई बार मुझे उनकी अतिशय विनम्रता कुछ परेशान कर देती थी। इंटरनेट और मोबाइल का, टेक्नोलॉजी का बोलबाला बढ़ने के साथ मैं स्वयं कई उलझनों से घिर गया था। इसलिए जब मुझे पता लगा कि अनुपम ने 'टेड टॉक्स' प्रस्तुतिमाला में भाग लिया है, तो कौतूहल के साथ चिन्ता भी हुई। इस भाव को मैं किसी लम्बी मुलाकात में पिरोने के लिए सँभाले रहा। अनुपम से बेहतर कौन इस विषय पर टिप्पणी कर सकता था कि

नई संचार टेक्नोलॉजी संवाद को सुगम बना रही है या दुर्गम? प्रश्न यह भी था कि दुनिया के नए सदर बाजार में भागीदार बनें, खरीदार बनें या सिर्फ़ दर्शक या कोई और भी भूमिका सोची जा सकती है। अब यह बहस अनुपम के साथ कभी नहीं हो सकेगी। उनकी बीमारी और मृत्यु ने चुप-सा करा दिया है।

लेकिन यह चुप्पी लम्बी नहीं होगी। पानी शायद ख़ुद उस समय को जल्दी ही हमारे पास खींच लाएगा। जलवायु-परिवर्तन जैसे नए नाम जिस आपदा को दिए जा रहे हैं, वह बहुत सारे लोगों को विवश करेगी कि वे अनुपम को पढ़ें, दोबारा पढ़ें और समझने की कोशिश करें। अपनी नायाब पुस्तकों के ज़रिए जो असाधारण पाठक-जगत अनुपम ने बनाया है, वह एकदम न सही, धीरे-धीरे बढ़ेगा। इस पाठक जगत को ऐसी जगहें ईजाद करनी होंगी, जहाँ नए संसार से जूझने के अनुभवों पर बात की जा सके। अनुपम की विशेषता थी कि वे विवादों में नहीं पड़ते थे, अपना काम करते रहते थे। इस एकाकी एकाग्रता को उस अकेलेपन से अलग करना ज़रूरी है, जो आज़ादी के आसपास पैदा हुए अनेक लोगों को महसूस हुआ या भोगना पड़ा। मैंने अनुपम को इतना नहीं जाना कि विश्वास के साथ कह सकूँ कि उनके मन में अकेलापन पूरी तरह नहीं था। पर यदि रहा भी हो तो उसे उनकी कर्मठ एकाग्रता ने काफी घटा दिया होगा। यह कहना भी सच है कि अनुपम एक बड़े आन्दोलन के बीच जिए। अत: सैकड़ों साथी हमेशा उनके इर्द-गिर्द रहे। ये साथी उनकी आवाज़ को सार्वजनिक फ़िक्र में बदलते रहेंगे, सिर्फ़ उनकी फ़िक्र को आवाज़ और स्मृति ही नहीं देंगे, ऐसी आशा करनी चाहिए।

अनुपम मिश्र संसार को बहुत बड़े फलक पर रखकर देखने वाला इनसान था। कुछ साल, दशक या सदियाँ अनुपम के सोच की इकाई नहीं थीं। नर्मदा के बाँधों पर एक लेख में उन्होंने लिखा भी है कि कुछ दशक या एकाध सदी की उम्र वाले बाँध नर्मदा के लम्बे जीवन में कोई ख़ास महत्त्व नहीं रखते। जिस दिन अनुपम की मृत्यु का समाचार आया, उस वक़्त मुझे लगा था कि प्रकृति ही उनके अभाव को भरेगी। नदियाँ अब उन घाटियों में बहेंगी, जहाँ से उन्हें बेदखल किया जा रहा है। उजाड़े गए जंगल फिर सघन होंगे, खदानें तालाब बनेंगी, प्रकृति की रहस्यमय शक्तियाँ मनुष्य की सभ्यता से बदला लेंगी।

मगर गाँव का क्या होगा? यह प्रश्न हमारे हाथ में है, भले आज हाथों से जाता लग रहा है। डिजिटल इंडिया उस स्वप्न-शृंखला की सबसे ताज़ा कड़ी है जिसकी शुरुआत औपनिवेशिक युग में हुई थी। अनुपम मिश्र का लेखन और उनके कई व्याख्यान यह प्रमाण देते हैं कि वे गाँव के वर्तमान और भविष्य को लेकर हो रही ध्रुवीकृत बहसों में विकासवादियों के साथी नहीं थे। अनुपम ने स्वयं को और गांधी

को 'वाद' की गिरफ्त से बचाने का भरसक यत्न किया। एकाधिक बार वे इस या उस 'वाद' की चपेट में आते-आते बचे और इस तरह की दुर्घटनाओं की कीमत चुकाते रहे। वे इस विश्वास पर अडिग रहे कि गाँव को बदलने की बाहरी कोशिशें जाली हैं। उन्हें यह विश्वास था कि प्रकृति की तरह गाँव भी जयी होगा। गाँव का अर्थ प्रकृति के साथ जीने की कला माना जाए, तो प्रकृति और गाँव का युग्म समझ में आता है। मेरा अनुमान है कि अनुपम के दर्शन का सार यही है—प्रकृति को पराजित करना उस शहर की कहानी है, जो गाँव के सामने दो तरह से आत्महत्या करने के विकल्प पेश करता है। पहला विकल्प है कि शहर की नकल करके उस जैसे दिखो; दूसरा विकल्प है कि शहर में डूब जाओ। अनुपम मिश्र अपने अनुसन्धान, आन्दोलन और मिज़ाज से तीसरा विकल्प ढूँढ़ते रहे, जिसके अनुसार गाँव उस दुनिया से संघर्ष करेगा जो उसका अर्थ नहीं समझती।

# धरमशाला

पसीने से लथपथ बैठे पहाड़ों को याद करना एक अलग सुख है। जब मैं छोटा था, पहाड़ों से उतरती हुई बस में खिड़की वाली सीट पर बैठकर धीरे-धीरे गर्म होती हवा में इस बात का अफ़सोस पाता था कि पहाड़ पीछे छूट गए। घर पहुँचकर वही गर्म हवा सुख देने लगती थी—आम और मलाई वाली लस्सी का बोनस अलग से मिलता था। तब गर्मी में दिन का तापमान बता-बताकर हाय-हाय करने वाला टीवी नहीं था, सिर्फ़ जीवन था, दोपहरी भर ताश थी, रात में मई के चाँद के नीचे छत पर सिर्फ़ दरी और चादर थी। कभी-कभार पहाड़ देखने का मौका मिलता था।

बीस-बाइस बरस पहले धरमशाला की वार्षिक यात्रा शुरू हुई। फिर दो बार जाने लगा। इस बार लगभग तीन साल का वियोग-वायरस सहना पड़ा। शुरू होते समय कोरोना की ताकत का अन्दाज़ नहीं था। वह तो जब चार मई को हरि वासुदेवन के देहान्त की ख़बर आई तो ख़ुद के ज़िन्दा होने की चेतना में सिरहन दौड़ गई। वे ठीक मेरी उमर के थे। उनकी मृत्यु के बाद भी यह उम्मीद बनी रही कि बारिश के बाद धरमशाला जाऊँगा। महामारी कुछ ढली भी, पर भय और संशय नहीं टला, न कश्मीर कॉटेज खुला जहाँ मैं सपत्नीक रुकने का आदी हो चुका था। उस वर्ष का जाड़ा जाते-जाते आशा जगा गया कि जल्दी ही धरमशाला पहुँचूँगा, मगर विधाता के मन में कुछ और ही चल रहा था।

गर्मी शुरू हुई और टेलीफ़ोन की घंटी से डर लगने लगा। बीमारी और मौत की सूचना, किसी के लिए कुछ भी न कर पाने की असहायता के दंश, आत्मीयों और परिचितों को एकाएक खो देने की पीड़ा के बीच पहाड़ों की हवा, वृक्ष, सुबह, शाम की कल्पना नष्ट हो गई। महामारी की लहरों के बीच दो किताबें लिखना शुरू किया। मन में अरमान था कि एक न एक दिन धरमशाला जा पाऊँगा और वहाँ घास पर बैठकर इन किताबों को सँवारूँगा। आख़िर वह दिन आया।

रास्ते में कई जगह पलाश खिला हुआ था। ऊना के बाद हम दोनों अम्ब की प्रतीक्षा में थे, इस आशा के साथ कि हमारा प्रिय ढाबा कोरोना के संकट में ख़त्म नहीं हुआ होगा। दूर से शिव मन्दिर दिखा तो आशा और शंका उठ बैठी क्योंकि ढाबा उसके ठीक आगे मिलता था। महामारी ने अधबीते जीवन काट दिए और साथ में अनगिनत दुकानें बन्द करा दीं। अपने ढाबे का बोर्ड दिखा तो चाय-पराँठे की उमंग इस तरह उछली जैसे छुटपन में पूड़ियों के साथ अचार की गन्ध रसोई से कूदकर आँगन में आ पहुँचती थी। कोरोना काल के लम्बे एकान्तवास के बाद छोटे से छोटा परिचित सुख भी विशिष्ट लगता है। ढाबे का मालिक हमें पहचान गया, पर चाय लाने वाला लड़का बदल चुका था। खैरियत की ख़बरें ले-देकर हम आगे बढ़े और थोड़ी दूर चलने पर सड़क के मोड़ और ज़मीन के उतार-चढ़ाव सन्देश देने लगे कि पहाड़ शुरू होने को है।

मील के पत्थरों पर धरमशाला का तत्सम रूप 'धर्मशाला' नज़र आने लगा। अंग्रेज़ी में पुते अक्षर तद्भव रूप का पालन करते रहे। अंग्रेज़ी में भी तत्सम रूप लिखा जाए तो उसके 'धर्माशाला' पढ़े जानें की सम्भावना से बचना मुश्किल होगा। बचपन से अंग्रेज़ी में हर विषय पढ़ने वाले राम को रामा और अशोक को अशोका कहना छोड़ नहीं पाते। इसीलिए प्राइवेट विश्वविद्यालयों में सबसे आगे चल रहा नाम अशोका बोला जाता है। अज्ञेय होते तो कहते कि यह हम हिन्दी वालों की विवशता है। धरमशाला को लेकर भी हमारी बेबसी आतुर आज्ञाकारिता बन जाए तो आश्चर्य नहीं होना चाहिए। प्रयागराज को अपनाने में किसी ने देरी नहीं की। मुमकिन है कि निराला के संशोधित संस्करण में छपे—'वह तोड़ती पत्थर / देखा जिसे मैंने प्रयागराज के पथ पर।'

इन दो दशकों में धरमशाला मुझे लगातार बताती रही कि वह किस-किस तरह से बदल रही है। उसने मुझमें आ रहे परिवर्तन भी ग़ौर से देखे, उन्हें छाँटने में, किसे कितनी वरीयता देनी है यह जाँचने में, मदद की। ई-मेल का प्रयोग करना और वाट्सअप से बचना मुझे धरमशाला में ही सीखने को मिला। मोमो का स्वाद मैंने यहीं पहली बार चखा। लम्बी सड़क से बचने के लिए सीढ़ियाँ या पगडंडी ढूँढ़ना, बन्दरों से बचकर रहना, नाश्ता धीरे-धीरे खाना औरा सारी रात चलने वाली बस में नींद और पेट का प्रबन्धन जैसे कौशलों का वरण और अभ्यास मैंने धरमशाला की मदद से किया। यह तो मेरी परिवर्तन-संवर्धन कथा है, एक पैरा में निबट गई; धरमशाला में हुए बदलावों पर कहीं उँगली तो कहीं पैर रखना इतना संक्षिप्त और सरल नहीं है।

इस बार धरमशाला पहुँचते ही पता लगा कि वह अब कोई सामान्य पहाड़ी

शहर नहीं रह जाएगा, 'स्मार्ट सिटी' कहलाएगा। इस श्रेणी में दाखिल होकर वह कितना और कितनी गति से बदलेगा, इस बात का अनुमान धरमशाला के शुरुआती चिह्न पहले जैसे रूप-हाल में देखकर कतई नहीं हुआ। काँगड़ा से गुज़रने के कुछ किलोमीटर बाद छोटी-छोटी दुकानें, स्कूल से लौटते बच्चे, अस्पताल, युद्ध स्मारक, पहाड़ी कला के संग्रहालय की सीढ़ियाँ बताती हैं कि बस कोतवाली बाज़ार आने ही वाला है। इस बार ढाई-तीन बरस के अन्तराल के बाद धरमशाला में प्रवेश के इन प्रतीकों पर निगाह डालकर कुछ वैसी ख़ुशी हुई जैसी दिल्ली में नौकरी के प्रारम्भिक वर्षों में टीकमगढ़ में प्रवेश करती हुई बस की खिड़की से कुंडेश्वर, गणेशगंज का घोड़ा, टैगोर हॉल और तालाब देखकर होती थी। नश्वर संसार में अपनी दुनिया बनाकर, उसे दोबारा पाकर सन्तप्त, आक्रान्त मन बहल जाता है। कोतवाली बाज़ार पहुँचकर भी एहसास नहीं हुआ कि धरमशाला अब स्मार्ट सिटी बनने-कहलाने जा रहा है।

'स्मार्ट' और 'सिटी' दोनों शब्दों की कई व्यंजनाएँ अंग्रेज़ी में हैं। बचपन में जूते-मोज़े ठीक से पहने, बालों में बढ़िया कंघी किए ख़ुशमिजाज़ लड़के-लड़कियों को स्मार्ट कहा जाता था; मैं प्राय: इस विशेषण के दायरे से दूर रह जाता था। कुछ दशक बाद 'स्मार्ट' का प्रयोग एक चतुर नेता, अफ़सर या व्यापारी के लिए सुनकर एक अलग व्यंजना जानी। फिर पिछली सदी के आख़िरी दशक में 'स्मार्ट क्लास' और नई सदी में 'स्मार्ट स्कूल' इतने प्रचलित हुए कि सुदीप बनर्जी ने सन्देश भेजकर कहा—'भई, इसका कुछ करो वरना यह बीमारी असाध्य हो जाएगी।' हमारे करने से क्या होना था। स्मार्ट स्कूल एक कारपोरेट आन्दोलन बन गया और चन्द वर्षों में सरकारी योजना में रूपान्तरित हो गया। अब आया स्मार्ट सिटी का नम्बर। स्मार्ट कंट्री या नेशन की सीढ़ी भर बची है।

सिटी की व्यंजनाएँ भी कुछ कम नहीं हैं। अंग्रेज़ी में 'कन्ट्री' का एक अर्थ गाँव होता है, इसीलिए गँवई चूहे की सिटी में रहने वाले बिरादर से मुलाकात की लोककथा आज तक मशहूर है और उसका प्रयोग बीट्रिक्स पॉटर जैसी बाल-साहित्यकार से लेकर आज तक होता आ रहा है। सिटी का व्यक्तिगत संज्ञान मुझे सागर जाकर हुआ जहाँ हॉस्टल के सामने खड़े टैम्पो में बैठते समय पूछना पड़ता था—'सिटी?' यद्यपि सिटी, वहाँ भी तीन बत्ती, हर किसी की मंज़िल होती थी। ज़रूर इस रिवाज़ के पीछे विश्वविद्यालय को बीहड़ मानने की परम्परा रही होगी। झील से दिखने वाली सुदूर पहाड़ियों में अटा सुन्दर, युवा विश्वविद्यालय 'सिटी' की घिचड़-पिचड़ से अछूता लगा होगा। मगर सागर स्मार्ट सिटी नहीं है, धरमशाला है या शीघ्र बनेगा, इसका क्या रहस्य है?

इस गहन प्रश्न का सम्यक् उत्तर मुझे बिहार के उस उत्साही ठेकेदार ने दिया जो मेरी पहाड़ी के ढाल पर चढ़ने वाली पतली, उखड़ी सड़क पर मज़बूत कांक्रीट बिछाते छत्तीसगढ़ी मज़दूरों की निगरानी कर रहा था। धरमशाला में स्थानीय भिखारी और मज़दूर कम ही मिलते हैं, अतएव जीवन की निचली परत में अखिल भारतीयता की छटा बनी रहती है। तीखे ढाल पर कांक्रीट बिछाने में कई दिन लग गए, इस कारण ठेकेदार से लगभग रोज़ाना भेंट होती रही। वह चम्पारण का रहने वाला था। उसके बड़े भाई आर्किटेक्ट बन चुके थे और टीकमगढ़ के समीपवर्ती ज़िले की एक प्राइवेट यूनिवर्सिटी का कैम्पस उन्हीं का डिज़ाइन किया हुआ है—इस अतिरिक्त सूचना के साथ ठेकेदार ने बताया कि उसकी ठेका कम्पनी दिल्ली में है जिसका मालिक स्मार्ट सिटी परियोजना की पैनल में है। हर स्मार्ट सिटी की तरह धरमशाला भी डिजिटली इतना चुस्त बनने जा रहा है कि उसमें उपलब्ध हर सेवा चप्पे-चप्पे पर मौजूद रहेगी, यानी आप कहीं भी खड़े या बैठे हों, सेवाओं का लाभ उठाने की स्थिति में होंगे। इस भविष्य की आहट मुझे पास की एक दुकान में मिल चुकी थी। जहाँ मैं कई सालों से फल खरीदता आ रहा था। सँकरी-सी जगह में ताज़े-बासे फलों और बुनियादी सब्ज़ियों की टोकरियों के बीच एक ग्राहक के घुसने या निकलने लायक जगह बचती थी। अत: कोरोना के प्रति संवेदनशील ग्राहक बाहर खड़े रहकर अपने अग्रज के निकलने का इन्तज़ार करते थे। इसी इन्तज़ार के दौरान मेरी नज़र दीवार पर चिपके क्यू.आर. कोड पर गई थी। यदि मेरी जगह कोई स्मार्ट ग्राहक होता तो इस कोड का लाभ उठाकर अपने स्मार्ट फ़ोन से आन्ध्र से आए थके आमों का भुगतान करता।

स्मार्ट सिटी बन जाने के और भी कई लक्षण धरमशाला में उभर आए हैं। जहाँ मैं रुकता हूँ, उस जगह शाम का आसमान सूरज डूबने के बाद अपनी लालामी को पहाड़ी अँधेरे की स्याही में डुबोते-डुबोते पूरा एक घंटा ले लेता था। मंगलेश डबराल ने लिखा था—'पहाड़ में सोया है रक्त...दूर एक लालटेन जलती है पहाड़ पर।' संध्या के उस प्रेरक, दैनिक दृश्य में अब केबल कार की तारें और हर एक-डेढ़ मिनट में आते-जाते डिब्बे घुस आए हैं। विकास की राह पर स्मार्ट बनते धरमशाला के आकाश में अब मुझे कोरी लालिमा की कल्पना करनी होगी। बीच-बीच में इस चेतावनी की उद्घोषक लड़की की आवाज़ की आदत भी डालनी होगी—'रोप वे सेवा पन्द्रह मिनट में समाप्त होने जा रही है। यात्रियों से अनुरोध है कि जल्द से जल्द रोप वे स्टेशन पहुँचें।' केबल कार पर चढ़कर पर्यटक कुल दस मिनटों में कोतवाली बाज़ार से दलाईलामा के मन्दिर वाली सड़क का सफ़र तय कर सकते हैं जबकि टैक्सी पन्द्रह मिनट ले लेती थी। पर आकाश-मार्ग से यात्रा का आनन्द

ही अलग है, इसलिए लौटाबाट के पाँच सौ रुपए लगते हैं।

विकास की खलबली धरमशाला में काफ़ी समय से चल रही है। हर बार कुछ ऐसा हुआ कि पहली बार सुन-देखकर विश्वास नहीं हुआ कि ऐसा भी हो सकता है। ऐसा एक क्षण आई.पी.एल. के लिए बने स्टेडियम का उद्घाटन था। दलाईलामा ऐसी स्थिति में नहीं हैं कि किसी चीज़ के लिए मना कर सकें, यह जानते हुए भी उनके हाथों आई.पी.एल. स्टेडियम के उद्घाटन की ख़बर सुनकर इक्कीसवीं सदी वाली स्तब्धता की अनुभूति हुई थी। फिर यह भी पता लगा कि शायद वही ज़मीन नए केन्द्रीय विश्वविद्यालय को दी जानी थी। विश्वविद्यालय अभी तक ज़मीन के टुकड़े-टुकड़े सँभाल रहा है जबकि क्रिकेट मैच का भूचाल रह-रहकर आता रहता है।

एक बार मेरी धरमशाला यात्रा संयोग से उसी दिन शुरू हुई जिस दिन आई.पी. एल. का शुभारम्भ होना था। उस दिन सड़कों पर पैर रखने की जगह भी सोच-विचार कर ढूँढ़नी पड़ी। चारों तरफ़ गाड़ियों का मंज़र था। बड़ी-बड़ी एसयूबी गाड़ियाँ, जिन्हें आप न कार कह सकते हैं, न ट्रक, अनुशासित साँडों की तरह सँकरी सड़कों पर रेंग रही थीं। उनकी नम्बर प्लेटें देखकर लगता था कि पूरा पंजाब और हरियाणा क्रिकेट का मैच देखने धरमशाला आ पहुँचा है। आई.पी.एल. के 'डे एंड नाइट' मुकाबले दोपहर में देर से शुरू होते हैं ताकि मध्यरात्रि तक चल सकें। जैसे-जैसे रात गहराती है, भीड़ का आनन्द परवान चढ़ता जाता है। स्टेडियम दूर से चाँदी के विशाल कटोरे-सा चमकता है और दर्शक क्रिकेट के हिसाबी नशे में धुत्त हो जाते हैं। आई.पी.एल. में राष्ट्रीयता का जंजाल नहीं है, हर खिलाड़ी बोली लगाकर खरीदा गया होता है। कैलकटा नाइट राइडर्स, डेल्ही डेयर डेविल्स और राजस्थान रैंजर्स जैसे नाम सभी टीमों को लपलपाती मध्ययुगीनता देते हैं। मैच निपटते ही कारों की निकासी शुरू हो जाती है। दूर से देखने वाले को लगता है जैसे कोई चमकीला अजगर खिसक-खिसककर मैदानों की ततरफ़ बढ़ रहा है। जिन्हें होटल में कमरा मिल सका था, उनकी निकासी अगली दोपहर तक जारी रहती है। क्लान्त धरमशाला अपनी अस्मिता की बहाली में लग जाता है।

उसका सार्वजनिक चरित्र लगभग छः दशक पहले अन्तर्राष्ट्रीय बनने लगा था। चीन की सेना तिब्बत में घुस आई थी और चौबीस वर्ष के दलाई लामा पहाड़ी पगडंडियों से पैदल भारत की शरण में आ पहुँचे थे। धरमशाला से काफ़ी ऊपर है अपर धरमशाला जिसे अब मैक्लाउडगंज कहते हैं और जहाँ दलाई लामा एक बौद्ध मन्दिर के परिसर में रहते हैं। कितनी ही बार इस मन्दिर की पहाड़ी का चक्कर लगाते हुए मैं इस कल्पना में डूबा-खोया हूँ कि दलाई लामा के आगमन से पहले यह पहाड़ी कैसी दिखती होगी। एक और कल्पना साथ में उभरती है—ल्हासा की

जहाँ दलाई लामा का पुश्तैनी निवास—पोताला—था। एक आदमी जिसे आज पूरी दुनिया जानती है, पर जो अपने घर कभी न लौट सका हो, कैसा महसूस करता होगा, यह सवाल भी मन्दिर की परिक्रमा में पश्चिमी पार्श्व पर लगे प्रार्थना-चक्र घुमाते या विशाल घंटे को आहिस्ते से छेड़ते हुए कई बार मेरे मन में उठा है। बुद्ध की भाँति दलाई लामा की आन्तरिक ऊर्जास्विता उन्हें सांसारिक हूक से राहत देती होगी, दु:ख को शान्ति में, अपनी सीमाओं को करुणा में बदलती होगी।

नेहरू युग का उत्तरार्ध चल रहा था। देखते ही देखते दसियों हज़ार तिब्बती शरणार्थी अपर धरमशाला के इस पठार पर सरकारी पनाह पाकर बसने लगे। बीसवीं सदी की शुरुआत में यहाँ एक बड़े भूकम्प ने अंग्रेज़ों की बस्ती तहस-नहस कर दी थी। अब वे लोग सिर्फ़ नाम के रह गए हैं—क़ब्र के पत्थर पर ख़ुदे हुए नाम; छोटी क़ब्रें बच्चों की हैं, अत: उन पर उम्र भी लिखी है। मैक्लाउडगंज की गलियाँ छोटी-छोटी दुकानों और एक-एक दो-दो कमरे के रेस्तराओं से भरी हैं; तिब्बती धुनों से गुँजरित। 'गंज' अब कई जगहों से जुड़ चुका है पर उसका अनुभूत अर्थ 'गंजिंग' की क्रिया से ही उभरता है जो इतिहासकार शाहिद अमीन के अनुसार लखनऊ के हजरतजंग में इधर-उधर नज़र डालते हुए दुकानों के बीच तफ़री करने का नाम था। वही क्रिया मैक्लाउडगंज में मन्द-मन्द उत्साह का ऐंद्रिक सुख देती है। बीच-बीच में वसन्त सरीखी हवा की लहर मैदानी मन को घर की याद दिला जाती है। संसार की असीम सम्पूर्णता इस सँकरे-से बाज़ार के भीतर और बाहर फैली है। उस संसार का दूतावास क़ब्रिस्तान की तरफ़ जाने वाली सड़क के मुहाने पर खड़ी नौरोजी की दुकान है। राष्ट्रीय-स्थानीय सब क़िस्म के अखबार यहाँ मिलते हैं। अभी कुछ साल पहले तक नौरोजी स्वयं यह दुकान चलाते थे। 1905 के भूकम्प के अन्तिम चश्मदीद गवाह थे वे।

नौरोजी की दुकान में अखबारों और पत्रिकाओं की विविधता मेरे देखते-देखते वर्ष-दर-वर्ष घटती गई है। हिन्दी में तो जैसे अब जो कुछ है, स्मार्ट फ़ोन पर है। अख़बारों में शायद ही कभी कोई कायदे की विवेचना छपती हो। धरमशाला की यात्राओं में एक विशेष सुख पहले बीबीसी के हिन्दी कार्यक्रम देते थे। सूर्योदय की आभा के साथ 'नमस्कार भारत' और रात की ठंडक में तारों भरे आसमान के नीचे 'दिन भर' में ख़बरें और उनकी विवेचना सुनते हुए संसार से सम्पर्क की ऐसी अनुभूति होती थी जो आकाशवाणी कभी नहीं दे पाती। मगर इस बार मैं आकाशवाणी सुनने के लिए विवश था क्योंकि बीबीसी की हिन्दी सेवा अब नहीं रही। आकाशवाणी का केन्द्र धरमशाला में भी है—कहाँ नहीं है?—पर इस बात का कोई मतलब नहीं है—आकाशवाणी की तरंगों में विचार के लिए कोई स्थान न पहले था, न आज

है। कभी कोई विचार सुनाई पड़ जाए तो रेडियो को खड़खड़ाकर देखना पड़ता है कि यह विचार कहाँ से अनधिकृत घुस आया। रेडियो पर अब चीन का दबदबा है; हिन्दी हो या अंग्रेज़ी, चीनी स्टेशनों की अपनी एक शैली है और उसकी पहचान भी यही है—विचार से परहेज़।

अबकी बार विचार-विमर्श धरमशाला में सड़क पर टाइल्स और कांक्रीट बिछाते छत्तीसगढ़ मज़दूरों के साथ हुआ। पाँचों पढ़े-लिखे युवा मज़दूर थे, महासमुन्द ज़िले के। स्कूल ने उन्हें क्या दिया, इस प्रश्न पर उनका विचार एक चमकीला कण था—'टीचर ठीक नहीं था तो स्कूल क्या करता?' यदि आकाशवाणी धर्मशाला इन मज़दूरों से बातचीत का यह अंश प्रसारित कर सकती तो रेडियो और शिक्षा की दुनिया बदलना शुरू हो जाती। आकाशवाणी को गानों से फुर्सत मिले, तब ना? एक दिन अशोक वाजपेयी की आवाज़ सुनाई पड़ी तो मैं चौंका। सुनना शुरू किया तो बात पूरी होने से पहले गाना बज उठा। इंटरव्यू डॉक्टर का हो, आलोचक या भूकम्पशास्त्री का, गाना रह-रहकर बजता है, यह याद दिलाने के लिए कि आकाशवाणी मान चुकी है कि उसका श्रोता चार-पाँच मिनट लगातार गीत सुनकर थक जाता होगा। रेडियो नीति का लक्ष्य ऐसे श्रोता गढ़ते जाना है।

धरमशाला ने मुझे स्मृति-धर्म सिखाया है। याद रखो और बताओ कि यादों के झरोखे में वर्तमान कैसे दिखता है। फिर वर्तमान के झरोखे में यादों को टटोलो। स्मृति-धर्म महज़ संस्मरण नहीं है, संस्करण भी है। दोनों साथ चलते हैं तो समझ खिंचती है, जोगीबाड़ा रोड की तरह लम्बी होती जाती है, ऊपर-नीचे नीचे-ऊपर, जीवन की उस सड़क की तरह जिसका गीत मुकेश ने आज़ाद भारत की उषा में गाया था। अब आज़ादी का अमृत महोत्सव चल रहा है, जोगीबाड़ा रोड उजड़ चुकी किताबों की दुकान (जिसे एक मनचले मालिक ने 'इल्लितराती' नाम दिया था) से गुज़रकर बाज़ार के पिछवाड़े चढ़कर बस-स्टैंड आ पहुँची है जहाँ पर्यटक नए सफ़र के लिए तड़प रहे हैं। बीबीसी बची होती तो कार्यक्रम का नाम रखती 'नमस्कार नवभारत' और सुनाती कि कल रात, गत मास, विगत वर्ष, बीते दशक में क्या-क्या हो गया जिसे याद रखना ज़रूरी है पर याद करना कठिन। सुकून की खातिर बस-स्टैंड से फूटने वाली धौलाधार की सड़क लेना श्रेयस्कर है। वहाँ न बाज़ार है, न टैक्सी, न रोप वे, दस क़दम बाद सिर्फ़ चीड़ के वृक्ष हैं, बीच-बीच में बुराँस के लाल फूल जिनसे मीठा शर्बत बनता है, कुछ ज़्यादा ही मीठा जैसे निर्मल वर्मा की कोई कहानी दोबारा छपी हो 'धर्मयुग' के नए अंक में जो नौरोजी के यहाँ मिल रहा हो।

जिस छिपी-छिपी सड़क ने इतनी फुर्ती से शहर का कोलाहल पीछे छुड़वा

दिया है, उससे सटी हुई पहाड़ी पर सूर्यास्त मैंने धरमशाला की हर यात्रा में देखा है। डूबते सूरज का नज़ारा शान्ति के साथ हमेशा कुछ उदासी पैदा करता रहा है। भावों का यह मिश्रण पहाड़ी संध्या में विशेष गाढ़ा हो जाता है। साहित्य में इस गाढ़े मिश्रण के अनेक चित्रांकन मिलते हैं, काव्य और गद्य दोनों में। पन्त के काव्य में कौशानी और यशपाल की कहानियों में देहरादून की शाम का आकाश उस नीरवता का पर्वतीय संस्करण है जिसका विराट-दर्शन मैदान की 'संध्या-सुन्दरी' में निराला ने मुझे ज़िन्दगी भर सँजोने के लिए करा दिया था। धरमशाला को घेरने वाली लम्बी पहाड़ी के कोने पर धीरे-धीरे फिर और धीरे से होने वाला सूरज का लोप मैंने कई बार बस की खिड़की से भी देखा है। बस के हर घुमाव से निकलकर सूरज कुछ और छिपा मिलता था। बस का चलते रहना, सवारियों की आपसी बातें बढ़ते अँधेरे में सुकून और साथ देती थीं। किसी-किसी सफ़र में बस के पहाड़ छोड़ने तक चाँद निकल आता था। सूर्यास्त का दर्शन कराने वाली धरमशाला की पहाड़ी पीछे, बहुत पीछे छूट जाती थी। सिर्फ़ शान्ति रह जाती थी और उसका अकेलापन नींद में समा जाता था। भरी बस में हर सवारी सो जाती थी, बस ड्राइवर के सिवा। सवारी तो ड्राइवर भी है, पर उसे ईश्वर ने विशेष कष्ट दिया है।

शाम को घर लौटने से पहले छत्तीसगढ़ की मज़दूर टोली तीसरी बार फ़ोटो खिंचाती है। ठेकेदार ने समझाया कि स्मार्ट सिटी परियोजना के तहत इस सड़क की मरम्मत करा रही दिल्ली स्थित कम्पनी सुबह, दोपहर और शाम की तसवीरें देखकर ही दिहाड़ी का भुगतान-आदेश देती है। लंच के बाद काम कितने बजे शुरू हुआ, इसका भरोसा कोई कैसे कर सकता है? यह प्रश्न उठाते हुए युवा ठेकेदार उदारीकृत डिजिटल भारत का स्वीकृत नागरिक लग रहा था। उसने बताया कि जीपीएस इस बात का प्रमाण भी देता है कि तीनों तसवीरें निर्माण-स्थल पर ही ली गईं। काम कितना हुआ, इसका रिकॉर्ड फीते से नापकर भेजना होता है। आप किसी का विश्वास नहीं कर सकते, इसीलिए रेलवे का निजीकरण ज़रूरी है, यह तर्क सुनकर मैं चार क़दम आगे बढ़ा। घर की पगडंडी पकड़ते मज़दूरों ने बताया कि ठेकेदार हर किसी की दिहाड़ी से सौ रुपये काट लेता है।

छ: दशक पहले धरमशाला में दलाई लामा और तिब्बती समुदाय के स्त्री-पुरुष-बच्चे नहीं थे। उस समय यह शहर कैसा दिखता, महसूस होता होगा, यह कल्पना करना कठिन नहीं, असम्भव है क्योंकि पिछली अर्धशती में धरमशाला के परिवर्तन-चक्र की धुरी दलाई लामा और तिब्बती लोगों ने गढ़ी और घुमाई है। जब दलाई लामा को यहाँ बसाया गया था, वे युवा थे : धर्मगुरु का पद उन्हें तिब्बत में बनी बौद्ध परम्परा ने दिया था। जिसके तहत वे चौदहवें दलाई लामा कहलाए गए।

मगर पिछले पचास वर्षों में उनकी पहचान पूरी दुनिया में एक बड़े आधुनिक दार्शनिक के रूप में उभरी है। वह पहचान उन्होंने अपने ज्ञान, बौद्धिक श्रम, व्यक्तित्व और तिब्बती-शरणार्थी जनमानस के निराले नेतृत्व से अर्जित की है।

उनके बौद्धिक परिश्रम को साकार रूप में कई बार देखने का मौका मुझे धरमशाला में मिला। साधारण लोगों से ठसाठस भरे मन्दिर परिसर में किसी बौद्ध विद्वान के विचारों पर घंटों लम्बी टीका करते दलाई लामा को सुनना हर बार एक असामान्य अनुभव था। देर से आने के कारण कभी-कभी मुझे सीढ़ियों पर बैठना पड़ा। बीच-बीच में अपने ख़र्च पर चाय देने वाले आते रहते थे। अनुवाद की व्यवस्था इतनी चुस्त थी कि लगता था, मैं हर बारीकी पकड़ पा रहा हूँ। तीन-चार दिन लगातार यह सिलसिला चलता था। उन व्याख्यानों से बनने वाले माहौल का बयान शब्दों में कितनी ही मेहनत से किया जाए, अधूरा ही रहेगा।

कुछ ऐसी ही बात दलाई लामा के नेतृत्व को लेकर कही जा सकती है जिसका राजनैतिक पक्ष अब वे त्याग चुके हैं। वे अब सिर्फ़ चौदहवें दलाई लामा नहीं रहे, बौद्ध धर्म के गहन व्याख्याकार और सहज अभ्यास बन गए हैं कि उन्हें कुछ कहने की ज़रूरत नहीं है। यदि बुद्ध के दर्शन का सार अहिंसा है—जैसा कि सम्राट अशोक को यकायक लगा था—तो दलाई लामा ने अहिंसा के शस्त्र का प्रयोग चीन सरीखे विकट शत्रुदेश के विरुद्ध करके बुद्ध की दृष्टि से एक आधुनिक राजनैतिक दर्शन बनाकर गांधी की राह को आगे बढ़ाया है।

इस उपलब्धि की मीमांसा आज या कल के सन्दर्भ में करना व्यर्थ है। परिस्थिति-चक्र का भीतरी घूर्णन तय करेगा कि तिब्बत की सभ्यता भविष्य में क्या रूप लेगी। दलाई लामा के नेतृत्व ने दो काम प्रमुख रूप से किए—पहला यह कि देश वंचित समुदाय को निर्धनता और विपत्ति के बावजूद हीनताबोध और बिखराव से ग्रस्त नहीं होने दिया; दूसरा यह कि तिब्बत में चीन का अतिक्रमण पूरे विश्व की नज़रों और स्मृति में बना रहा। आधिपत्य के औचित्य का चीनी दावा साठ-बासठ वर्ष बाद भी उतना ही असफल है जितना दलाई लामा को बेइज़्ज़त करने का चीनी प्रयास। सैनिक और व्यापारिक शक्ति के बग़ैर हासिल की गई ये उपलब्धियाँ आधुनिकता के इतिहास में असाधारण नहीं, अनूठी हैं।

इन उपलब्धियों ने धरमशाला को ऐसी प्रथा दी है जिसे शिमला, लेह या मसूरी महसूस नहीं करा सकते। पहाड़ी शहर हर देश में होते हैं, हमारे यहाँ भी अनेक हैं, कई के पास धरमशला से ज़्यादा ठंडक और सुषमा है। आधुनिक पर्यटन उद्योग की अनिवार्य समस्याएँ धरमशाला को लगातार घेरती जा रही हैं और अब स्मार्ट सिटी का ओहदा मिल जाने पर और घेरेंगी। पर्यावरण बिगड़ेगा, कूड़ा बढ़ेगा, उपभोग की

संस्कृति गहराएगी। पर सम्भवत: कुछ ऐसा बचा रहेगा जिसे पहचानने वाले कह पाएँगे कि इस अजीब एहसास का बीज एक भूकम्प ने डाला था।

गाकी नाम का रेस्तराँ आज भी है, पर अब वहाँ का माहौल वह नहीं रहा जो तिब्बत को चेहरा दे, उसकी आवाज़ बन जाए। कुछ ऐसा ही बुकवर्म के बारे में कह सकता हूँ। किताबों की दुकानें धरमशाला में कई हैं, पर इस छोटी-सी दुकान में प्रवेश करके मुझे लगा जैसे मैं तिब्बत हो आया। बुकवर्म के युवा मालिक लासांग त्येरिंग को जब मैंने पहली बार देखा था, वह उत्साह और उम्मीद से भरा हुआ था। तिब्बत की आज़ादी तब एक सम्भावना लगती थी और अनेक शिक्षित युवाओं के अलावा सैकड़ों भिक्षु और स्वयं दलाई लामा इस उम्मीद को अभिव्यक्ति देते थे। कुछ वर्ष बीते, कई यात्राएँ गुज़रीं और एक दिन मैंने पाया कि लासांग की कुर्सी पर उसकी पत्नी बैठी है। पूछा तो पता लगा कि लासांग को पक्षाघात हो गया है। उन्हीं दिनों चीन में बौद्ध भिक्षुओं ने अपने प्रतिरोध को व्यक्त करने के लिए आत्मदाह का रास्ता चुना था।

गाकी चलाने वाली महिला अपने छोटे से रेस्तराँ में लगातार इधर से उधर घूमती रहती थी मानो कोई झटका उसके हृदय में उठता हो। पर्दे के पीछे रसोई में दो पल, फिर यकायक दरवाज़े पर गली के करीब, फिर लौटकर हमसे बात करने हमारी मेज़ पर—उसका कुछ तना हुआ चेहरा कब कहाँ दिखेगा, कहा नहीं जा सकता। कुल पाँच मेज़ों वाला यह रेस्तराँ धरमशाला से ज़्यादा मशहूर था, एक चिह्न था जहाँ आधुनिक समय का इतिहास आकर रुकता था, चाय पीकर, कुछ खाकर आगे बढ़ता था। गाकी में बैठकर लगता था कि मैं भी समकालीन हो गया, किसी बड़ी अभेद्य चट्टान में घुस गया हूँ।

लासांग का स्वास्थ्य धीरे-धीरे सुधर गया। उसने इधर के वर्षों में कविताएँ लिखीं हैं, तिब्बती भाषा के शरणार्थी साहित्य में अपना हस्ताक्षर जोड़ा है। जिस गली में उसकी दुकान है, बहुत बदल गई है पर बड़े-बड़े होटलों की छाया में अपनी छोटी-सी पहचान खोए बग़ैर ज़िन्दा है। एक छोटी गली के लिए यह कोई छोटी बात नहीं है। स्मार्ट सिटी में किताबों की एक स्वतंत्र दुकान का अभी तक बचे रहना भी विश्वास दिलाता है कि चीज़ें इतनी आसानी से नष्ट नहीं होंगी। आदमी का जीवन-काल न यह समझने के लिए पर्याप्त है कि बात कैसे बिगड़ती है, न यह देख पाने के लिए बिगड़ी हुई बात दोबारा केसे बनने लगती है।

गाकी अब बिक चुका है। उसकी संस्थापक के दोनों बच्चे बड़े हो गए। धरमशाला में पीढ़ियों के बदलाव का एहसास अनेक तरह की खिड़कियों से झाँकता है। हर बार कई नई खिड़कियाँ दिखती हैं, उनके पार का दृश्य थोड़ा भी परिचित पाकर

ख़ुशी महसूस होती है, इस बात की कि चलो, सब कुछ नहीं टूटा। बौद्ध दर्शन से अनुप्राणित नगर में ऐसा विचार विजातीय कहा जाए या मानवीय? हमारा दिल बदलाव भी चाहता है, निरन्तरता भी, स्थायित्व भी। गाकी अब नाम के वास्ते ही गाकी है, अतएव उसे छोड़कर आगे बढ़ जाता हूँ। वह गली जहाँ तिराहे में बदलती है, वहाँ से दाहिने मुड़ने पर कुछ अच्छी-सी जगहें आएँगी, फिर सड़क आगे बढ़कर भगसू तक सीमेन्ट से लदी-लदी बढ़ती जाएगी। भगसू मन्दिर के नीचे घनी ज़ोरदार नदी हुआ करती थी। आसपास का पहाड़ वृक्षों से घिरा था। आगे, और आगे, अब पैरा-ग्लाइडिंग का प्रबन्ध हुआ है। विकास का एकमात्र अर्थ उपभोग के साधन बढ़ाना रह गया है। नेता और अफ़सर और उनके चुने हुए विशेषज्ञ मिलकर तय करते हैं कि अब और कहाँ धरती का उत्पीड़न करना है ताकि कोई पैसा बनाए, कोई मौज करने आए, कोई कूड़ा बीनने, कोई सड़क बनाने।

तिराहे से एक सड़क थोड़ा मुड़कर ऊपर चली गई है, धर्मकोट की तरफ़। उस पर चलते हुए एक बार हम दोनों को ऊन को झाड़ियों में अटाकर फैलाती हुई तिब्बती औरतें मिली थीं। वे अपने में इतना खोई हुई और ख़ुश दिखीं कि बगल से गुज़रते हुए संसार से मुक्त बनी रहीं। वे धरमशाला के विशाल दस्तकारी लोक की सदस्य थीं। बुनाई, कशीदाकारी, बढ़ईगिरी—ये तीन बड़े कौशल हैं जिनसे जन्मी कलाएँ धरमशाला के आकाश में जगह-जगह अपनी रंगीन छटा का सौष्ठव लिए लटकी-खड़ी मिलती हैं। वे सिर्फ़ ज़िन्दा नहीं हैं, स्वस्थ हैं, ज़िन्दगी का भरोसा दिलाती हैं। धरमशाला में विवाहित एक जर्मन महिला ने गुड़िया बनाने का उद्योग लगाया है। आप कैसे ही मूड में हों, गुड़ियों से घिरकर मुदित हुए बग़ैर नहीं रहेंगे। ऐसी कौशल-सुख-समाधि में ले जाने वाली और भी जगहें हैं इस ऊबड़-खाबड़ नगर में, पर नोरबू लिंका का मुकाबला नहीं। उस भव्य परिसर में स्थानीय युवा कारीगर वरिष्ठ कलाकारों से प्रशिक्षण पाते हैं। पूरा वातावरण गलीचों की गाँठों में आराम से बँधा लगता है। बीच में एक धारा बहती है। उसके आसपास फूल खिले हैं।

नोरबू लिंका से आगे बढ़ें तो डोरमा लिंग नाम की अनोखी संस्था मिलती है। वहाँ ऐसी लड़कियाँ एक लम्बी पढ़ाई करती हैं जो बौद्ध भिक्षुणी बनना चाहती हैं। बौद्ध धर्म के इतिहास में यह पहली बार सम्भव हुआ है कि भिक्षु का प्रशिक्षण और अध्ययन स्त्री और पुरुष के बीच समकक्षता की औपचारिक स्वीकृति प्राप्त कर सका है। इस घटना का श्रेय जिन नामों को जाता है, उनमें दलाई लामा सबसे चर्चित हैं, पर इतना गहन संस्थायी प्रयास एक बड़ी तरंग की तरह देखा जाए, तभी उसका सच समझा जा सकता है। इस सच के दूरगामी परिणाम क्या-क्या होंगे, इस

प्रश्न की टोह में जाना भी बुद्ध की बात मानकर व्यर्थ समझना चाहिए। जो होगा, स्वयं रूप लेगा।

धरमशाला कभी सिर्फ़ एक अल्हड़ धर्मशाला रहा होगा। काँगड़ा से धौलाधार और पहाड़ों में ऊँचाई पर स्थित तीर्थों की तरफ़ पैदल जाने वाले लोग वहाँ रुकते होंगे। मगर धर्मशाला भी एक शाला होती है, कुछ बातों को सँवार-सँवार कर ज़िन्दा रखने की जगह। लाख व्यवसायिक हो चुका धरमशाला नगर अपने में समाई शाला को निस्सन्देह सँजोकर रख सका है, आगे क्या होगा, कोई नहीं कह सकता। कुछ चीज़ें विकास के प्रतिश्रुत भक्त-कारीगर भी छोड़ देते हैं। कुछ वर्ष पहले अफ़वाह थी कि त्रिपुंड तक केबल पहुँचेगी। फिर कुछ दिनों में नई अफ़वाह उड़ी कि केबल कार नहीं, कार का रास्ता त्रिपुंड तक बनाया जाएगा। थी तो यह भी अफवाह ही, पर इसमें वास्तविकता का पुट कुछ आशंकित, कुछ आतंकित करता था। धरमकोट से त्रिपुंड की राह में पड़ने वाले शिव मन्दिर तक मोटरसाइकिलें मेरे देखते-देखते जाने लगी थीं और देखते-देखते कारें भी उस चौड़ाती, धूल उड़ाती राह पर दिखने लगी थीं। वे त्रियुंड तक जाने लगेंगी, इस अफ़वाह में ख़बर बनने का दम था।

मुझे बस धरमकोट का भरोसा है। वह ज़रूर कभी गाँव रहा होगा, अब एक चाय की दुकान भर है। धरमशाला से चला आरोही उसे देखकर राहत की साँस लेता है। चाय वह चीज़ है जो जीवन के हर दैनिक मोड़ को, सिविल सर्विस परीक्षा में असफल हुए हर क्लर्क को, आधी छुट्टी में हर अध्यापक को आशीर्वाद देती है। वह सुन्दर है, शिव है, सत्य है। धरमकोट की दुकान में दुनिया के हर देश से आया हर आयु का मुसाफ़िर रुकता है। थोड़ी दूर पर विपशाना केन्द्र है जिसके फाटक पर पिछले वर्ष तमाम देशों से आने वाले शान्तिकामियों की संख्या लिखी है। सूची पर ग़ौर करें तो समकालीन इतिहास का कोर्स इग्नू से करने की ज़रूरत नहीं रह जाएगी। पता लग जाएगा कि किस देश में कितनी खलबली है। सूची का पहला नाम इज़राइल है। कहते हैं, तेल अवीव से चलने वाला हवाई जहाज भले बम्बई में रुक जाता हो, उसकी सवारियाँ धरमशाला पहुँचकर ही दम लेती हैं।

चाय ऐसा सर्वगुणसम्पन्न पेय है कि उसका गिलास हाथ में लेते ही क्लान्त पथिक तरोताज़ा हो जाता है। मुझे इस मामले में काँच का गिलास चीनी मिट्टी के कप से ज़्यादा प्रभावशाली लगता है। इसका कारण ज़रूर गिलास की पारदर्शिता है जिससे सरकार भी कुछ सीख सकती है। काँच के पार चाय की गर्मी सहनीय मात्रा में पहुँचती है, ताज़े बुलबुले भूरे रंग को क्षण भर के लिए छिपाते हैं, होंठ एक नन्हें से घूँट के लिए खुलते हैं। गिलास ख़त्म करके उठना, शिव मन्दिर की तरफ़ क़दम बढ़ाना आसान हो जाता है। चाय वहाँ भी मिलती है, पर उसमें धरमकोट

वाली बात नहीं होती। चाय सर्वत्र व्यापी है, पर उसे गरिमा देने में कुछ ख़ास जगहों का भौगोलिक योगदान होता है। यह बात मुझे बचपन से पता है। स्कूल के पास तोता की गुमटी थी और हर शिक्षक, यहाँ तक कि प्रिंसिपल भी, तोता से चाय मँगाकर ऊर्जा और उत्साह पाता था। आज गुमटी की जगह किसी नेता की मूर्ति है जो खड़े-खड़े देशप्रेम सिखाती है।

स्मृति भी कहाँ से कहाँ बहका ले जाती है। शिव मन्दिर से त्रिपुंड की चढ़ाई इतनी गम्भीर है कि अब एक-दो करोड़ के लालच में भी दोबारा नहीं चढूँगा। एक बार उस चोटी की फतह कर ली, बहुत है। उस दिन धरमशाला लौटते हुए लग रहा था जैसे पूरा शहर मेरा घर है। त्रिपुंड की निर्जनता, चोटी के पार झाँकती चीन की बर्फ़ से ढँकी सीमा, चढ़ने की थकान और उतराई की जल्दी मन की तमाम परतों में समेटते हुए जब मैं बाज़ार के ठीक पहले वाली आख़िरी ढलान पर था तो लग रहा था कि हर दुकान भी मेरा घर है।

शुरू के सालों में यह अनुभूति धरमशाला से चलते समय होती थी। बेदी बस सेन्ट जॉन चर्च और क़ब्रिस्तान के पास खड़ी मिलती थी, ढाल से इतना सटकर कि बस के दरवाज़े में सँभलकर घुसना ज़रूरी होता था। चलने का समय तय था पर उसके बाद भी सवारियाँ आती रहती थीं। शाम उतरने को होती थी तब कंडक्टर और अन्त में ड्राइवर अपने विशेष प्रवेश द्वार से घुसता था। नन्ही-सी नाटकीयता आसपास के वातावरण में पैदा हो जाती थी। पहिए घूमना शुरू होते थे और बस लुढ़कना प्रारम्भ करती थी। शाम का सूरज छिपने में देर नहीं लगाता था और अँधेरा होते ही बस की सामने वाली बत्तियाँ सर्पिल सड़क पर रोशनी फैला देती थीं। गोल-गोल मोड़ बार-बार पीछे छूट गए मैक्लाउडगंज की बत्तियों को आँखों के सामने लाकर ओझल करने लगते थे। कुछ दूर तक पहचानना सम्भव होता था कि वह हल्की-सी चमक दलाई लामा के मन्दिर में तने शामियाने की है। बाज़ार में दुकानों की कतार उनमें लगी क्षीण रोशनियों के सहारे कभी दिख जाती थी, कभी मुँद जाती थी। बस लगातार बढ़ती जाती थी, एक विवशता की तरह। अवकाश के दिनों का आसरा पीछे छूटता जाता था। शाम ख़त्म हो चुकती थी। रात का एकाधिकार स्थापित हो जाता था। मन बोलता—फिर आऊँगा तो वैसे ही मिलना, ज़्यादा मत बदलना छोटे शहर, अपना धरम।

# भाषा की संजीवनी

जीवन में पहली बार सरकारी नौकरी मुझे तिरपनवें वर्ष में मिली। नियुक्ति का माहौल तूफानी था और जिस संस्था की सेवा मुझे करनी थी, वह अपने तिरालिस वर्षों के जीवन की सबसे संघातक अवधि से गुज़र रही थी। नौकरी भी नेतृत्व देने की थी, यानी चुपचाप रचना करना सम्भव नहीं था। सभी कुछ म्युनिसिपेलिटी के चौराहे पर होना था। हर शब्द, हर क़दम सन्देह और आलोचना की दृष्टि से देखा जाना था। दुर्भावना का बादल हर दिशा में फैला था। बादल के पार बहुत-सी सहानुभूति, सहकर्मिता मौजूद थी, हज़ारों लोगों का सक्रिय साथ उपलब्ध था, पर लड़ाई का स्वरूप लगातार बदल रहा था, इसलिए हर रणनीति अस्थाई सिद्ध होना सुनिश्चित था।

इस परिस्थिति में कोई भी नौकरी मानसिक दबाव का कारण बनेगी, यह समझना अत्यन्त सरल था। मुझे जिस एक चीज़ से सख़्त चिढ़ है, मानसिक दबाव ही है। कई वर्ष पहले ठीक-ठीक याद करूँ तो 1987 के आसपास—मैंने निश्चय कर लिया था कि और सब सहूँगा, मानसिक दबाव नहीं सहूँगा। इस प्रण को अमल में लाने की अनेक तरकीबें निकालीं, उन्हें समय-समय पर काम में लिया और सीखा कि कब कौन-सी तरकीब कमज़ोर पड़ती है। एनसीईआरटी की नौकरी में जो कई विधियाँ मेरे काम आईं, उनमें से एक थी हर बृहस्पतिवार की सुबह परिसर में स्थित केन्द्रीय विद्यालय के पहली कक्षा के बच्चों को कहानी सुनाना। शुरू-शुरू में निदेशक की हैसियत के चलते मेरा छोटे बच्चों के साथ दरी पर बैठना स्कूल के सहयोगियों को थोड़ा अटपटा लगा, पर जल्दी ही साप्ताहिक क्रम स्थापित हो गया। कहानी सुनाने की कला का यत्किंचित प्रशिक्षण मुझे 1979 में कनाडा-प्रवास के दौरान एलिस केन से मिला था। वे अब जीवित नहीं हैं और उनकी महारत जानने वाले लोग दुर्लभ हो चुके हैं। कहानी कहने की कला पर उनका तीन महीने का कोर्स एक स्वैच्छिक संस्था की ओर से आयोजित किया गया था। कोर्स में एलिस स्वयं कहानी सुनाती

थीं, फिर सुनाने के तरीक़े और कहानियों के कथानक पर चर्चा करती थीं। इस कोर्स ने मेरी इस विषय में युवावस्था से चली आ रही रुचि को कई और जिज्ञासाओं से जोड़ दिया, ख़ासकर वाचिक और साक्षर समाज-रचना के अन्तर और कहानी के पारम्परिक विश्व-रूपों के तुलनात्मक स्वरूप को लेकर चली आ रही उत्कंठा से। एनसीईआरटी की नौकरी में मेरी बृहस्पतिवारीय कहानी को इस पूर्वानुभव का लाभ मिला, पर बदले में मुझे जो भावनात्मक लाभ मिला, वह प्रबन्धन-विज्ञान के विशेषज्ञों की दिलचस्पी का विषय होने की पात्रता रखता है। सप्ताह चाहे जैसा हो, बृहस्पतिवार की सुबह कहानी सुनाकर ऑफ़िस में प्रवेश करतें समय मैं इतना हल्का और प्रफुल्ल महसूस करता था कि मुझे ख़ुद आश्चर्य होता था। प्रशासनिक दिनचर्या और रोज़ उठने वाले विवादों का दबाव गायब हो जाता था।

इस प्रभाव को बच्चों के बीच उठने-बैठने से प्राप्त होने वाली ऊर्जा की अनुभूति मान लेना आसान था। कहानी सुनाने के साप्ताहिक क्रम में एक दिन अचानक मुझे उस ऊर्जा का गहनतर कारण समझ में आ गया। 'बुढ़िया की रोटी' शीर्षक कहानी मैं उस दिन तीसरी या चौथी बार सुनाने जा रहा था। इस कहानी का प्रारूप मैंने चिल्ड्रन्स बुक ट्रस्ट द्वारा प्रकाशित पुस्तक से लिया था। इस संस्था के स्थापक शंकर पिल्लै ने लोकजीवन में व्याप्त कई कहानियाँ अपनी कलम से लिखी थीं। इनमें 'महागिरि' और 'बुढ़िया की रोटी' मुझे विशेष प्रिय हैं। कहानी संक्षिप्त है, पर वह कई मोड़ों से जल्दी-जल्दी गुज़रती है। हर बार इस कहानी को सुनाते समय मैं उसके विवरणों को कुछ विस्तार देता था, पात्रों को भी उभारता था। शायद इस कारण बच्चे कहानी के ढाँचे को याद रखे-रखे विवरणों से छेड़छाड़ का आनन्द ले पाते थे। कहानी का ढाँचा यह है—

एक बूढ़ी औरत गाँव के किनारे रहती थी। उसकी झोपड़ी के सामने नीम का ऊँचा पेड़ था। एक दिन वह झोपड़ी के सामने बैठी चूल्हे पर रोटी बना रही थी। उसने रोटी तवे से उतारकर जैसे ही थाली में रखी कि नीम के पेड़ पर रहने वाला कौआ रोटी को चोंच में दबाकर पेड़ की सबसे ऊँची डाल पर जा बैठा। बुढ़िया अपनी लाठी टेकती हुई पेड़ के पास पहुँची और ऊँचे स्वर में बोली—'कौए, ओ कौए मेरी रोटी वापस कर दे।' कौए ने जवाब दिया कि उसे भूख लगी है। तब बुढ़िया पेड़ से बोली—'पेड़, ओ पेड़, तुम अपनी डालियाँ जोर से हिलाओ।' पेड़ ने जवाब दिया—'माता जी, मैं डालियाँ हिलाऊँगा तो कौए का घोंसला गिर पड़ेगा। पेड़ ने कहा—मैं क्यों डालियाँ हिलाऊँ? कौए ने मेरा क्या बिगाड़ा है?' यह सुनकर बुढ़िया लकड़हारे के पास गई। उससे अनुरोध किया कि वह अपनी कुल्हाड़ी से पेड़ को काट डाले। उसने भी मना किया तो चूहे के पास इस उम्मीद के साथ गई

कि वह लकड़हारे की कुल्हाड़ी की मूठ कुतर देगा, पर चूहे ने भी आनाकानी की। उद्विग्न बुढ़िया बिल्ली के पास इस आशय के साथ पहुँची कि वह चूहे को मार डालेगी, पर बिल्ली भी नहीं मानी। आख़िरकार बुढ़िया मन्दिर के पास रहने वाले कुत्ते के पास गई। कुत्ता मान गया और बिल्ली के पीछे दौड़ा। बिल्ली घबराई और चूहे को मारने झपटी। चूहा लकड़हारे की कुल्हाड़ी की मूठ कुतरने आगे बढ़ा तो लकड़हारे ने कुल्हाड़ी उठाई और पेड़ की तरफ़ बढ़ा। पेड़ ने घबराकर अपनी डालियाँ हिलाना शुरू किया ही था कि कौए ने बुढ़िया की रोटी नीचे फेंक दी।

इस तरह अन्त में बुढ़िया को उसकी रोटी मिल गई। कहानी पूरी होने पर मैंने अपना झोला उठाया। झोले में उस दिन मैं एक बासी रोटी लेकर घर से चला था। प्लास्टिक की पन्नी खोलकर वह रोटी निकालकर मैंने बच्चों को दिखाई और कहा—'बच्चो, जो रोटी कौए ने वापस दी, मैंने बुढ़िया से तुम्हें दिखाने के लिए माँग ली। उसके पास और आटा था, इसलिए उसने अपने लिए एक और रोटी बना ली।'

मेरे झोले से निकली रोटी मेरे हाथ में देखकर बच्चे एकदम शान्त, कुछ-कुछ स्तब्ध-से हो गए। पहली कक्षा के बच्चों को इतना शान्त देखने का अवसर कम ही किसी बड़े को नसीब होता है। क्या था उनकी स्तब्धता का रहस्य? मेरे परिचित बाल-समूह की उस अपूर्व शान्ति के स्रोत टटोलते हुए मैं तीन लोकों में पहुँचा। एक है पाँच वर्ष के बच्चों का मनोलोक, दूसरा कहानी का अपना यानी आन्तरिक चरित्रलोक, और तीसरा हमारा यानी मनुष्यों का संस्कृति लोक, जिसका निर्माण एक अनवरत उद्यम की तरह भाषा करती है। आइए, एक-एक करके इन तीनों लोकों की यात्रा करें और उस गन्तव्य की तरफ़ क़दम बढ़ाएँ जहाँ भाषा की संजीवनी हमारी परख का इन्तज़ार कर रही है।

बच्चों का मनोलोक अनेक विशेषज्ञों ने टटोला है, पर किसी ने प्लेटो के इस कथन को झुठलाना सम्भव नहीं पाया कि बच्चे के मन में झाँकना एक विदेश यात्रा है—कुछ-कुछ समझ में आता है, बहुत कुछ रह जाता है। आन्द्रे फावात एक ऐसे निराले विद्वान थे जिन्होंने पारम्परिक कहानियों की मदद से बच्चों का मनोविज्ञान समझने की कोशिश की। पाँच-सात वर्ष तक की आयु के बच्चे की दृष्टि संज्ञा की गुलाम नहीं होती। वे चीज़ों को देखते हैं, उनकी संज्ञान नहीं करते। संज्ञान करना यानी संसार का वर्गीकरण और नामांकन करना। बचपन में कई चीज़ें, भाव और अनुभव अनाम रहते हैं, इसीलिए इतने तीव्र होते हैं कि हम उन्हें जीवन भर उनकी मौलिक ऐन्द्रिकता में याद रख पाते हैं। संज्ञानमुक्त दृष्टि का धनी होने के कारण ही बच्चा कल्पना की सहज सामर्थ्य रखता है। वह चाँद देखता है तो चाँद बन जाता है।

पाब्लो नेरुदा ने सदा लिखा भी है, तितली देखते समय बच्चा स्वयं तितली बन

जाता है, उतना ही हल्का, रंगीन और आसमान में फूलों की खोज में खोया हुआ। यानी बच्चे ख़ुद वे और पराए में, कर्ता और वस्तु में फ़र्क़ नहीं करता इसी कारण वे सजीव और निर्जीव में, इनसान और जानवर में, समाज और प्रकृति में फ़र्क़ नहीं करते। बुढ़िया की रोटी में मनुष्य की उपस्थिति एक सृष्टि चक्र के भीतर है, और किसी भी तरह विशिष्ट नहीं है। बुढ़िया कौए और पेड़ से उतनी ही अपेक्षा रखती है जितनी लकड़हारे से। बच्चों की दृष्टि में यह कहानी आज के अख़बार की सुर्ख़ी हो सकती है।

अब दूसरे जगत में चलें जो कहानी का अन्तर्लोक है। साहित्य के अन्य रूपों की तरह कहानी भी एक 'सृष्टि' है। वह इस अर्थ में एक 'स्वतंत्र सृष्टि' है कि उसके अपने नियम होते हैं, अर्थात् वह हमारी उस दैनिक सृष्टि के नियमों को पूरी तरह नहीं मानती जिसका वह अनुकरण करती हुई प्रतीत होती है। इस कहानी में यह बात सबसे स्पष्ट रूप से कौआ चरितार्थ करता है। रोटी छीनकर पेड़ पर बैठ जाने के बाद कौआ चाहता तो कहानी के घटनाचक्र की परवाह किए बग़ैर चुपचाप रोटी खा सकता था। उसके पास पर्याप्त समय था रोटी खाने के लिए। यदि आप कहानी के घटनाचक्र को दैनिक समय के पैमाने पर मापें तो पेड़, लकड़हारे, चूहे, बिल्ली और कुत्ते को मनाने में बुढ़िया को कम से कम दो-ढाई घंटे का समय लगेगा। इस हिसाब में आप पेड़ के सिवाय अन्य पात्रों को तलाशने का समय जोड़ दें और यह ध्यान रखें कि बुढ़िया की चलने की रफ़्तार कॉलेज की एथलीट जितनी नहीं हो सकती। इस तरह सम्यक दृष्टि से देखें तो कौए के हाथों अपनी रोटी छीने जाने के बाद बुढ़िया को कम से कम पूरी दोपहरी लगी होगी। उस घटनाचक्र के गुज़रने में जिसके अन्त में कौआ रोटी को वापस गिरा देता है। इस बीच कौआ रोटी खाने की जगह उसे अपनी चोंच या घोंसले में सुरक्षित रखे है, नाटक के उस पात्र की तरह जो दर्शक के मन में अपने पहले दृश्य वाली स्थिति में तब तक बना रहेगा जब तक उसे दुबारा किसी अन्य दृश्य में मंच पर आने का मौका नहीं मिलता।

आशय है कि 'कहानी का नेपथ्य' दैनिक जीवन के नेपथ्य जैसा नहीं है। दैनिक जीवन के नेपथ्य में खुराफात होती है, मंत्रणा होती है। साहित्य में मंच और नेपथ्य की भूमिकाएँ जीवन से अलग हैं। मंच जीवन का अनुकरण होने देता है, पर नेपथ्य में प्रतीक्षा की पूर्णता है। कहानी के नेपथ्य में कुकर्मी भी धैर्यपूर्वक इस बात की प्रतीक्षा करता है कि उसके द्वारा सताया गया नायक अपने प्रतिकार का प्रबन्धन कर सके। हमारी कहानी में नायक की भूमिका में एक वृद्धा है। खलनायक कौए को मालूम है कि वृद्धा अपनी रोटी की पुनर्प्राप्ति के लिए संघर्ष करेगी। इस संघर्ष में कौए की रुचि है। वह संघर्ष के नतीजे में दखल नहीं देना चाहता, इसीलिए जबरन

उठाई गई रोटी नहीं खाता और रोटी अन्तत: वापस बुढ़िया को मिलती है। उस समय तक वह ताज़ी नहीं रह सकती। यह किसी भी न्याय की नियति है कि वह मिलने पर वैसा जीत या किसी चीज़ को उस रूप में नहीं लौटाता जिस अवस्था में वह खोई थी। वह सन्तोष देता है, पर ताज़गी का सन्तोष नहीं दे सकता। जो रोटी बुढ़िया को वापस मिली, वह कहानी से गुज़री हुई रोटी है। वह न ताज़ी है, न बासी, वह एक और ही तरह की रोटी है। यह बात बच्चे समझते हैं, बल्कि बच्चे ही समझते हैं; बड़ों को यह बात समझानी पड़ती है, मेरे रोटी झोले से निकालकर दिखाने पर बच्चों ने यह नहीं कहा कि यह रोटी वह नहीं है जिसे बुढ़िया ने बनाया था। एक दैनिक अर्थ में वे जानते हैं कि यह रोटी वह नहीं हो सकती, पर इस ज्ञान से ज़्यादा बड़ा और प्रभावी उनका यह गूढ़ ज्ञान है कि बुढ़िया द्वारा बनाई गई रोटी कोई भी रोटी हो सकती है क्योंकि वह खाई जाने वाली रोटी नहीं है। बुढ़िया की रोटी एक ऐसी रोटी है जो हर रोटी में है, इसलिए कभी भी, किसी भी रोटी में हो सकती है।

वह एक 'अनश्वर सृष्टि' है, एक ऐसा प्रतीक जो अपने सत्य के लिए ऐन्द्रिक यथार्थ पर निर्भर नहीं है। यह समझ बच्चों में कहाँ से आई? 'इस प्रश्न का उत्तर हम मनुष्य की उस विरासत' का सन्दर्भ देकर उस माध्यम या साधन में खोज सकते हैं जिसकी मदद से कहानी की सृष्टि का निर्माण इस तरह होता है कि एक बच्चा भी उसमें शामिल हो सके। यह मूलत: 'एक क्षमता नहीं, एक इच्छा भर है।' हम इसे 'कल्पना का संस्कार' कह सकते हैं जो हरेक बच्चे में इस नाते होता है कि वह मनुष्य है। भाषा के ज़रिए यह 'इच्छा-संस्कार' हर क्षण विकसित और पुष्ट होता है। इस इच्छा-संस्कार में अपने चारों तरफ़ फैली 'दुनिया में जीते हुए एक दूसरी दुनिया की कल्पना करते जाने और कल्पना को रह-रहकर शब्दों में साकार करने' का वह सुखदायी प्रयास निहित है जिसे कोई दूसरा, चाहे तो, देख-समझ सकता है, और न समझे तो कोई बात नहीं। भाषा की विशेषता है कि वह हमारे मन में इस तरह एक दुनिया बनाती है कि दूसरे भी अपने मन में उसी समय वही दुनिया बना सकते हैं और इस कारण उस समय वे दूसरे नहीं रह जाते जिस समय वे हमारी बात सुन रहे होते हैं। कहानी कहने या सुनने के दौरान वाचक और श्रोता एक हो जाते हैं। पर यह भी सच है कि ऐसा न हो तो हम सह लेते हैं क्योंकि कल्पना के ज़रिए सच्चाई भरी दुनिया में हम अकेले नहीं होते, हम और हमारी कल्पना होती है।

इस 'सम्भावना' में भागीदारी के दो आयाम उभरते हैं—मनाने पर माना जाना या फिर डर के मारे वह करना जो पहले मनाने पर कर सकते थे। इस विकल्प-बोध में भाषा की श्रेष्ठता का मूल निहित है क्योंकि पहली कोशिश उसी के ज़रिए है और आपातकालीन नहीं है; उसमें सोचने, समझने का मौका है। यह मौका सभी

को पहले मिलता है। कहानी में सिर्फ़ कुत्ता इस मौके का लाभ उठाता है और अपना पूर्व निश्चित कार्यक्रम छोड़कर हरकत में आता है। कुत्ते के नज़रिए से देखें तो भाषा की एक नई परिभाषा उभरती है—कि वह एक ऐसी सम्भावना है जो समय पर उपजे बोध की ताकत है। मनाए जाने के अधिकार और मान जाने की मर्यादा के बीच भाषा का विस्तृत संसार रहता है। इसके उस पार महाभारत है, इस पर चुप्पी और गुलामी। इस क्रियाक्रम में मनुष्य की स्थिति बहुत अच्छी नहीं है। लकड़हारे के रूप में मनुष्य इस कहानी से अपनी आजीविका के स्रोत के कुतरे जाने से डर जाता है और इस तरह अपने भविष्य के प्रति चिन्तित एक स्वार्थी प्राणी के रूप में उभरता है।

यह सही जगह है तीसरे लोक की तरफ़ मुड़ने की, जो हमारा अन्तर्लोक है। बुढ़िया की रोटी की कहानी सुन लेने के बाद कोई भी रोटी दिखाई जाए, वह सिर्फ़ रोटी नहीं रह सकती क्योंकि उस पर कहानी की छाया पड़ चुकेगी। यह छाया हमारी उस मनस्थिति से उपजती है जिसे कहानी ने बनाया। झोले से निकालकर दिखाई गई रोटी के बारे में यह तर्क-वितर्क करना व्यर्थ है कि यह रोटी कहानी वाली रोटी है या नहीं। कोई कितना ही कहे कि उसे मालूम है कि यह रोटी 'असली' यानी बुढ़िया की बनाई और कौए के मुँह से लौटकर आई रोटी नहीं है, इस बात को पूर्णतः सिद्ध नहीं कर सकता। झूठ की सीमा नहीं होती, इस कारण यह सम्भावना सिद्धान्ततः बची रहेगी कि शायद यह रोटी वही रोटी हो। पर मसला यह नहीं है। कहानी सुनने के तुरन्त बाद कोई भी रोटी कम से कम कुछ देर के लिए कहानी के आलोक के घेरे में रहेगी। फिल्म देखकर सिनेमाघर से निकलते समय सीढ़ियों के अँधेरे में ऐसा दर्शक घोर अपवाद होता है जिसे सड़क पर पहुँचने तक या शायद घर जाकर सो रहने तक फिल्म के पात्र और उनकी स्थितियाँ आसपास नज़र न आएँ। कभी-कभी तो यह स्थिति कई दिनों चलती है और फ़िल्म के परिचित गाने की धुन वर्षों बाद उस मनस्थिति का क्षणिक उभार ले आती है। किसी भी चीज़ या अनुभव पर कोई मुकम्मिल उक्ति सुनने से वह चीज़, हमारे लिए हमेशा के वास्ते बदल जाती है; उस पर उन शब्दों की छाप छूट जाती है जिनकी मदद से उसका चित्रण किसी ने पूरे मन से किया था।

संसार की सामान्यता को भंग करना ही साहित्य का उद्‌देश्य है और यह काम रचनाकार शब्दों की मदद से करता है। शब्दों के ज़रिए बनाई गई एक समानान्तर दुनिया हमें छेड़ती है—देखो, दुबारा देखो अपने संसार को, आदतन नहीं, दिल से देखो। जो दृश्य हमें वैसे नहीं दिखता क्योंकि उस दृश्य में हम ख़ुद रहते हैं, रचनाकार दिखा देता है। इस तरह वह हमें एक नया मौका देता है। बच्चों को भाषा पढ़ाने

का भला क्या मतलब हो सकता है, सिवाय इस दृष्टि-विस्तार के, क्योंकि भाषा तो वे पहले से जानते हैं। हमें पढ़ना-लिखना सिखाने के आग्रह को भाषा सिखाने का मुख्य उद्देश्य यही समझना चाहिए। यदि संसार को देखने में भाषा-शिक्षण ने कोई नया या निराला आयाम नहीं जोड़ा तो उसकी ज़रूरत क्या है और उसे गणित और विज्ञान के समतुल्य एक शिक्षण-विषय क्यों माना जाए?

शब्द और कर्म के द्वैध को लेकर अकसर सुनने में आता है कि कर्म महत्त्वपूर्ण हैं, शब्द नहीं। शब्द और कर्म की दूरी भी पाखंड का प्रतीक रही है। ऐसे जुमले भी लोकप्रिय हैं, जैसे उन्होंने शाब्दिक सहानुभूति जताई। शब्दों को लेकर इतने पूर्वाग्रह ऐसे युग में कुछ हैरानी पैदा करते हैं जो शब्द बहुल हैं और जब शब्द व्यापार विश्व की आर्थिक समृद्धि का एक बड़ा साधन ही नहीं, हिस्सा भी बन चुका है। इस युग में भी शब्दों के प्रति पूर्वाग्रह के बने रहने का एक कारण यह है कि यह युग कर्म-बहुल भी है और कर्म की दृष्टि से अतिवादी भी। जहाँ शब्दों से काम चल सकता था वहाँ गोली और बम चलाने में संकोच न करना इस युग का धर्म है। शब्दों की भारी फिजूलख़र्ची इस युग में हुई है, हो रही है, इस कारण शब्द की सार्थकता में अविश्वास बढ़ा है और निरे कर्म के प्रति आकर्षण इतना बढ़ा है कि कर्मी उन अच्छे-भले उद्यमों का अनिवार्य प्रत्यय बन गया है जिनमें पहले से कर्म की प्रधानता थी। रंगकर्मी और शिक्षाकर्मी का भला क्या अर्थ हो सकता है? ये संरचनाएँ भी उस फिजूलख़र्ची के ही उदाहरण हैं जिनके कारण भाषा की अवमानना हुई है। इसका प्रतिकार फिजूलख़र्ची रोककर ही सम्भव है। भाषा की संजीवनी का सेवन सुनिश्चित मात्रा में ही होना चाहिए, तभी वह प्रभाव डालेगी।

बुढ़िया की रोटी सुनाकर कोई शिक्षक कहे कि कहानी ने हमें क्या सिखाया, तो यह भी भाषा के अपव्यय और अनादर की संस्कृति को ही बढ़ावा देगा। जिस समाज में, बच्चे को यह बताने के लिए मजबूर किया जाए कि वह कहानी सुनकर या पढ़कर बताएँ कि उसने क्या सीखा, बच्चे की आवाज़ नहीं सुनी जा सकती। संविधान सुधार दिया गया, उच्चतम न्यायालय कह चुका, पर हमें बच्चों की आवाज़ सुनाई नहीं दे रही। वे हमारे बीच रहते हैं; हमारी परछाइयों के घेरे में क़ैद। परछाई से बाहर तभी जाने दिए जाते हैं जब परछाई उन पर पड़ चुकी होती है और उनकी आवाज़ पूरी तरह एक स्वीकृत ज़ुबान में गढ़ी जा चुकती है। क्या आश्चर्य कि ऐसे समाज में बाल साहित्य न्यून मात्रा में है। बाल साहित्य बचपन का साहित्य होता है, उसके लिए साहित्य की स्वतंत्रता पर्याप्त नहीं, बच्चे की स्वतंत्रता भी चाहिए। साहित्य उस जगह का नाम है जहाँ जाकर आप अनकही की अभिव्यक्ति के लिए शब्द ढूँढ़ सकते हैं। बच्चा एक अनकही कहानी होता है, उसकी कहानी हमारे दिए

शब्दों में नहीं कही जा सकती। उसे अपने शब्द ढूँढ़ने का समय और स्थान चाहिए, ढूँढ़ने के लिए ज़रूरी आज़ादी और फुर्सत चाहिए। हम इनमें से कोई शर्त पूरी नहीं करते। हम उन्हें अपने उपदेश सुनने से फुर्सत नहीं देते, उन्हें सुनने की फुर्सत हमें हो, यह सम्भव ही नहीं। हम बाल अधिकार की बात भले करें, रचना का बुनियादी अधिकार देने की मनस्थिति में हम फिलहाल नहीं हैं, क्योंकि रचना का अर्थ होता है अपना मन ख़ुद बनाने का अधिकार। इस अधिकार का उपयोग करना न करना भी अधिकार में शामिल है। 'बुढ़िया की रोटी' की कहानी में एक ही चरित्र है जो इस अधिकार का प्रयोग करता है और आप अब अच्छी तरह जान चुके हैं कि एक यह चरित्र जब अपना मन बना लेता है कि बुढ़िया की गुहार न्यायसंगत है तो सृष्टि-चक्र कितनी तेजी से और निर्णायक शैली में घूमता है। भाषाई कर्म का महत्त्व इस क्षण में स्पष्ट हो जाता है।

इस पात्र का चरित्र परखते समय हमें अपनी कई साहित्यिक आदतों को टटोलना होगा। यह ठीक है कि कुत्ता इस कहानी में उदासीनता और अनिर्णय की जंजीर को तोड़ने वाली भूमिका निभाता है। लोककथाएँ प्राय: इस भूमिका में ऐसे चरित्र को स्थापित करती हैं जो सामाजिक परम्परा में इससे मिलती-जुलती भूमिका निभाता रहा है। कुत्ते की भौंक से डर उपजता है, यह सच्चाई हमें कहानी के मर्म से बहुत दूर न रोक दे, इसके लिए ज़रूरी है कि हम संरचना पर अपना ध्यान जमाएँ, पात्रों के संज्ञा-नामों पर नहीं। कुत्ते ने बुढ़िया की बात पर ग़ौर किया, उसे माना; इसके पहले बिल्ली, चूहे, लकड़हारे और पेड़ ने बुढ़िया की बात नहीं मानी। इन चार पात्रों का अनिर्णयी व्यवहार भाषा के लोकतंत्र में उतना ही अधिकृत है जितना कुत्ते का निर्णय! अपने आज के लोकतंत्र में कई लोग जो सरकारी निर्णय की लम्बी श्रृंखला से आजिज़ आ चुके हैं, सोचते हैं कि सीधे कुत्ते के पास चलो, अन्य किसी से बात करना समय की बर्बादी है। हर आदमी कुत्ते से परिचय का मौका ढूँढ़ता है। इस परिस्थिति ने दो आम विसंगतियाँ पैदा की हैं। एक निष्क्रिय पेड़, लकड़हारे, चूहे और बिल्ली की भूमिकाओं को निभाने वाले लोग या तो सचेत रूप से निष्क्रिय रहना पसन्द करने लगे हैं; या फिर बदले की भावना से इन्तज़ार करना। वे जानते हैं कि कुत्ता हर प्रसंग में कुत्ता नहीं रह पाएगा, और बुढ़िया के प्रति उपेक्षा की श्रृंखला और ऊपर जाएगी—शायद शेर तक जा पहुँचेगी, जिसकी माँद लोकतंत्र की बाहरी हद पर है, इसके अलावा जीवन के सामान्य सच भी हैं; बूढ़ा हो जाने पर कुत्ता भी बुढ़िया की कहानी सुनकर इतना संवेदित नहीं हो पाएगा जितना आज है। यह बात अन्तत: पेड़, लकड़हारे, चूहे और बिल्ली की उदासीनता को बाँधती है। हमें उस अतीत की कल्पना करने के लिए बाध्य होना पड़ता है, जब बुढ़िया की बात कुत्ते

तक नहीं पहुँचती थी, नीचे भी सुनी और मान ली जाती थी।

वह अतीत किसी इतिहासकार की मदद से समझना कुछ इस तरह होगा जैसे हम अपने पिता के बचपन में तालाब के किनारे लगे पेड़ के काटे जाने सम्बन्धी तथ्य इंटरनेट पर तलाशें। बुढ़िया की रोटी वापस दिलाने में बिल्ली, चूहे, लकड़हारे और पेड़ की अरुचि के जन्म का इतिहास जानने के लिए साहित्य का सहारा ज़्यादा सुविधाजनक होगा। विनोद कुमार शुक्ल की 'नौकर की कमीज़' या हरमन मैलविल की 'बार्टेलबी द स्क्रिवनेर' हमें बता सकती है कि अनसुनी किए जाने का सिलासिला कैसे आगे बढ़ता है। यह बात जानकर एक बड़ा सत्य यकायक खुलता है—कि भाषा की बेइज़्ज़ती इतिहास नहीं; आज और अभी की बात भी है और इस क्षण हम इस कुकर्म में शामिल हैं। साहित्य पढ़ने से यह भी स्पष्ट होगा कि बेइज़्ज़ती के बाद भी भाषा बची रहती है। वह कभी हमारा साथ नहीं छोड़ती। हमसे पहले भी थी, हमारे बाद भी रहेगी, हम उसकी शक्ति का उपयोग ख़ुद को जिलाए रहने के लिए करें या न करें।

कौए का व्यवहार धैर्य से संचालित है, जिज्ञासा है या महज एक खेल है? यदि धैर्य इसके मूल में है तो इसी बात का है कि रोटी खाने की जल्दी क्या है, आराम से खाऊँगा—जब बुढ़िया का प्रयास विफल हो चुका होगा या वह मुझे दूसरी रोटी बना देगी। जिज्ञासा से संचालित है तो इस बात की है कि देखें, कौन बुढ़िया की सुनता है। यदि सिर्फ़ एक खेल है तो यह दैनिक जीवन में इस विश्वास का ही है कि अन्ततः सबको किसी न किसी बहाने सृष्टि चक्र का भागीदार बनना है।

[नेमिचन्द्र जैन स्मृति व्याख्यान, 2008]

# आभार

लेखक इन पत्र-पत्रिकाओं के प्रति आभार व्यक्त करता है जहाँ ये निबन्ध मूलत: प्रकाशित हुए थे : *आलोचना* (बताने की समस्या), *हंस* (बूलगढ़ी में शाम, *रचना का महायान* (राय साहब), *घर पर कौन* रहेगा), *साइकिल* (अग्निमुख के वंशज), *तद्भव* (दिल्ली, ओ दिल्ली, *लड़की की पुनर्रचना,* धरमशाला), *संवेद* (अन्तरात्मा का मध्यपंथ), *शुक्रवार* (सागर का बाहर नहीं होता) *नया ज्ञानोदय* (नया डाकखाना), *गांधी मार्ग* (अनुपम की दुनिया)।